Helden am Ende

Monica Rüthers ist Professorin für Osteuropäische Geschichte an der Universität Hamburg, *Alexandra Köhring*, M.A., ist dort wissenschaftliche Mitarbeiterin. Die Aufsätze basieren auf Vorträgen des Internationalen Workshops »Müde Helden«, der parallel zur gleichnamigen Ausstellung in der Hamburger Kunsthalle im Mai 2012 stattfand. Workshop und Publikation wurden im Rahmen des Forschungsschwerpunktes »Bildwelten im Sozialismus« der Professur für Osteuropäische Geschichte, Prof. Monica Rüthers, Universität Hamburg, realisiert.

Monica Rüthers, Alexandra Köhring (Hg.)

Helden am Ende

Erschöpfungszustände in der Kunst des Sozialismus

Campus Verlag
Frankfurt/New York

Gedruckt mit freundlicher Unterstützung der Michael-und-Susanne-Liebelt-Stiftung in Hamburg.

Bibliografische Information der Deutschen Nationalbibliothek:
Die Deutsche Nationalbibliothek verzeichnet diese Publikation in der Deutschen Nationalbibliografie.
Detaillierte bibliografische Daten sind im Internet unter http://dnb.d-nb.de abrufbar.
ISBN 978-3-593-50100-0

Das Werk einschließlich aller seiner Teile ist urheberrechtlich geschützt. Jede Verwertung ist ohne Zustimmung des Verlags unzulässig. Das gilt insbesondere für Vervielfältigungen, Übersetzungen, Mikroverfilmungen und die Einspeicherung und Verarbeitung in elektronischen Systemen.
Copyright © 2014 Campus Verlag GmbH, Frankfurt am Main
Umschlaggestaltung: Campus Verlag GmbH, Frankfurt am Main
Umschlagmotiv: links: Isaak Brodskij, Lenin auf der Tribüne, 1927, Öl auf Leinwand, 71,2 x 54 cm, © akg-images, Berlin; rechts: Aleksandr Gudkov als Lenin, Filmstill aus GRAD, Lene Markusen, 2004, © Lene Markusen.
Druck und Bindung: Beltz Bad Langensalza
Printed in Germany

Dieses Buch ist auch als E-Book erschienen.
www.campus.de

Inhalt

Vorwort 7
Hubertus Gaßner, Monica Rüthers

Einleitung 11
Monica Rüthers, Alexandra Köhring

Ästhetische Wahrnehmung: Bilder und Körper ohne Ermüdung

Erschöpfung, Terror und Traumbilder
in den Tagebüchern eines Bolschewisten 21
Sandra Dahlke

Farbkörper und Arbeiterkörper:
Zu Aleksandr Dejnekas Darstellung der Bergleute im Donbass 43
Alexandra Köhring

Entsexualisierte Körper: Jugendbilder bei Aleksandr Dejneka 60
Corinna Kuhr-Korolev

Müde Helden: Darstellungen der Revolution
bei Ferdinand Hodler, Aleksandr Dejneka und Neo Rauch 76
Daniel Koep

Soziale Dokumentation: Erschöpfung in Film und Fotografie

Helden im Ausnahmezustand: Die Bildberichterstattung über
das Bergwerksunglück von Zwickau 1960 in der DDR-Presse 97
Isabelle de Keghel

Erschöpfung und Widerspenstigkeit
im Dokumentarfilm »Unsere Mutter – ein Held« 114
Aglaia Wespe

Idol oder Torso? Einzelkämpfer aus dem Béla Balázs Studio 130
Monika Wucher

Out of Time: Eine alternde Fliegerheldin
zwischen Loyalität und Generationenwandel 145
Carmen Scheide

Technische Utopien: Mensch und Maschinenkörper

Die technische Ästhetik und die unerschöpfliche Mensch-Maschine
als sowjetisches Designprodukt der 1960er bis 1970er Jahre 157
Margareta Tillberg

Metamorphose eines Helden
oder was geschah mit Neznajka in der Sonnenstadt? 181
Marina Dmitrieva

Postsozialistische Helden

Auf der Suche nach einem neuen Helden(-Körper):
»Pyl' (Staub)« – ein Experiment 201
Christine Gölz

Die Helden von »GRAD«: Double zwischen Rolle und Imitat 222
Lene Markusen

Abbildungsnachweis 230

Autorinnen und Autoren 235

Dank 238

Vorwort

Die Ausstellung *Müde Helden. Ferdinand Hodler, Aleksandr Dejneka, Neo Rauch* in der Hamburger Kunsthalle im Frühjahr 2012 stellte drei bedeutende Positionen figurativer Malerei im 20. Jahrhundert vor. Alle drei Künstler beschäftigt – in jeweils unterschiedlichen zeitlichen und gesellschaftlichen Rahmen – das Heldenmotiv. Die eigenwillige Kombination bezog mit Aleksandr Dejneka einen der prominentesten Maler des Sozialistischen Realismus und eine tragende Figur der sowjetischen künstlerischen Elite ein. Die Zusammenstellung ermöglichte einen neuen Blick auch auf das sozialistische Projekt eines idealen »Neuen Menschen«: Die Frage nach der Medialität gesellschaftlicher Vorbilder im Sozialismus, die von der osteuropäischen Geschichte bisher vor allem im engeren Kontext des sowjetischen Systems behandelt worden war, war in den übergeordneten Kontext der Persönlichkeits- und Individualitätskonzeptionen im 20. Jahrhundert gesetzt. Damit lud die Ausstellung geradezu zu einer weiterführenden Auseinandersetzung aus einer geschichtswissenschaftlichen Perspektive ein. Die zweite zentrale Leitfrage der Ausstellung, inwieweit die vorgestellten Künstler bereits Bruchstellen in die Bilder ihrer Helden setzten, erschien ebenso lohnend. Der Plan, den Problemhorizont der Ausstellung *Müde Helden* in einer Zusammenarbeit zwischen Universität und Museum weiter aufzuspannen, war gereift.

Für die Hamburger Kunsthalle bot die Anfrage, das Thema der Ausstellung aus dem erweiterten Blickwinkel verschiedener geschichtswissenschaftlicher Fragestellungen zu beleuchten, willkommenen Anlass, über die Katalogpublikationen hinaus als forschendes Museum an die Öffentlichkeit zu treten. Eine Zusammenarbeit zwischen dem Museum als Ausstellungsort und der Universität als Institution der Forschung und Lehre ist für die kunstgeschichtliche Arbeit ein vielversprechender, wechselseitiger Prozess des Austauschs. Die außerordentliche Gelegenheit, ein großes Konvolut der in Russland überaus geschätzten Spitzenwerke Aleksandr Dejnekas aus dem Russischen Museum in Moskau, der Eremitage in St. Petersburg und dem Aleksandr-Dejneka-Museum in Kursk in Hamburg zu zeigen, rief förmlich nach einer unkonventionellen Herangehensweise. Nachdem die erste Station der Ausstellung in Moskau Dejneka als Protagonisten einer zeitlosen russischen Malerei zur nationalen Ikone stilisiert und heroisiert hatte, wählte die zweite Station der Tournee in Madrid mit dem Untertitel *Eine Avantgarde für das Proletariat* den Ansatz, seine figurativen Werke erstmals in den Kontext der avantgardistischen, abstrakten Bildsprache seiner russischen Zeitgenossen zu stellen und beide Darstellungsweisen zusammen zu zeigen. Die Hamburger Perspektive, Dejnekas Werk in eine Geschichte des Ideals des Neuen Menschen von der Lebensreformbewegung bis zum postsozialistischen Rückblick des Leipziger Malers Neo Rauch zu stellen, machte es möglich, Dejneka aus der singulären Rezeption herauszulösen, die ihn als figürlichen Maler des postrevolutionären Russland in der Genealogie eines erstarrten und ideologischen Sozialistischen Realismus positioniert. Vielmehr interessieren an seinem modernen Frühwerk eben jene Bruchstellen, die das Ideal des Neuen Menschen gegen eine ideologische Festschreibung abzugrenzen suchen. Das Anliegen, Dejneka als wichtigen Maler der europäischen Moderne neu zu entdecken, konnte durch die Untersuchungen in einem über die Kunstwissenschaft erweiterten akademischen Umfeld nur befördert werden. So traf die Idee, vom Historischen Seminar der Universität aus in Austausch mit der Hamburger Kunsthalle einen internationalen Workshop zum Thema der Ausstellung zu veranstalten, auf offene Ohren und die Gastfreundschaft der Kunsthalle, so dass während zweier Tage im Mai Wissenschaftlerinnen und Wissenschaftler über erschöpfte Helden und Heldinnen im Sozialismus vortragen und diskutieren konnten. Freundliche und kurzfristige Unterstützung erfuhr das Vorhaben von der Susanne-und-Michael-Liebelt-Stiftung Hamburg.

Bereits 1979 erschien eine der ersten umfangreichen Dokumentensammlungen zur sowjetischen Kunst *Zwischen Revolutionskunst und sozialistischem Realismus* im DuMont-Verlag, herausgegeben von Hubertus Gaßner und Eckhart Gillen (dieses Buch habe ihr Leben verändert, so eine von einer Workshop-Teilnehmerin an Hubertus Gaßner gerichtete Bemerkung!). Doch verläuft die Forschung auf dem Gebiet der sozialistischen Avantgarde und des Sozialistischen Realismus im deutschsprachigen Raum bis heute vereinzelt. Zu selten fließen neuere geschichtswissenschaftliche Untersuchungen in das Ausstellungsgeschehen zur sowjetischen Kunst in

Deutschland ein. Wir freuen uns daher, dass der Austausch über sozialistische Erschöpfungszustände mit dem vorliegenden Tagungsband einem breiteren Publikum zugänglich gemacht werden kann.

Hubertus Gaßner, Monica Rüthers

Einleitung

Monica Rüthers, Alexandra Köhring

Erschöpfung hat gegenwärtig Konjunktur. In erster Linie wird sie heute als seelische Erkrankung, als Symptom einer durch die postindustrielle Leistungs- und Dienstleistungsgesellschaft provozierten psychischen Anstrengung denn als Folge physischer Belastung und Arbeit diskutiert.[1] Das breite Angebot an entsprechenden Heilungsangeboten sowie deren inhaltliche Ausrichtung verweisen auf ein zeitgenössisches Spannungsfeld: Während ein Belastungsdiskurs als integrativ gesellschaftlicher Aspekt Verbreitung und zunehmend Akzeptanz findet, stellt sich für das Individuum die Frage eines selbstverantworteten Umgangs. An diesem Konfliktpunkt setzt die vorliegende Publikation an, indem sie die Phänomene von Leistung, Erfolg und Erschöpfung als Bestandteile der Individualitätsgeschichte des 20. Jahrhunderts im Kontext sozialistischer Gesellschaften betrachtet. Leitend ist dabei der Blick auf die Rolle der Bildmedien: Welche bildmedialen Strategien haben dazu beigetragen, dass sich ein solches Modell individueller Anspannung durchsetzen konnte, welche gegenläufigen Tendenzen gab und gibt es?

Der Forschungsbereich »Bildwelten im Sozialismus« des Historischen Seminars der Universität Hamburg (Prof. Dr. Monica Rüthers) und die Hamburger Kunsthalle (Prof. Hubertus Gaßner) haben sich zusammengeschlossen, um Phänomenen von Erschöpfung in Bildmedien des (späten) Sozialismus nachzugehen. Das Publikationsprojekt basiert auf einem Workshop, der im Rahmen der Ausstellung *Müde Helden* in der Hamburger

---

1 Zur wissenschafts- und körpergeschichtlichen Forschung über Erschöpfung siehe Sarasin, Philipp/Tanner, Jakob (Hg.), *Physiologie und industrielle Gesellschaft. Studien zur Verwissenschaftlichung des Körpers im 19. und 20. Jahrhundert*, Frankfurt/M. 1998; Rabinbach, Anson, *Motor Mensch. Kraft, Ermüdung und die Ursprünge der Moderne*, Wien 2001; zur zeitgenössischen Diskussion siehe Ehrenberg, Alain, *Das erschöpfte Selbst. Depression und Gesellschaft in der Gegenwart*, Frankfurt/M. 2010.

Kunsthalle im Mai 2012 stattgefunden hat.² Die Ausstellung präsentierte drei Künstler des 20. und 21. Jahrhunderts, die konsequent an der figurativen Darstellung in der Malerei arbeiteten: Der Schweizer Maler Ferdinand Hodler (1853–1918) und der Sozrealismus-Künstler Aleksandr Dejneka (1899–1969) malten Menschen, die – in jeweils unterschiedlichen Bezugssystemen – als Hoffnungsträger ihrer Gesellschaften angesehen werden konnten. Das Werk des Gegenwartskünstlers Neo Rauch (geboren 1960) führte, als dritte Position, ihren Zusammenbruch vor. Vor allem Dejnekas Werk stellt Menschen dar, die ihre gesellschaftliche Rolle und den Leistungsauftrag zu ihren individuellen Handlungsmotiven machen. Das Publikationsprojekt nimmt den Ansatz der Ausstellung auf, den in der sozialistischen Bildwelt entwickelten Menschtypus zu untersuchen und ihn in die Entwicklung von Persönlichkeitskonzeptionen im 20. Jahrhundert einzubinden.

Die Publikation fragt nach dem Platz von Krisen- und Extremsituationen sowie Erschöpfungszuständen in Kunst und Medien. Im Zentrum des Interesses stehen die Helden im (späten) Sozialismus. Als gesellschaftliche, öffentliche Personen und medial gestaltete Rollenvorbilder stellten sozialistische Helden in besonderem Maße die Optimierungsversuche ihrer Gesellschaft vor.³ Ihre Belastungen sind als besonders hoch einzustufen: Denn sowohl die Helden selbst als auch ihre Repräsentationen waren in ein moralisch-ethisch stark normativ verfasstes Mediensystem eingebunden, in dem Bilder und die von Mangel und Gewalt geprägten Lebenswirklichkeiten weit auseinanderklafften. Entgegen dem gesellschaftlichen Leitbild des Kollektivs etablierten die sozialistischen Heldenbilder seit den 1920er Jahren einen ausgeprägten Kult des Individuums.⁴ Die Heldendar-

---

2 Ausst.-Kat. *Müde Helden. Ferdinand Hodler, Aleksandr Dejneka, Neo Rauch*, hg. von Hubertus Gaßner, Daniel Koep und Markus Bertsch, München 2012.

3 Satjukov, Silke/Gries, Rainer (Hg.), *Sozialistische Helden. Eine Kulturgeschichte von Propagandafiguren in Osteuropa und der DDR*, Berlin 2002, darin besonders: Sartorti, Rosalind, »Helden des Sozialismus in der Sowjetunion. Zur Einführung«, S. 35–44; Conze, Susanne, »Arbeiterkörper im Stalinismus. Von Helden, Simulanten und Produktionsdeserteuren«, in: *Körper macht Geschichte. Geschichte macht Körper. Körpergeschichte als Sozialgeschichte*, hg. vom Bielefelder Graduiertenkolleg Sozialgeschichte, Bielefeld 1999, S. 141–165.

4 Dazu exemplarisch Tippner, Anja, »Das Leben eines bemerkenswerten Menschen: Michail Kalatozovs Fliegerfilm Valerij Čkalov als Beispiel des stalinistischen Biopics«, in: Manfred Mittermayer u. a. (Hg.), *Ikonen, Helden, Außenseiter. Film und Biographie*. Wien 2009, S. 85–105; Jenks, Andrew L., *The Cosmonaut Who Couldn't Stop Smiling. The Life and Legend of Yuri Gagarin*, DeKalb 2012; zum Problem der medial produzierten Selbstbilder

stellungen lokalisieren das Paradigma der Effizienz im Inneren des Menschen, seiner Vorstellungskraft und seinem Eigenwillen. Es sind die figurativen Darstellungen von solchen außerordentlichen Menschen, die das menschliche Handeln, Fühlen und Denken in Einheit suggerierenden und sinnstiftenden Bildern zentrieren. Die Aufmerksamkeit des Bandes gilt den Bruchstellen, an denen medial zumeist erfolgreich miteinander verfugte physische und psychische Eigenschaften auseinandertreten und als dysfunktional markiert werden. Die Beiträge stellen Beispiele vor, die arbeitsökonomische, körperliche und psychische Zumutungen ins Bild setzen sowie ihre geschlechtlichen Zuweisungen sichtbar machen.

Die Publikation bringt breite Kompetenzen zusammen: Forschende aus den Bereichen der osteuropäischen Geschichte, der Literaturwissenschaft, der Kunstgeschichte sowie der Bildenden Kunst widmen sich verschiedenen medialen Figurationen des Helden und der Heldin. Die Beiträge stellen Ergebnisse aus größeren Forschungszusammenhängen vor, die auf der Basis von umfangreichen Archiv- und Bildmaterialien gewonnen sind. Bild- und kunstwissenschaftliche Ansätze, historische Ansätze der Alltags-, Konsum- und Technikgeschichte werden angelegt, um die Funktionalität und Dysfunktionalität von Heldenrepräsentationen frei zu legen.

Helden standen in den letzten Jahren einige Male vor allem im Rahmen von Tagungen im Fokus des akademischen Interesses.[5] Nie ging es um ihre Müdigkeit. Sozialistische Helden sind als Teile von Agitation und Propaganda thematisiert worden, wobei die stalinistischen 1930er bis 1950er Jahre im Vordergrund standen.[6] Die vorliegenden Beiträge verfolgen einen

---

siehe Kiaer, Christina, »The Swimming Vtorova Sisters: The Representation and Experience of Soviet Sport in the 1930s«, in: Nikolaus Katzer u. a. (Hg.), *Euphoria and Exhaustion. Modern Sport in Soviet Culture and Society*, Frankfurt/M. 2010, S. 89–109.

5 »Die Helden-Maschine. Zur Tradition und Aktualität von Helden-Bildern«, LWL-Industriemuseum, Dortmund, 24.–26.9.2008; mit Fokus auf neue Medien »Heroen, Übermenschen, Superhelden. Zur Ästhetisierung und Politisierung menschlicher Außerordentlichkeit«, Museum für Gegenwartskunst, Siegen 6.–8. 5. 2010, die Vorträge sind publiziert in dem Themenheft »Superhelden«, *Kritische Berichte*, H. 1 (2011); eine geschlechtergeschichtliche Perspektive eröffnet das Themenheft »Helden. Mythische Kämpferfiguren im 20. Jahrhundert und in der Gegenwart«, Frauen Kunst Wissenschaft, H. 41 (2006); Walther, Christine, *Siegertypen. Zur fotografischen Vermittlung eines gesellschaftlichen Selbstbildes um 1900*, Würzburg 2007; siehe auch das breit angelegte Forschungsprofil im Rahmen des SFB »Helden – Heroisierung – Heroismen« an der Albert-Ludwigs-Universität Freiburg, *https://www.sfb948.uni-freiburg.de/*.

6 Wie Anm. 3.

erweiterten Ansatz, indem sie nach den Wirkungsmechanismen einer medialisierten Umwelt und den auf die Persönlichkeit rückwirkenden Impulse der Bildmedien fragen. Die Bildwelten im Sozialismus sind bisher nur ansatzweise ernsthaft als Faktoren von Integration und Desintegration betrachtet worden. Der Band will einen Beitrag zum Bereich der Bildmedien im Sozialismus als neues Forschungsfeld leisten und den Blickwinkel der bild- und medienwissenschaftlichen Forschung erweitern, die sich bisher auf die westlichen, sogenannten Konsum- und Mediengesellschaften fokussiert hat.

Der erste Teil des Sammelbandes richtet den Blick auf die Körperbilder Aleksandr Dejnekas und ihre visuellen und funktionellen Schnittstellen mit Jugendkulturen, Geschlechtermodellen sowie Arbeitspraktiken. Leitend ist die Frage nach den Brücken und Parallelen der künstlerischen Darstellungen zu zeitgenössischen Selbsttechniken.

Der zweite Teil stellt einen Heldenparcour vor, der in den Medien der (Presse-)Fotografie, der Literatur und im Film (Dokumentar- und Spielfilm) gesetzt ist und von den 1960er Jahren bis in die post-sozialistische Zeit reicht. Die Beiträge verfolgen die Frage, inwieweit eine Medienreflexion der Figuren des Helden oder der Heldin einsetzt, die ihre gesellschaftlichen Setzungen differenziert oder gar kritisiert, oder inwieweit sich eher eine andere, erweiterte Medienkultur etabliert, die neue Individualitätsmerkmale einführt.

Die Beiträge gruppieren sich medienbezogen und thematisch wie folgt: Anhand von umfassenden Selbstzeugnissen des sowjetischen Funktionärs Emel'jan Jaroslavskij (1878–1943) führt der Beitrag von Sandra Dahlke in die Gedankenwelt eines vom Sozialistischen Realismus geprägten Individuums ein und rekonstruiert eine quasi autosuggestive Bildbetrachtung. Der Sozialistische Realismus erscheint als integrativer Bestandteil einer Gesellschaft im Spannungsfeld zwischen Mangel und Elend bei gleichzeitigem Bewusstsein der aktiven Teilnahme an einem Prozess der Verwirklichung einer in der Zukunft angelegten Utopie. Am Beispiel von Arbeiterbildern Dejnekas führt Alexandra Köhring die Schwierigkeit einer (Selbst-)Definition des Künstlers im Spannungsfeld systembedingter Bewertungsmechanismen tatsächlicher physischer Arbeit und deren künstlerischen Darstellung aus. Vor dem Hintergrund dieser Auseinandersetzung werden der Einsatz von Farbmaterial und Maltechnik in Dejnekas Gemälde als Versuch des Künstlers interpretiert, das Wesen von Arbeit als ein Phänomen zu erfassen, das physisch wie auch psychisch auf den Körper prägend und stabilisierend zurückwirkt. Corinna Kuhr-Korolev setzt die Themen der geschlechtlichen Vereinheitlichung und Entsexualisierung in den Körperbildern Dejnekas in Bezug zu sowjetischen Jugendkulturen in den 1920er und 1930er Jahren. Die Frage ist, inwieweit die Bildproduktion mit einer Politik konform laufe, die auf den Ausschluss von Konflikten Heranwachsender ziele. Daniel Koep widmet sich der Widerkehr der sozialistischen Heldenfiguren im Werk des zeitgenössischen Erfolgskünstlers Neo Rauch und fragt nach ihrem Ort im individuellen und kollektiven Bildgedächtnis.

Die zweite thematische Gruppe der Beiträge wendet sich fotografischen und filmischen Bildmedien zu, denen ein dokumentarischer Ansatz zugrunde liegt: Der Aufsatz von Isabelle de Keghel stellt exemplarisch einige der seltenen Pressefotos von Arbeit in Extremsituationen vor, die in der DDR-Presse veröffentlicht wurden. Als Beispiele wurden Fotos von den Rettungsarbeiten nach dem größten Grubenunglück der DDR-Geschichte 1960 in Zwickau ausgewählt. Aglaia Wespe analysiert den Dokumentarfilm *Naša mama – geroj* (Unsere Mutter – ein Held), der 1979 am Leningrader Dokumentarfilmstudio gedreht wurde. Der Film porträtiert die Weberin Valentina Golubeva aus der Textilindustriestadt Ivanovo, die als Heldin der Arbeit ausgezeichnet wurde. Der Beitrag interpretiert Erschöpfung als Akt der Widerspenstigkeit gegen die Norm der Arbeitsheldin. Monika Wucher beschäftigt sich mit dem 1960 in Budapest gegründeten Filmstudio BBS (Béla Balázs Studio), das als Entfaltungs-, Experimentier- und Produktions(frei)raum der Filmkunst in Ungarn fungierte. Ab circa 1970 entwickelte sich dort ein Genre, das »Soziografischer Dokumentarfilm« genannt wurde. Die Helden stellen Gegenmodelle zum Kollektiv (Gruppe, Verband, Organisationsform) vor. In dem Beitrag geht es um die Brüche, Kompromisse, Unzulänglichkeiten in der Figur des Einzelkämpfers aus zwei Filmen des BBS und die Rückschlüsse auf die gesellschaftlichen Bezugsysteme. Der Film *Kryl'ja* (Flügel) von Larisa Šepitko (1966), dem sich Carmen Scheide widmet, handelt von einer alternden Kriegsheldin, die im Zweiten Weltkrieg Fliegerin war. Die Heldin erlebt einen Generationenumbruch an ihrer eigenen Tochter und ist selber zwischen Loyalität, Vorbildfunktion und Selbstbestimmung hin- und hergerissen. Damit thematisiert der Film das virulente gesellschaftliche Problem eines Abwägens zwischen Heldenrollen und Selbstreflexionen.

Zwei Beiträge behandeln ambivalente Heldenfiguren vor dem Hintergrund des zeitgenössischen Technikdiskurses: Margareta Tillberg behandelt

Projekte des Interface/Mensch-Maschine-Designs der 1960er bis 1970er Jahre und stellt den Designer als neuen Held im Kunstdiskurs vor. Mit Rückblicken auf die 1920er Jahre werden die Mensch-Maschine-Designs als Erschöpfungsergänzer/-aufheber und als Krisenlösung vorgestellt. Marina Dmitrieva beschreibt das Kinderbuch Nikolai Nosovs *Neznajka in der Sonnenstadt* (1958) als Beispiel eines Wandels des Heldenparadigmas im Tauwetter. Die moralische Verwandlung der Hauptfigur des Buches, eines leichtsinnigen, kindlichen Unruhestifters, in einen durch ständige innere Dialoge mit seinem Gewissen hadernden, zögerlichen Heranwachsenden personifiziert den sich herausbildenden, mündigen Helden der Tauwetterzeit.

Die postsozialistische Perspektive auf die Heldenkulte des Sozialismus eröffnen zwei abschließende Beiträge: Christine Gölz stellt das No-Budget-Filmprojekt *Pyl'* (Staub) von 2005 vor, an dem zahlreiche »Helden« der russischen alternativen Kultur der Nuller-Jahre aktiv teilnahmen. Der Film schickt seinen Protagonisten Alëša, einen exemplarischen Antihelden, auf eine Suche – nach dem eigentlichen Leben, dem realen Körper, einer anderen Geschichte. Der Held nimmt an einem wissenschaftlichen Experiment des Geheimdienstes teil, bei dem er mit seinem idealen Körperentwurf konfrontiert wird. Beim Versuch, diesen medial hergestellten Idealkörper real werden zu lassen, begegnet Alëša einer ganzen Palette aktueller Identitätsangebote und versucht sich in verschiedenen Rollen. Abgeschlossen wird der Parcour der *Müden Helden* durch einen Beitrag der Medienkünstlerin Lene Markusen, die in ihrem Film *GRAD* kommerziell arbeitende Doubles historischer Helden in der postsozialistischen Gesellschaft porträtiert hat.

Was lässt sich zusammenfassend über die Müdigkeit sozialistischer Helden in der Kunst sagen? Der Aufbau wirksamer Heldenbilder im Sozialismus gelang, das zeigt das vorgestellte Heldenpanorama, gut im Medium der Malerei der 1920er und 1930er Jahre. Zu überprüfen wäre, inwieweit spätsozialistische malerische Heldenbilder über das Idiom individueller Selbstüberprüfung hinausgingen und kritisches Potenzial bargen.[7] Erschöpfung und Müdigkeit wurden zu Themen der Darstellungen sozia-

---

7 Vgl. zu den Modifikationen von Arbeitsbildern im späten Sozialistischen Realismus am Beispiel der DDR, Ausst.-Kat. *Abschied von Ikarus. Bildwelten in der DDR – neu gesehen*, hg. von Karl-Siegbert Rehrberg, Wolfgang Holler und Paul Kaiser, Köln 2012, insbesondere den Beitrag von Paul Kaiser »Die Aura der Schmelzer. Arbeiter- und Brigadebilder in der DDR – ein Bildmuster im Wandel«, S. 167–174.

listischer Helden und Heldinnen in anderen Medien. Ausschlaggebend war ein gewandelter künstlerischer Anspruch zum Beispiel im Bereich des Dokumentarfilms. Die sozialen und gesellschaftlichen Ursachen von Erschöpfung traten hier deutlich hervor: Überanstrengende Arbeit sowie Konflikte zwischen persönlichen Ansprüchen und dem Umfeld wurden sowohl implizit als auch explizit thematisiert. Auffallend ist jedoch, dass der künstlerisch durchgeführte Bruch mit funktionstüchtigen Helden und Heldinnen auch neue Vorbilder generierte: den aufmerksam beobachtenden, kritischen oder auch visionären Künstler, Filmer oder Fotografen. Die Frage nach ihrem Arbeiten und ihrem Status innerhalb der sozialistischen Systeme verspricht ein lohnendes Forschungsfeld.

Ästhetische Wahrnehmung:
Bilder und Körper ohne Ermüdung

Erschöpfung, Terror und Traumbilder in den Tagebüchern eines Bolschewisten

Sandra Dahlke

Nach dem Tod Lenins im Jahr 1924 stand die bolschewistische Führung vor dem Problem, ihren revolutionären Elan weiterhin aufrechtzuerhalten, schließlich legitimierte die Partei ihren Herrschaftsanspruch gerade durch ihre Eigenschaft als revolutionäre Avantgarde. Die Literaturwissenschaftlerin Katerina Clark hat in ihrer Arbeit über den sozialistisch-realistischen Roman bemerkt, dass die sowjetische Elite diese beachtliche Leistung zu großen Teilen durch Gewalt, aber auch durch die Kreation eines »fantastischen Zeitalters« tatsächlich bis weit in die 1930er Jahre hinein erbringen konnte.[1] Sie deutet hiermit die Ambivalenz der Erfahrungen der Menschen an, die in den 1930er Jahren leben bzw. überleben mussten. Ihr Leben war durch Gewalt, entsetzliche Lebensbedingungen und extreme Erschöpfungszustände gekennzeichnet. Millionen von Menschen wurden ohne Schuld und eigenes Zutun fortgerissen, deportiert und vernichtet. Allein in den Jahren 1932/33 kamen zwischen sechs und acht Millionen in Folge der gewaltsamen Kollektivierung der bäuerlichen Wirtschaften ums Leben. Sie verhungerten, wurden erschossen oder starben während der Deportation, in den sogenannten Sondersiedlungen oder unter der Zwangsarbeit.[2] Der Krieg gegen die Bauern in Verbindung mit der radikalen Industrialisierungspolitik der ersten Fünfjahrplanperiode setzte Millionen von Menschen in Bewegung, die in Erdlöchern, Zelten oder Baracken auf den Großbaustellen wie zum Beispiel in der Stahlstadt Magnitogorsk oder am

---

[1] Clark, Katerina, *The Soviet Novel. History as Ritual*, 3. Aufl., Bloomington 2000, S. 92. Siehe auch: Dobrenko, Evgeny, »Socialism as Will and Representation, or what Legacy are we Rejecting«, *Kritika*, Jg. 5 (2004), S. 675–708.

[2] Davies, Robert William/Harrison, Mark/Weathcroft, S.G., *The Economic Transformation of the Soviet Union, 1913–1945*, Cambridge 1994, S. 68, 74. Viola, Lynn (Hg.), *The Tragedy of the Soviet Countryside*, Bd. 1: *The War against the Peasantry, 1927–1930,* New Haven 2005; Dies., *The Unknown Gulag. The Lost World of Stalin's Special Settlements*, Oxford 2007; Werth, Nicolas, *Die Insel der Kannibalen. Stalins vergessener Gulag*, München 2006.

Dnepr-Staudamm lebten.³ Das aus ihrer gewaltsamen Politik resultierende soziale Chaos versuchten die bolschewistischen Machthaber mit administrativen Maßnahmen, zum Beispiel mit der Einführung von Arbeitsbüchern und Inlandspässen, sowie durch die Androhung und Anwendung drakonischer Strafen zu unterbinden.⁴ Nur wenige Jahre später, während des sogenannten Großen Terrors 1937/38, wurden fast 800.000 Menschen umgebracht. Ebenso viele wurden deportiert und in Gefängnisse und Arbeitslager gesperrt.⁵

Der andere Teil des Erfahrungsspektrums, den Katerina Clark andeutet, beinhaltete glühende Zukunftserwartungen und Begeisterung für eine neue Welt, die im Entstehen begriffen schien und einen vollkommeneren Neuen Menschen hervorzubringen versprach.⁶ Die Zeitgenossen lebten

---

3 Kotkin, Stephen, *Magnetic Mountain. Stalinism as Civilization*, Berkeley 1995. Zum Bau von Magnitogorsk siehe die Erinnerungen des amerikanischen Facharbeiters John Scott, *Behind the Urals: An American Worker in Russia's City of Steel*, Boston 1941, sowie Valentin Kataevs Roman *Im Sturmschritt Vorwärts!*, Berlin 1947 (Erstausgabe 1932); Rassweiler, Anne, *The Generation of Power. The History of Dneprostroi*, Oxford 1988.

4 Zur Einführung der Inlandspässe siehe: Moine, Nathalie, »Système des passeports, marginaux et marginalisations«, *Communisme*, Jg. 70/71 (2002), S. 87–108; Dies., »Passportisation, statistique des migrations et contrôle d'identité sociale«, *Cahiers du Monde Russe*, Jg. 37 (1997), S. 587–600. Zur Veränderung der Bevölkerungszusammensetzung in den Städten und deren soziale Folgen siehe: Hoffman, David, *Peasant Metropolis. Social Identities in Moscow, 1929–1941*, Ithaca/London 1994.

5 David Shearer und Paul Hagenloh vertreten die These, dass die sogenannten Massenoperationen gegen »antisowjetische Elemente« der Jahre 1937/38, die durch Befehl des Politbüros in Gang gesetzt wurden und mehreren Hunderttausend Menschen das Leben kosteten, lediglich eine Radikalisierung dieser administrativen Politik der »sozialen Säuberungen« darstellten. Beide Autoren zeigen, dass Partei und Justiz bestimmte Bevölkerungsgruppen als »sozial fremde und sozial gefährliche Elemente« stigmatisierten, kategorisierten und verfolgten, um die soziale Utopie einer homogenen und konfliktfreien Gesellschaft durchzusetzen. Diese Kategorie war kumulativ und dehnbar; sie umfasste Prostituierte, Obdachlose, Diebe, Mitglieder von Religionsgemeinschaften sowie Menschen, die keiner geregelten Arbeit nachgingen. Shearer, David, *Policing Stalin's Socialism. Repression and Order in the Soviet Union, 1924–1953*, New Haven 2009; Hagenloh, Paul, *Stalin's Police. Public Order and Mass Repression in the USSR, 1926–1941*, Baltimore 2009. Siehe auch: Binner, Rolf/Junge, Marc, »Wie der Terror ›groß‹ wurde: Massenmord und Lagerhaft nach Befehl 00447«, *Cahiers du Monde Russe*, Jg. 42 (2001), S. 557–614; Dies., »S etoj publiki ceremonit'sja ne sleduet«. Die Zielgruppe des Befehls Nr. 00447«, *Cahiers du Monde Russe*, Jg. 43 (2002), S. 181–228.

6 Auf die Ambivalenz des Erfahrungsspektrums in der Stalinzeit, insbesondere in den 1930er Jahren haben Sheila Fitzpatrick und Karl Schlögel aufmerksam gemacht. Fitzpatrick, Sheila, *Everyday Stalinism. Ordinary Life und Exraordinary Times: Soviet Russia in the*

wie in einem Zeitraffer, so als hätte man ein ganzes Jahrhundert in ein Jahrzehnt gepresst. Insbesondere Moskau war der Ort, an dem das neue Leben greif- und sichtbar wurde, an dem 1935 als eines der ersten Anzeichen der verheißungsvollen Zukunft die erste Linie der Metro eröffnet wurde und bisher ungesehene Gebäude aus dem Boden wuchsen. Die Stadt glich einer Baustelle, auf der der »Generalplan zur Rekonstruktion Moskaus« in die Tat umgesetzt und die Zukunft gebaut wurde.[7] Die Umgestaltung der Lebenswelt sowie die damit verbundenen kühnen Zukunftsvisionen vermittelten sich den Zeitgenossen, insbesondere denen außerhalb der Metropolen, nicht nur durch eigene Anschauung. Sie wurden ihnen durch unterschiedliche Medien wie Zeitschriften, Kinofilme, Plakate und durch das Radio vor Augen und Ohren geführt.

Hiermit ist der Kontext umrissen, vor dessen Hintergrund ich über meine Forschungen mit Selbstzeugnissen aus der Stalinzeit berichten möchte.[8] Diese Quellen, wie zum Beispiel Briefe, Tagebücher, unterschiedliche Formen autobiografischer Texte und Bilder, in denen Menschen über sich Auskunft geben, wurden zum ersten Mal in größerem Umfang zu Beginn der 1990er Jahre mit der Öffnung der sowjetischen Archive zugänglich.[9] Sie sind deshalb so interessant, weil sie einen Einblick

---

1930s, New York, Oxford 1999; Schlögel, Karl, *Terror und Traum. Moskau 1937*, München 2008.

7 In dem Film *Novaja Moskva (Neues Moskau)* (1938) von Regisseur Sergej Medvedkin wird ein zukünftiges utopisches Moskau auf das alte Moskau projiziert, Rüthers, Monica, *Moskau bauen von Lenin bis Chruščev. Öffentliche Räume zwischen Utopie, Terror und Alltag*, Wien 2007. Zu den internationalen Architekturwettbewerben und den entsprechenden Entwürfen im Rahmen des Generalplans zur Rekonstruktion Moskaus siehe Bodenschatz, Harald/Post, Christine (Hg.), *Städtebau im Schatten Stalins: Die internationale Suche nach der sozialistischen Stadt in der Sowjetunion, 1929–1935*, Berlin 2003; Colton, Timothy, *Moscow. Governing the Socialist Metropolis*, Cambridge 1995, S. 249–351; Neutatz, Dietmar, *Die Moskauer Metro. Von den ersten Plänen bis zur Großbaustelle des Stalinismus (1897–1935)*, Köln/Weimar/Wien 2001; Bouvard, Josette, *Le métro de Moscou. La construction d'un mythe soviétique*, Paris 2005.

8 Der vorliegende Text ist eine stark erweiterte Fassung des Kapitels »Disziplinierung und Selbstdisziplinierung« aus: Dahlke, Sandra, *Individuum und Herrschaft im Stalinismus. Emel'jan Jaroslavskij (1878–1943)*, München 2010, S. 347–432.

9 In den letzten Jahren sind einige sowjetische Selbstzeugnisse übersetzt und veröffentlicht worden. Siehe zum Beispiel Hellbeck, Jochen (Hg.), *Tagebuch aus Moskau 1931–1939*, München 1996; Ders., *Revolution on my Mind. Writing a Diary under Stalin*, Cambridge 2006; Lahusen, Thomas, *How Life Writes the Book: Real Socialism and Socialist Realism in Stalin's Russia*, New York 1997; Ders./Garros, Véronique (Hg.), *Das wahre Leben. Tagebücher aus der Stalinzeit*, Berlin 1998. Zur bäuerlichen Autobiografik siehe: Herzberg, Julia, *Gegenarchive. Bäuerliche Autobiographik zwischen Zarenreich und Sowjetunion*, Bielefeld 2013.

gewähren, wie Ideologie funktionierte, wie sie auf die Menschen wirkte und wie diese wiederum sich an der Produktion von Ideologie beteiligten.[10] Selbstzeugnisse geben auch Auskunft darüber, in welchem Verhältnis die Zeitgenossen zu den textlichen und bildlichen Artefakten standen, die dem Sozialistischen Realismus zugeordnet werden. Ich möchte hier insbesondere der Frage nachgehen, ob und auf welche Weise diese Bilder und Texte, die aus heutiger Perspektive als Illusion oder als Betrug erscheinen, für die Zeitgenossen glaubwürdig sein konnten.

Ich werde mich vor allem auf die Tagebücher und Briefe des hohen Parteifunktionärs Emel'jan Jaroslavskij konzentrieren, diese aber auch mit anderen Selbstzeugnissen aus der Stalinzeit in Beziehung setzen. Jaroslavskij gehörte zur Entourage Stalins und ist insbesondere deshalb ein bemerkenswertes Beispiel für das Thema des vorliegenden Sammelbands, weil er als einer der profiliertesten Ideologen, Propagandisten und Produzenten des Stalinkults selbst an der Konstruktion der Utopie mitarbeitete, d.h. selbst ein, in Stalins Worten, »Ingenieur der Seele« war. Am Beispiel seiner und anderer Selbstzeugnisse lässt sich zeigen, dass der Sozialistische Realismus mehr war als eine bestimmte Form der Literatur und der bildenden Kunst, mehr als eine Form politischen Kitschs, mit dem eine skrupellose Machtclique die sowjetische Bevölkerung über ihre Gewaltexzesse hinwegtäuschen wollte. Ich glaube auch nicht, dass, wie Boris Groys meint, niemand die Kunst des Sozialistischen Realismus zum Zeitpunkt seiner Produktion gemocht hat, dass sie keinem real existierenden Geschmack und keiner Nachfrage entsprach.[11] Im Gegenteil: Der Sozialistische Realismus war – im Rahmen seiner künstlerischen Mittel – nicht statisch, und er entsprach einer ästhetischen Sehnsucht bzw. einem rituellen Bedürfnis; er war sowohl ein Modus der Wahrnehmung als auch ein Instrument zur Selbstbeschreibung bzw. ein mentalitätsgeschichtlicher Zustand.

---

10 Zum Ideologiebegriff siehe Eagleton, Terry, *Ideologie. Eine Einführung*, Stuttgart/Weimar 2000; Hellbeck, Jochen/Igal Halfin, »Rethinking the Stalinist Subject: Stephen Kotkin's ›Magnetic Mountain‹ and the State of Soviet Historical Studies«, *Jahrbücher für Geschichte Osteuropas*, Jg. 44 (1996), S. 456–463.

11 Groys, Boris/Hollein, Max (Hg.), *Traumfabrik Kommunismus*. Ausstellungskatalog, Frankfurt/M. 2003.

Sozialistischer Realismus versus realistischer Sozialismus

Emel'jan Jaroslavskij nutzte sein Tagebuch, das für die Jahre 1934 bis 1937 überliefert ist, unter anderem dazu, um seine Eindrücke vom »sozialistischen Aufbau«[12] zu dokumentieren und um sich selbst während dieses Transformationsprozesses zu beobachten. Ich möchte nun einige Aufzeichnungen aus diesem Tagebuch vorstellen, die im November und Dezember 1934 während seines Erholungsurlaubs am Schwarzen Meer entstanden sind. Am Hafen von Suchumi, den Jaroslavskij und seine Begleiter eigens zu dem Zweck aufgesucht hatten, um die Erfolge des »sozialistischen Aufbaus«, nämlich eine neugebaute Straße, zu begutachten, stießen sie stattdessen auf Elend und Unordnung, auf verwahrloste und obdachlose Menschen. Konfrontiert mit diesem Anblick, notierte Jaroslavskij in sein Tagebuch:

»Wir sind an den Hafen gegangen um nachzusehen, wie man dort die neue Straße baut. Es bietet sich ein abstoßendes Bild (*kartina*): Sie haben einen jämmerlichen ›Warteraum‹ für die Passagiere gebaut. Aber da sitzt nur eine Reisende. Dafür haben sich vor diesem ›Warteraum‹ direkt auf der Straße an allen Ecken in all ihrem Schmutz und in ihrer ganzen Erbärmlichkeit Kinder niedergelassen, und man lässt sie nicht rein. Sie sind immer noch sehr zahlreich, da liegen ungefähr hundert Menschen bei den verfallenen Buden auf der nackten Erde. Man sagt, das sind Zugvögel, Gewohnheitskriminelle und Prostituierte. Aber kann man denn diese Wanderung (*otchod*) nicht endlich beenden? Mir scheint, dass wir darauf noch nicht genug Aufmerksamkeit verwendet haben. In fünf Jahren wird es so etwas nicht mehr geben. Aber bis dahin kann man das nicht einfach ignorieren. Aber hier ignorieren das viele und beruhigen sich damit, dass vor zwei Jahren da noch mehrere hundert Leute lagen, mehr als tausend. Wir waren im Erholungsheim ›Or[džonikid]ze‹. Das Haus ist mit viel Geschmack gestaltet. Aber unten, am Strand hinter dem Haus liegt ein großer Müllhaufen. Sie haben noch nicht gelernt, was wirkliche Sauberkeit, wirkliche Kultur bedeutet!«[13]

Statt des erhofften sozialistischen Fortschritts präsentierten sich Jaroslavskij und seinen Genossen die sozialen Folgen ihrer gewaltsamen Kollektivierungs- und Industrialisierungspolitik. Durch die Kollektivierung der Landwirtschaft, Enteignung, Verfolgung und Deportation waren große

---

12 »Sozialistischer Aufbau« hieß in der offiziellen Parteisprache das radikale Industrialisierungsprogramm der ersten beiden Fünfjahrpläne. Mit der Verabschiedung der sogenannten Stalinschen Verfassung im Jahr 1936 wurde der sozialistische Aufbau für vollendet erklärt.
13 Aufzeichnung vom 22.12.1934. Familienarchiv.

Teile der bäuerlichen Bevölkerung entwurzelt worden. Die Verelendung von Kindern und Jugendlichen, die Jaroslavskij hier andeutet, war zwar schon in den 1920er Jahren infolge des Bürgerkriegs eines der größten sozialen Probleme gewesen.[14] Durch die Kollektivierung, die Deportation von »Kulaken« und die Hungersnot der Jahre 1932/33 hatten aber noch mehr Kinder ihre Eltern verloren, waren auf sich selbst gestellt und vagabundierten durch die Sowjetunion.[15]

Jaroslavskijs Unbehagen an diesem Elend wird durch eine ästhetisierende Betrachtungsweise gebrochen. Er bezeichnet das Beobachtete als »abstoßendes Bild«, das er auf etwas unvermittelte Weise mit dem geschmackvollen Erholungsheim »Ordžonikidze« kontrastiert.[16] Seine Beschreibung der erbärmlichen Menschen erfolgt durch das Prisma einer spezifisch sowjetischen ästhetischen Utopie: Neben der defizitären Gegenwart wird in seiner Aufzeichnung auch schon die Zukunft gestaltet und durch den Rhythmus der Fünfjahrpläne greifbar gemacht. Gesellschaft ist in dieser Konzeption ein ästhetisches Projekt, ein Artefakt, das durch den Einsatz moderner Technologie und durch staatliche Intervention gestaltbar ist. Eine Insel, in der die Zukunft abgesehen von kleineren Makeln schon Gegenwart geworden ist, sind die für die Elite von Partei und Staat vorgesehenen Erholungsheime und Hotels. Sie sind die Orte der Ordnung, der Übersichtlichkeit, des guten Geschmacks, der Schönheit, des Wohlstands, der »wirklichen Sauberkeit« und der »wirklichen Kultur«.[17]

Im Winter 1932, als insbesondere in der Ukraine, in Südrussland sowie in der kasachischen Steppe Millionen Menschen verhungerten, befand sich Jaroslavskij im Urlaub im nördlichen Kaukasus. Von dort schrieb er an

---

14 Ball, Alan, *And now my Soul is Hardened: Abandoned Children in Soviet Russia, 1918–1930*, Berkeley 1994; Caroli, Dorena, *L'enfance abandonée et delinquante dans la Russie soviétique, 1917–1931*, Paris 2004.

15 Fitzpatrick, *Everyday Stalinism* [wie Anm. 6], S. 150–152.

16 Fotografien inzwischen zerfallender sowjetischer Sanatoriumsbauten aus den 1920er und 1930er Jahren, insbesondere des zwischen 1934 und 1937 von Moisej Ginzburg erbauten Sanatoriums *Ordžonikidze* in Kislovodsk, bietet: Pare, Richard, *Verlorene Avantgarde: russische Revolutionsarchitektur, 1922–1932*, München 2007; *www.grahamfoundation.org/grantees/3748-the-lost-vanguard* (letzter Zugriff 22.7.2013).

17 Zu den Vorstellungen und Konzepten einer sowjetischen kultivierten Lebensführung, der sogenannten *kul'turnost'*, siehe Volkov, Vadim, »The Concept of Kul'turnost'. Notes on the Stalinist Civilizing Process«, in: Sheila Fitzpatrick (Hg.), *Stalinism. New Directions*, London, New York 2000, S. 210–230; Kucher, Katharina, *Der Gorki-Park. Freizeitkultur im Stalinismus, 1928–1941*, Köln 2007.

seine Frau über einen Ausflug, den er mit einigen seiner hochrangigen Genossen unternommen hatte:

»Auf unserem Weg haben wir in einem außergewöhnlich schönen Schul-Städtchen in der Nähe von Mikojan-Šachar [heute: Karačaevsk; S.D.] Halt gemacht. Die Schule ist in einem ehemaligen Frauenkloster untergebracht. [...] Auf einer Passstraße sind wir über den Marinskij-Pass bis hoch zum Verchne-Marinskij-Tor gefahren. Dort sind wir von Schülern in der örtlichen Tracht mit roten Bannern empfangen worden. Es ist schwer zu beschreiben, wie wunderschön dieser Aul inmitten der Berge und die Kolonne gesunder Jungen und Mädchen waren.«[18]

Den Anblick der gesunden Kinder mit den roten Fahnen vor malerischer Kulisse beschreibt Jaroslavskij als ästhetischen Hochgenuss. Dass dieser Empfang von der örtlichen Parteiführung für die hohen Gäste aus Moskau inszeniert und die Kinder extra dafür ausgewählt worden waren, muss dem Ideologen Jaroslavskij bewusst gewesen sein, schien ihn aber nicht zu irritieren. Die örtlichen Verantwortlichen präsentierten der Reisedelegation aus Moskau die Wirklichkeit so, wie deren Mitglieder sie sehen wollten. Sie bedienten damit deren ästhetische Bedürfnisse und Erwartungen. Aufgrund dieser Erwartungen erhielt die Inszenierung für die Betrachter zumindest für einen Moment jene beruhigende Glaubwürdigkeit, die die Glaubwürdigkeit der durch Elend, Chaos und Erschöpfung gekennzeichneten Wirklichkeit zu übertrumpfen schien.

Abb. 1: Aleksandr Dejneka, In Sevastopol, 1934.

---

18 Schreiben Jaroslavskijs an Klavdija Kirsanova, Kislovodsk, 19.1.1932. Familienarchiv.

Die angeführten Textbeispiele zeigen, dass die Vorstellungen, die Jaroslavskij und seine Genossen sich vom neuen sowjetischen Menschen und der »wirklichen Kultur« machten, in der Kunst des Sozialistischen Realismus ihren Ausdruck fanden. Diese Bilder haben nichts mit dem Elend der »Zugvögel« gemein, die Jaroslavskij 1934 im Hafen von Suchumi beobachtet hatte.

Paradigmatisch hierfür erscheinen vielmehr die Arbeiten Aleksandr Dejnekas, wie zum Beispiel das Gemälde *In Sevastopol* aus dem Jahr 1934 (Abb. 1), in denen der Künstler junge, gesunde, mit sich und ihrer Umwelt im Einklang befindliche Menschen darstellt, deren Körper sich harmonisch in südliche Landschaften, in ein sowjetisches Arkadien oder in antikisierende architektonische Ensembles einfügen. Seinen Erholungsurlaub im Herbst 1934 stellt Jaroslavskij wie eine Reise nach Utopia dar. Die folgenden Tagebucheinträge vermitteln einen Eindruck davon, wie er sich die kommunistische Zukunft vorstellte:

»Die Donbass-Region ist nicht mehr wiederzuerkennen. Ich erinnere mich daran, wie ich 1923 im Zusammenhang mit der Šachty-Affäre und später wegen des Šachty-Prozesses hier durch den Dreck auf einem Grubenfahrzeug gefahren bin. Heute sind überall gepflegte Straßen und Automobile. Die Siedlungen sind neu und sauber. […] Ja, hier wird schon das sozialistische, das neue Donbass gebaut. Ein Gefühl des Glücks und des Stolzes auf unsere sozialistische Heimat erfüllt mich. In der tiefen Dämmerung sehe ich in die Ferne und denke an die großartigen Veränderungen, die noch bevorstehen. Soči. […] Wie viel Neues, unerwartet Großartiges, Aufwühlendes begegnet mir hier! Die wundervolle Schönheit des Sanatoriums der Roten Armee und die Vielzahl neuer Erholungsheime. Und das ist nur der Anfang! Unsere sowjetische ›Riviera‹ muss sich vor keinem ›Europa‹ verstecken!«[19]

---

19 Aufzeichnungen vom 13. und 14.11.1934. Familienarchiv. Der Prozess gegen Bergbauingenieure in der Stadt Šachty (Mai bis Juni 1928) bildete den Auftakt zur sogenannten Kulturrevolution, mit der die alten technischen Eliten für denunziatorische Praktiken »von unten« freigegeben wurden. Mit dem Šachty-Prozess sowie mit zahlreichen ähnlichen Prozessen gegen Mitglieder der alten technischen und wirtschaftlichen Eliten, die vor der Revolution ausgebildet worden waren, verfolgte die Parteiführung das Ziel, diese durch junge bolschewistische Kader zu ersetzen. Die Geheimpolizei OGPU hatte eine angebliche weitverzweigte Verschwörung der Grubeningenieure aufgedeckt. In den von der OGPU konstruierten Anklagen wurde den Fachleuten vorgeworfen, über fünf Jahre systematisch Maschinen zerstört oder unwirtschaftlich eingesetzt, Feuer gelegt, Gruben unter Wasser gesetzt und sich den Arbeitern gegenüber verantwortungslos verhalten zu haben. Die breit angelegte Pressekampagne sollte die Wachsamkeit und Bereitschaft der einfachen Parteimitglieder und Arbeiter anfachen, die »Schädlingsarbeit«

Der für Kulturpolitik zuständige Parteisekretär Andrej Ždanov hatte 1934 bei seiner Eröffnungsrede auf dem ersten Allunionskongress der Sowjetschriftsteller verlautbart, dass die sowjetische Literatur die Aufgabe habe, nicht einfach die »objektive Wirklichkeit« darzustellen, sondern »die Wirklichkeit in ihrer revolutionären Entwicklung«; die Literatur müsse »die nüchternste praktische Arbeit mit [...] grandiosen Perspektiven« verbinden.[20] Dieser Kongress war von einschneidender Bedeutung, weil dort der Sozialistische Realismus als verbindliche »Methode« der sowjetischen Literatur proklamiert wurde.[21] Durch dieses Diktum wurden die eskapistisch anmutenden Traumbilder und Inszenierungen offiziell in erreichbare Zukunftsbilder überführt.

Jaroslavskij nutzte für die Beschreibung seiner Eindrücke die für die Literatur des Sozialistischen Realismus typische Symbolik, in der die Dämmerung am Ende des Tags auch das nahe Ende der Geschichte, die baldige Realisierung des Kommunismus ankündigt. Zudem aktualisierte er die »Meistererzählung« des Sozialistischen Realismus: die Bändigung der Natur durch Wissenschaft, Technik und rationale Organisation:

»Kossior, Seleznev, Sacharova und ich fahren an den ›blauen See‹ in der Nähe von Gagra. [...] Wieviel nichtgenutzte ›blaue Kohle‹ ist hier vorhanden. Hier müsste man nicht nur alles beleuchten, sondern auch die gesamte Arbeit mechanisieren. Aber das passiert wahrscheinlich erst in der vierten Fünfjahrplanperiode, in der dritten werden wir das wohl nicht schaffen. Schade! Wie schön wird es in dieser Gegend in einigen Jahren sein [...]. In Gagra ist ein wunderbares neues Hotel ITR [der Ingenieure und Techniker; S. D.]. Wir sind an die weißen Felsen gefahren und haben uns die Schlucht angesehen. Eine beeindruckende Schlucht! An den Abhängen wachsen zahlreiche Baum- und Pflanzenarten. Man müsste am Ausgang der Schlucht eine Stauanlage aufbauen und eine hohe Plattform errichten und darauf ein gigantisches Wasserkraftwerk bauen. Ich überprüfe bei jedem Schritt meine Psychologie und auch die der anderen. Einige Jahre zuvor hatten wir fast alle noch nicht so eine ›wirtschaftliche‹ Herangehensweise an all diese Dinge. Und heute

---

ihrer Vorgesetzten aufzudecken. Hierzu siehe: Fitzpatrick, Sheila, »Stalin and the Making of a New Elite, 1928–1939«, *Slavic Review*, Jg. 38 (1979), S. 377–402; Schattenberg, Susanne, *Stalins Ingenieure: Lebenswelten zwischen Technik und Terror in den 1930er Jahren*, München 2002, S. 85–91.

20 Shdanov, A. A., »Rede auf dem 1. Unionskongreß der Sowjetschriftsteller, 1934«, *Beiträge zum Sozialistischen Realismus. Grundsätzliches über Kunst und Literatur*, Berlin (Ost) 1953, S. 13–19, hier S. 17.

21 Zu den Debatten über die bildende Kunst in den 1920er und 1930er Jahren siehe: Bown, Matthew Cullerne, *Socialist Realist Painting*, New Haven/London 1998.

träumt fast jeder davon, welche Reichtümer man für unser sozialistisches Land einsetzen kann, was man bauen kann und muss.«[22]

»Ich bin nach Šapšalovka gefahren. Was für ein großartiger Blick auf die Tiefebene. Man müsste hier alles in blühende Nutz- und Ziergärten verwandeln. Die Felsen sollte man zu Weinbergen und Zitronengärten machen. Wir müssen in der dritten Fünfjahrplanperiode noch mehr Aufmerksamkeit auf die Einrichtungen des sozialistischen Alltags lenken, als wir es bisher getan haben, auf den Bau von Schulen, Kurorten und Wohnhäusern. Die Industrialisierung wird bis dahin abgeschlossen sein, oder zumindest fast abgeschlossen sein. Die Kollektivierung wird abgeschlossen sein. Aber es reicht natürlich nicht, zwei Dutzend alte und zwei bis drei Dutzend neue Städte in einen gesunden Zustand zu bringen. Das was bisher getan ist, ist nur der Anfang. Nach Moskau, Leningrad, Char'kov und Kiev dürfen wir uns nicht nur auf Odessa, Novosibirsk, Sverdlovsk und solche Zentren beschränken, sondern müssen uns auch um die Zentren der Provinz kümmern. Es wird Zeit, dass wir uns von den kaputten Dächern, den ungeteerten Wegen und den verfallenen Schulgebäuden verabschieden. Uns reicht die Kraft dazu. Das wird sofort eine ganz andere Lebensart mit sich bringen, oder einen anderen Tonus, wie die Wissenschaftler sagen.«[23]

Die Art und Weise, wie Jaroslavskij die Wahrnehmung seiner Umwelt beschreibt, weist einige typische Merkmale auf, die Katerina Clark für den Roman des Sozialistischen Realismus ausgemacht hat, und das gilt sowohl für die Ebene der zeitlichen und räumlichen Struktur als auch für die der zentralen Bilder und Themen.[24] Jaroslavskijs Beispiel zeigt, dass diese Form der Rhetorik keinesfalls für alle Bolschewisten nur Theater war, das die Parteiführung für den Rest der Bevölkerung inszenierte.[25] Es zeigt vielmehr, bis zu welchem Grad sich selbst bei einem hochrangigen Vertreter des bolschewistischen Regimes das »wirkliche Leben«, Sehnsüchte und Vorstellungswelt, literarische Modelle und bildliche Darstellungen gegenseitig beeinflussten.

Jaroslavskij produziert und reproduziert in seinen Aufzeichnungen eine zeitliche Ordnung, die Literaturwissenschaftler als eine für den sozialistisch-realistischen Roman typische »modale Schizophrenie« bezeichnet haben: Der sozialistisch-realistische Roman springe von realistischen Beschreibungen zu utopischen Visionen und entwerfe so zwei zeitliche Ebe-

---

22 Aufzeichnung vom 15. und 16.11.1934. Familienarchiv.
23 Aufzeichnung vom 17.12.1934. Familienarchiv.
24 Clark, *The Soviet Novel* [wie Anm. 1].
25 Diese Auffassung vertritt Brooks, Jeffrey, *Thank You Comrade Stalin! Soviet Public Culture from Revolution to Cold War*, Princeton 2000, S. 54–82.

nen, die die Grenzen zwischen Realität und Fiktion undeutlich werden ließen. Die Gegenwart und die Zukunft würden parallel produziert, die Gegenwart werde aber lediglich als Potenzial für die antizipierte Zukunft wahrgenommen.[26] Für die Zeitgenossen war der Sozialistische Realismus keinesfalls schizophren: Für Jaroslavskij war die Gegenwart sowohl die Zeit des Elends, der Gewalt, der Unordnung, zermürbender Alltäglichkeit und Anstrengung, eine Zeit, in der er mit Erschöpfung und Zweifeln zu kämpfen hatte, als auch die Zeit, in der die sozialistische Zukunft gebaut wurde. Die Zeit der Zukunft bzw. der Sozialistische Realismus bot die Möglichkeit, die Zeit der alltäglichen Gegenwart, den realistischen Sozialismus zu verlassen und sich in eine »fantastische Welt« zu begeben.

Jaroslavskij beschrieb aber nicht lediglich seine Eindrücke, sondern beobachtete sich dabei selbst, indem er seine Wahrnehmungen kontrollierte; er erfüllte damit die Anforderungen, die Andrej Ždanov an die sowjetischen Schriftsteller gestellt hatte, nämlich die Wirklichkeit in ihrer revolutionären Entwicklung wahrzunehmen: So stellte Jaroslavskij bei sich und seinen Begleitern eine ganz neue, veränderte »Psychologie«, eine »wirtschaftliche« Herangehensweise« fest, durch die er in der Gegenwart das Potenzial für die Zukunft zu sehen vermochte. Das eigene Bewusstsein verändert sich in dieser Beschreibung synchron mit den Fortschritten des sozialistischen Aufbaus. Die antizipierte Zukunft bleibt nicht unerreichbar, sondern ist durch die modernsten Methoden der Wissenschaft und Technik im Rhythmus der Fünfjahrpläne planbar und erhält so ihre zukünftige Realität. Wissenschaft und Technik bekamen eine mythische, allumfassende Qualität zugeschrieben: Jaroslavskij entwarf eine industrielle Utopie, die nicht nur ökonomische Veränderungen zu bringen, sondern gleichzeitig politische, soziale und sogar physiologische Revolutionen auszulösen versprach, indem sie die Wahrnehmung der Menschen verändern und eine ganz andere »Lebensart«, einen anderen, wie er sich ausdrückt, »Tonus« mit sich bringen würde.

Das Wasserkraftwerk, von dem Jaroslavskij in seinem Tagebuch träumt, und die damit verbundene Elektrifizierung sind für ihn nicht nur ein Symbol für technischen Fortschritt, sondern auch für Aufklärung und

---

26 Zum Problem der Zeitstruktur im Sozialistischen Realismus siehe: Dobrenko, Evgenij, »The Petrified Utopia: Time, Space, and Paroxysms of Style in Socialist Realism«, in: Nina Kolesnikoff/Walter Smyrniw (Hg.), *Socialist Realism Revisited*, Ontario 1994, S. 13–27.

eine rationale Gesellschaftsorganisation.[27] Er scheint davon überzeugt gewesen zu sein, dass technischer Fortschritt alle sowjetischen Dilemmata in absehbarer Zeit zu lösen imstande sei und dass am Ende dieses Prozesses eine harmonische Gemeinschaft entstehen werde, in der es keine Entfremdung und sozialen Konflikte mehr geben könne. Wenn Jaroslavskij davon träumte, ein gigantisches Wasserkraftwerk zu erbauen und auf den harschen Felsen einen Garten aus Weinstöcken und Zitronenbäumen anzulegen, so aktualisierte er einerseits die in der Literatur und der bildenden Kunst des Sozialistischen Realismus zentralen Bilder des menschlichen Kampfs gegen die Natur und der Umwandlung von Natur in Landschaft, reproduzierte aber auch die konventionellen Bildprogramme der russischen Landschaftsmalerei des 19. Jahrhunderts, die er allerdings in den sowjetischen Kontext übertrug. Er verwandelte das konventionelle Motiv einer mythischen, harmonischen, südlichen Ideallandschaft in ein sowjetisches Arkadien.[28]

Industrielle Utopie und Kraftwerkskörper

Die hoffnungsvolle Perspektive einer physiologischen und emotionalen Transformation bezog Jaroslavskij, den die Furcht vor der eigenen biologischen Alterung sowie die Angst, mit dem Tempo der neuen Zeit nicht mehr mithalten zu können, beständig umtrieb und der bei sich gelegentlich Nervenschwäche, starke Erschöpfungszustände und Motivationsarmut

---

27 Siehe zum Beispiel die Romane von: Šaginian, Marietta, *Gidrocentral*, Moskau 1931; Gladkov, Fedor, *Energija*, Moskau 1933; Ders., *Pis'mo o Dneprostroe. Očerki*, Moskau 1931; die bildliche Darstellung von Trochimenko, K., *Arbeiter des Dnepr Wasserkraftwerks* (1937), *Gosudarstvennyj muzej ukrainskigo izobrazitel'nogo iskusstva. Al'bom*, Kiev 1971, Abbildung 75.

28 Zu italienischen Ideallandschaften in der russischen Landschaftsmalerei siehe: Taylor, Joshua C., »Russian Painters and the Pursuit of Light«, in: T. Stavrou (Hg.), *Art and Society in Nineteenth Century Russia*, Bloomington 1983, S. 140–152. Zur Landschaftsdarstellung in der Malerei des Sozialistischen Realismus siehe: Bassin, Marc, »The Greening of Utopia. Nature, Social Vision, and Landscape Art in Stalinist Russia«, in: James Cracraft/Daniel Rowland (Hg.), *Architectures of Russian Identity. 1500 to the Present*, Ithaca/London 2003, S. 150–171; Ders., »›I Object to Rain that is Cheerless‹: Landscape Art and the Stalinist Aesthetic Imagination«, *Ecumene*, Jg. 7 (2000), S. 313–336. Bassin behandelt allerdings keine südlichen Landschaftsmotive in der Malerei des Sozialistischen Realismus.

diagnostizierte, wohl auch auf sich selbst.[29] Diese Annahme legt der Begriff »Tonus« nahe: »Tonus« war ein so vager wie zentraler Begriff im medizinischen Diskurs der 1930er Jahre. Unspezifische, in den 1930er Jahren häufig auftretende Symptome wie Lebensüberdruss, Antriebsarmut, Überforderung und Schwächegefühle, die nicht auf konkrete körperliche Ursachen zurückzuführen waren, wurden als »niedriger Tonus des Organismus« diagnostiziert und mit unterschiedlichen Medikamenten behandelt. Die extrem schweren Lebensbedingungen und politischen Pathologien des stalinistischen Regimes deuteten viele Zeitgenossen als individuelle Mangelhaftigkeit, als fehlende Willenskraft, die sie dann häufig im eigenen Körper lokalisierten. Einige, wie zum Beispiel Stepan Podlubnyj, interpretierten ihre Schwierigkeiten, ihr vermeintliches Ungenügen und Scheitern an den für sie nur schwer durchschaubaren extremen Anforderungen als Folge ihrer »falschen« sozialen Herkunft und ihres dadurch bedingten vermeintlich zwangsläufig »falschen« Bewusstseins.[30] Podlubnyj war als Jugendlicher zu Beginn der 1930er Jahre als Sohn »entkulakisierter« Bauern aus der Ukraine illegal nach Moskau gekommen. Dort hegte er keinen größeren Wunsch, als die Vergangenheit abzulegen und sich in Moskau in einen neuen harmonischen sozialistischen Menschen zu transformieren.

Diese Form der Selbstwahrnehmung lässt sich in vielen Selbstzeugnissen der Stalinzeit, besonders eindrücklich aber in der Korrespondenz ablesen, die der berühmte sowjetische Endokrinologe Aleksej Zamkov mit seinen Patienten führte. Zamkov hatte aus dem Urin schwangerer Frauen das Hormonpräparat *Gravidan* entwickelt, dass motivierend, verjüngend und leistungssteigernd wirken sollte. Über die Wirkung des Medikaments führte Zamkov eine rege Korrespondenz mit seinen Patienten, die in ihren Briefen die Hoffnung äußerten, *Gravidan* möge sie von Willensschwäche und Antriebsarmut heilen sowie ihre erschöpften und alternden Körper in ein »Kraftwerk« verwandeln. In welchem Maße Zamkovs Behandlungsmethoden die Fantasie der Zeitgenossen anregen und ihre Hoffnungen auf ein neues Leben, einen neuen »Tonus« und einen neuen harmonischen Menschen, dem alle Mühen und Gebrechen fremd sind, entfachen konnten, zeigt der Brief der Patientin Ol'ga Sotnik:

---

29 Siehe hierzu das Kapitel »Gerontologie oder ein Leben im Panopticon«, Dahlke, *Individuum und Herrschaft* [wie Anm. 8], S. 347–361.
30 Hellbeck, Jochen, »Fashioning the Stalinist Soul: The Diary of Stepan Podlubnyj (1931–1939)«, *Jahrbücher für Geschichte Osteuropas*, Jg. 44 (1996), S. 344–373; Ders. (Hg.), *Tagebuch aus Moskau (1931–1939)*, München 1996.

»Genosse Zamkov!
Stellen Sie sich Folgendes vor:
Eine Frau, eine Gynäkologin ist schwanger. Sie will das Kind nicht. Sie liebt einen alten Mann leidenschaftlich. [...] Sie ist mit allen Vorgängen während der Schwangerschaft bestens vertraut. Nachdem sie alle diese Prozesse genau studiert hat, verwandelt sie ihre Arterien in eine Art Dneprostroj [in ein Wasserkraftwerk; S.D.]. [...] sie lässt nur einen kleinen Teil der enormen Kraft der Schwangerschaft dem Kind zukommen; [...] den Rest, den überwiegenden Teil dieser Kraft, überträgt sie auf den alten Mann. Zum Beispiel durch Injektionen oder Bluttransfusionen. [...] Ein schwaches, lebensunfähiges Kind wird geboren. Es stirbt eine Stunde nach der Geburt. Aber der alte Mann strotzt vor Kraft und Vitalität. Er ist zu einem schönen jungen Mann geworden, [...] in dem sich die Weisheit des Alters mit dem Glanz der Jugend verbindet. Ist das ein Produkt meiner Fantasie? Ja! Eine Monstrosität? Nein, ganz und gar nicht! Diese Idee ist durch Sie angeregt worden. Durch Ihr *Gravidan*. Sie erscheint nur auf den ersten Blick monströs. Wenn Sie aber nur an die vielen Abtreibungen denken, die in unserem Land vorgenommen werden, dann verschwindet die Monstrosität. Wenn Ihr *Gravidan* nicht aus dem Urin, sondern aus dem Blut oder irgendwelchen Drüsen schwangerer Frauen gewonnen werden könnte, dann könnte sich die verjüngende Wirkung um das Zehn-, vielleicht sogar um das Hundertfache verstärken. [...]

Ich bin eine Träumerin und denke immer nur an die Zukunft. [...] Wir leben in einer Zeit, in der Träume lebendige Realität werden.[31] [...]. Ich möchte Ihnen nichts aufdrängen. Ich vertraue lediglich meine Fantasie, meinen Traum einem großen Spezialisten an. Ich möchte meine Pflicht nicht auf andere abwälzen. Ich werde arbeiten, studieren, forschen. Das Problem des Alters liegt mir sehr am Herzen. Es wühlt mich auf. Wenn Sie nur meine Träume aufnehmen könnten! Ihnen würde das schneller gelingen. Das, was ich Ihnen schreibe, beschäftigt nicht nur mich, sondern die gesamte stolze, [...] revolutionäre, sonst so graue Menschheit. Bitte schreiben Sie mir! Ich wäre so glücklich, wenn meine Gedanken Ihr Interesse fänden. Und wenn ich unter Ihrer weisen Anleitung, unter der Leitung eines Mannes der Wissenschaft, das Problem erwogen, studiert und Experimente mit Tieren durchgeführt haben werde, und als Frau, mit der Fähigkeit meines Körpers zur Mutterschaft, jemandes Falten glätten, die Zuversicht und Lebensfreude an jemandes alternde, den Tod voraussehende Augen zurückgeben könnte, dann werde ich mich selbst einen glücklichen Menschen nennen. Bitte schreiben Sie mir! Bitte antworten Sie mir!«[32]

---

31 Bei diesem Satz handelt es sich um ein fast wörtliches Zitat aus Grigorij Aleksandrovs Film *Cirk* (Zirkus) von 1936.
32 RGAĖ (Rossijskij gosudarstvennyj archiv ėkonomiki), f. 9457, op. 1, d. 83; zitiert nach: Naiman, Eric, »On Soviet Subjects and the Scholars Who Make Them«, *The Russian Review*, Jg. 60 (2001), S. 307–315, hier S. 307–308. Zu Experimenten mit Bluttransfusionen und den entsprechenden Vorstellungen über deren mögliche Wirkungen in der früh-

Abb. 2: Vera Muchina, Arbeiter und Kolchosbäuerin, Modell, 1936.

In Ol'ga Sotniks Brief scheinen sowohl die Härten der Zeit und vermutlich ihre eigene schwierige Lebenssituation als auch ihre glühenden Zukunftserwartungen auf. Sie nimmt die dominanten Metaphern des Sozialistischen Realismus wie zum Beispiel die des Kraftwerks wörtlich. Die junge Frau bot Zamkov buchstäblich ihren Körper an, um in ihm und durch ihn mithilfe der Wissenschaft den Sozialistischen Realismus wahr werden zu lassen. Eric Naiman, der Zamkovs Korrespondenz mit seinen Patienten und Bewunderern analysiert hat, kommt zu dem Schluss, dass viele Zeitgenossen unter dem Eindruck der persönlichen Mangelhaftigkeit eher nach medizinischer Hilfe als nach politischer Veränderung gesucht hätten.[33] Der

---

sowjetischen Zeit siehe: Krementsov, Nikolai, *A Martian Stranded on Earth*. Aleksandr Bogdanov, *Blood Transfusions, and Proletarian Science*, Chicago 2011; Hagemeister, Michael/Boris Groys (Hg.), *Die Neue Menschheit. Biopolitische Utopien in Russland zu Beginn des 20. Jahrhunderts*, Frankfurt/M. 2005.

[33] Eric Naiman vertritt die These, dass in den 1930er Jahren immer mehr Menschen in den Städten versuchten, ihren »niedrigen Tonus« mit der Einnahme von Medikamenten zu bekämpfen. Mit dieser Medikation hätten sie versucht, die ideologischen und politischen Pathologien der 1930er Jahre zu verarbeiten, indem sie diese Pathologien in ihrem eigenen Körper lokalisierten. Naiman, Eric: »Discourse Made Flesh: Healing and Terror in the Construction of Soviet Subjectivity«, in: Igal Halfin (Hg.), *Language and Revolution*.

Arzt Zamkov war mit der Bildhauerin Vera Muchina verheiratet. Muchina schuf unter anderem mit ihrer monumentalen Skulptur *Arbeiter und Kolchosbäuerin*, die das Dach des sowjetischen Pavillons auf der Pariser Weltausstellung 1937 zierte, einen solchen Kraftwerkskörper, an dessen Realisierung die Zeitgenossen aus Fleisch und Blut in ihrem wahren Leben scheiterten (Abb. 2).[34]

Das »Kraftwerk«, das ein zentrales Thema in Film, Literatur und Medien der 1920er und 1930er Jahre darstellte, erscheint auch in Jaroslavskijs Aufzeichnungen als eine der zentralen Metaphern der Zeit. Die »industrielle Utopie« war auch für ihn das »Medikament«, mit dem er hoffte, seine Leiden zu heilen und wieder den Enthusiasmus, die Lebensfreude und Arbeitskraft aufzubringen, die es ihm ermöglichen sollten, dem Tempo der neuen Zeit standzuhalten und nicht ins Hintertreffen zu geraten.

Geschichte als Ritual oder der Weltgeist mit dem Schnurrbart

Jaroslavskij übersetzte nicht nur seine Umwelteindrücke in die Erzählmuster und Bildprogramme des Sozialistischen Realismus, sondern auch seine Wünsche und Empfindungen bei als historisch gedeuteten Ereignissen wie auch bei seinen Begegnungen mit Stalin. Im Dezember 1936 hatte Jaroslavskij die Baustelle des Palasts der Sowjets besichtigt. Der Palast der Sowjets, dessen Dach eine riesige Leninstatue schmücken sollte, war das ambitionierteste Bauprojekt im Rahmen des Generalplans zur Rekonstruktion Moskaus, das aber wegen Grundwasserproblemen nie verwirklicht werden konnte. Es kursierten zahlreiche bildliche Darstellungen und Pläne des Gebäudes, die offensichtlich auch Jaroslavskijs Fantasie beflügelten (Abb. 3).[35]

Making Modern Political Identities, London/Portland 2002, S. 287–316, besonders S. 297, 304; Naiman, On Soviet Subjects [wie Anm. 32], besonders S. 307–308, 315.

34 Eine satirische Darstellung des Scheiterns des alten Intelligenzlers Kavalerov an den vitalistischen Erwartungen der 1920er Jahre liefert Jurij Oleshas Roman *Neid* (1927). Olesha, Jurij, *Neid*, Frankfurt/M. 1978. Siehe auch Andrej Platonovs Roman *Das glückliche Moskau*, Berlin 1993, in dem der Weg zur Verwirklichung des Sozialistischen Realismus nicht über Selbstvervollkommnung, sondern über Selbstverstümmelung führt.

35 Zum Generalplan zur Rekonstruktion Moskaus und zu den unterschiedlichen Entwürfen für den Palast der Sowjets, die im Rahmen eines internationalen Wettbewerbs entstanden waren, siehe: Bodenschatz/Post, *Städtebau* [wie Anm. 7]; Pistorius, Elke, »Der

Abb. 3: Boris Iofan, Entwurf für den Palast der Sowjets, Variante von 1934.

Jaroslavskijs Besuch der direkt am Ufer der Moskva gelegenen Baustelle veranlasste ihn zu kühnen Assoziationen und zu einer vollständigen Selbstintegration in das ästhetische Projekt des Sozialistischen Realismus:

»Den ganzen Morgen war ich auf der Baustelle des Palasts der Sowjets, zusammen mit Michajlov bin ich überall auf dem Platz herumgeklettert. [...] Was wird das für ein großartiges, grandioses Gebäude. Ich hoffe, dass ich am fünfzigsten Jahrestag meiner Parteimitgliedschaft hier in diesem Gebäude über den bemerkenswerten Weg, den unsere Partei gegangen ist, erzählen kann.«[36]

Dieses Textbeispiel ist bemerkenswert hinsichtlich der Realitätswahrnehmung und der Zeitvorstellung, die Jaroslavskij entwirft. Auch hier stellt er »die Wirklichkeit in ihrer revolutionären Entwicklung« dar, produziert aber dabei eine bemerkenswerte Statik, die sich im Palast der Sowjets manifestiert und in einem merkwürdigen Gegensatz zu Jaroslavskijs Selbstbild als Mitglied einer revolutionären Avantgarde und der damit verbundenen linearen Zeitvorstellung steht. Die Gegenwart erscheint hier nur als Durchgangsstation; die Vergangenheit in Form der Parteigeschichte wird direkt mit der antizipierten Zukunft, dem fünfzigsten Jahrestag von Jaroslavskijs Parteimitgliedschaft und dem dann fertiggestellten Palast der

---

Wettbewerb um den Sowjetpalast«, in: Gabriele Gorzka (Hg.), *Kultur im Stalinismus. Sowjetische Kultur und Kunst der 1930er bis 50er Jahre*, Bremen 1994, S. 153–167; Hoisington, Sona Stephan, »»Ever Higher«: The Evolution of the Project for the Palace of Soviets«, *Slavic Review*, Jg. 62 (2003), S. 41–68.
36 Aufzeichnung vom 13.12.1936. Familienarchiv.

Sowjets verschmolzen. Aber sowohl die Parteigeschichte als auch Jaroslavskijs Jubiläum und der Palast der Sowjets als Sinnbild des Kommunismus erhalten ihre Bedeutung nicht hinsichtlich ihrer Verortung auf einer konkreten chronologischen Achse, sondern aufgrund ihrer epischen Qualität; Vergangenheit, Gegenwart und Zukunft sind gleichzeitig im Palast der Sowjets präsent. Die Strapazen der Gegenwart, repräsentiert durch die vermutlich schlammige Baustelle, sind nur hinsichtlich der »epischen Zeit«, der absoluten Vergangenheit und der absoluten Zukunft, bedeutsam. Jaroslavskijs Überlegungen ähneln der temporalen Struktur des Mythos, in dem die alltägliche Gegenwart ihre Bedeutung nur im Hinblick auf die mythische Zeit, auf die »absolute epische Vergangenheit« und die glänzende Zukunft des Kommunismus, erhält und alles in einem mythischen Kontinuum aufgehoben ist.[37] Möglicherweise war diese durch die temporale Struktur des Sozialistischen Realismus vorgegebene Form der Selbstintegration Jaroslavskijs in ein statisches ästhetisches Projekt die einzige Möglichkeit, in Zeiten der Unruhe, der Erschöpfung und stetig drohender Selbstzweifel nicht unterzugehen und sich in dem so produzierten Bild zu verewigen.

Untersucht man das eben zitierte Textbeispiel aus Jaroslavskijs Tagebuch vor dem Hintergrund seiner Aufzeichnungen über die Eröffnung des 17. Parteitags am 24. Januar 1934, die im frisch renovierten großen Saal des Kremlpalasts stattfand, dann erscheinen diese beiden Darstellungen tatsächlich wie eine Bildbeschreibung:

»Um 4.40 Uhr wurde der Parteitag eröffnet. Was für ein prächtiger Saal ist aus diesen beiden Gewölben entstanden! Ich stehe auf der Tribüne des Präsidiums – unten wird der Platz buchstäblich von Menschen überströmt. Über den Köpfen hängen leuchtende Ringe und übergießen sie mit einem matten Licht. Wenn dieser Saal fertig renoviert ist, wie schön wird er dann sein. Aber in den Palast der Sowjets passen vier oder fünf Mal mehr Menschen. Was wird das für ein Platz sein! Fast 1/3 des Roten Platzes unter einem Dach. […]«[38]

---

37 Diese Zeitvorstellung ähnelt den von Mircea Eliade beschriebenen dualen Zeitvorstellungen in traditionellen Gesellschaften. Eliade unterscheidet zwischen der profanen Zeit und der heiligen Zeit. Die profane Zeit ist linear, die heilige Zeit zyklisch und durch bestimmte Techniken evozierbar. Die heilige Zeit wird als Quelle von Bedeutung, Macht und Seinsbewusstsein definiert. Eliade, Mircea, *Cosmos and History: The Myth of the Eternal Return*, Princeton 1954; Clark, *The Soviet Novel* [wie Anm. 1], S. 36–41.

38 Aufzeichnung vom 26.1.1934. Familienarchiv.

Die Tribüne, die den Saal des Kremlpalasts überragt, die Menschen, die Größe und Ausstattung des Raums, insbesondere aber das Gewölbe und das Licht der kreisrunden Lampen mit Jaroslavskij, der seine Rede hält, im Zentrum, erinnern an eine bestimmte Form der bildlichen Darstellung des Sozialistischen Realismus, die allerdings erst Ende der 1930er Jahre dominant wurde.[39] In der Artikulation seiner Wünsche dehnt sich der reale Raum in einen Bilderraum aus. Es geht an dieser Stelle aber nicht darum, den Nachweis zu erbringen, dass Jaroslavskij seine Beschreibungen zwangsläufig nach einem bestimmten Bildprogramm ausrichtete, sondern vielmehr darum, zu zeigen, auf welche Weise er einen bestimmten mentalitätsgeschichtlichen Zustand modellierte und dass ihm dieses Modell als sinnstiftender Rahmen diente, mit dem er seine Erfahrungen und Wahrnehmungen ordnete.

Im folgenden Tagebuchausschnitt beschreibt Jaroslavskij seine Emotionen während der Eröffnung des 8. Außerordentlichen Kongresses der Sowjets am 25. November 1936, der ebenfalls im großen Saal des Kremlpalasts stattfand. Am ersten Tag des Kongresses wurde die neue sowjetische Verfassung verabschiedet. Die Verfassung wurde von vielen Bolschewisten als ein Meilenstein auf dem Weg zum Kommunismus, als Fundament für die klassenlose, konfliktfreie Gesellschaft gedeutet. Der Entwurf ähnelte auf dem Papier den Verfassungen westlicher Staaten; er garantierte der sowjetischen Bevölkerung das allgemeine Wahlrecht sowie grundlegende Bürgerrechte und integrierte die bis dahin von den Bürgerrechten Ausgeschlossenen, die sogenannten *lišency*, in die sowjetische Gemeinschaft.[40]

»Heute ist der 8. Kongress der Sowjets eröffnet worden. Unter den Klängen der Internationale eröffnete sich eine neue Seite der Geschichte unserer großartigen sozialistischen Heimat. Ich habe keine Worte, um diese aufwühlenden Gefühle auszudrücken, als die millionenfachen Massen [mnogomillionye massy] der Völker der UdSSR die Verfassung und die Errungenschaften des Sozialismus bekräftigen. Das Bewusstsein, dass auch du für diesen großartigen Sieg gekämpft hast, erfüllt das ganze Sein mit Freude und Stolz. Ich richte meinen Blick auf Stalin. Er ist zwei

---

39 Vgl. zum Beispiel Grigori M. Shega: Führer, *Lehrer und Freund (Stalin auf dem Stoßarbeiterkongress der Kolchosen)*, 1937, Privatsammlung, in: Bown, *Socialist Realist Painting* [wie Anm. 21], S. 163–164.

40 Zur Verfasssung siehe: Getty, J. Arch, »State and Society under Stalin: Constitutions and Elections in the 1930s«, *Slavic Review*, Jg. 50 (1991), S. 18–35; zu den Versuchen des Regimes, die Verfassung zu popularisieren, siehe: Petrone, Karen, *Life has Become more Joyous, Comrades! Celebrations in the Time of Stalin*, Bloomington 2000, S. 175–202.

Schritte von mir entfernt [...]. Mit ihm bin ich den gesamten Weg gemeinsam gegangen und kenne ihn seit 1905. Da wartet er ruhig und geduldig, bis der Applaus abklingt, um seine Rede zu beginnen, die, einfach und jeglicher Affektiertheit fremd, in die Geschichte der Menschheit als großartiges Denkmal des Kommunismus eingehen wird. Heute ist einer der glücklichsten Tage meines Lebens.«[41]

Jaroslavskij übersetzt seine »aufwühlenden Gefühle« in den Rahmen der Hegelschen Geschichtsteleologie und der Hegelschen Dialektik. Für unsere Argumentation sind zwei Aspekte der Hegelschen Geschichtsphilosophie relevant, in denen die Rolle des Einzelnen im Lauf der Geschichte bestimmt wird: Die Annahmen, dass der historische Prozess nicht zufällig, sondern zweckgerichtet ist, und dass das erkennende Subjekt mit dem Gegenstand der Erkenntnis, dem holistisch verfassten Weltgeist, identisch werden kann. Die Weltgeschichte wird von Hegel als Selbstbewusstwerdung des Weltgeists aufgefasst.[42] Diese Geschichte beginnt in Jaroslavskijs Aufzeichnung mit der für ihn so bedeutsamen Revolution von 1905 und endet mit dem Kommunismus. Die Verabschiedung der Verfassung ist die letzte Etappe auf diesem Weg, die eine »neue Seite der Geschichte« einläutet. Zudem beschreibt Jaroslavskij seinen Glückszustand als intensive Verbindung mit den »millionenfachen Massen«, die allerdings nur die Aufgabe haben, die durch die Parteiführung errungenen »Siege« zu akklamieren, und mit Stalin, der nur »zwei Schritte« von ihm entfernt steht und mit dem er den Weg der Geschichte »gemeinsam« gegangen ist. Stalin erscheint hier wie auch in der Literatur des Sozialistischen Realismus und der gesamten offiziellen Rhetorik der 1930er Jahre als mythische Figur für die absolute Macht in der Geschichte bzw. als Konkretion des Hegelschen Weltgeists, in dem sich alle Widersprüche zwischen Subjekt und Objekt auflösen.[43]

Dass nicht nur der überzeugte Bolschewist Jaroslavskij von Stalins mythischer Persona beseelt war und seine Wahrnehmungen in einen He-

---

41 Aufzeichnung vom 25.11.1936. Familienarchiv.
42 Hegel, G. W. Fr., »Vorlesungen über die Philosophie der Weltgeschichte«, in: Ders.: *Recht, Staat, Geschichte. Eine Auswahl aus seinen Werken*, hg. von Friedrich Bülow, Stuttgart 1955, S. 351–432.
43 Katerina Clark hat darauf hingewiesen, dass die Hegelsche Dialektik die rituellen Bedürfnisse der russischen Intelligencija bedient habe und dass das Hegelsche Schema geschichtlichen Fortschritts in modifizierter Form als dominanter rhetorischer Modus im Roman und in der bildenden Kunst sowie in der gesamten Rhetorik der 1930er Jahre adaptiert worden sei. Clark, *The Soviet Novel* [wie Anm. 1], S. 20. Siehe auch: Dobrenko, Evgenij, *Metafora vlasti: Literatura stalinskoj epochi v istoričeskom osveščenii*, München 1993.

gelschen Sinnrahmen einordnete, sondern sich auch Zeitgenossen, die ein weitaus ambivalenteres Verhältnis zum stalinistischen Regime hatten, der »Intimität mit der Macht« nicht entziehen konnten und von ihr energetisiert wurden, hat Irina Paperno eindrücklich gezeigt.[44] Besonders aufschlussreich für Papernos Argument ist ein Tagebucheintrag eines Zeitgenossen Jaroslavskijs, des Kinderbuchautors Kornej Čukovskij (1882–1969), der seine und Boris Pasternaks Begegnung mit Stalin folgendermaßen beschreibt:

»22.IV. [1936] Gestern, während des Kongresses [des Komsomol]: Ich saß in der sechsten oder siebten Reihe. [...] hinten im Saal war Boris Pasternak. Ich ging zu ihm und brachte ihn zu den vorderen Reihen (neben mir war ein freier Platz). Dann erschienen Kaganovič, Vorošilov, Andreev, Ždanov und Stalin. Es ist unvorstellbar, was mit dem Publikum geschah, als ER vor uns stand, irgendwie müde, nachdenklich, und majestätisch. Man konnte seine enorme Familiarität mit der Macht förmlich spüren, seine Kraft und Stärke, und gleichzeitig etwas fast Weibliches, Sanftes. Ich sah mich um: alle Gesichter waren liebevoll, sanft, erleuchtet, mit strahlendem Lachen. Ihn zu sehen – allein ihn zu sehen – machte uns alle glücklich. [...] Wir empfingen seine Gesten mit Ehrfurcht. Ich habe mich solcher Gefühle nicht fähig geglaubt. [...] Pasternak und ich gingen zusammen nach Hause und schwelgten in unserem Glück.«[45]

Sowohl in diesen Beschreibungen als auch in den künstlerischen Manifestationen des Sozialistischen Realismus erscheint Stalin selten als zentrale handlungstragende Figur; die Transformation zu einer höheren Bewusstseinsstufe, zur Selbsterkenntnis in der Geschichte, vollzieht sich dadurch, dass Stalin angesehen wird, also durch seine übertragende Funktion.[46]

---

44 Paperno, Irina, »Intimacy with Power: Soviet Memoirists Remember Stalin«, in: Klaus Heller/Jan Plamper (Hg.), *Personenkulte im Stalinismus/Personality Cults in Stalinism*, Göttingen 2004, S. 331–364.

45 Chukovsky, Kornej, *Diary, 1901–1969*, hg. von Victor Erlich, New Haven 2005, zitiert nach: Paperno, Intimacy with Power [wie Anm. 44], S. 332.

46 Stalin kann sich in dieser Form der Darstellung sowohl im Bildraum befinden, wie zum Beispiel in dem Gemälde von Pavel Malkov *Politbüro des ZK der Bolschewistischen Partei auf dem 8. Außerordentlichen Kongress des Sowjets*, 1938, in: Boris Groys/Max Hollein (Hg.), *Traumfabrik Kommunismus*, Frankfurt/M. 2003, S. 155, oder aber auch als imaginäre Figur außerhalb des Bildraums wie in der Schlusssequenz von Grigorij Aleksandrovs Film *Cirk* (Zirkus) von 1936. Zur Darstellung Stalins in der bildenden Kunst, im Film und in der Literatur siehe: Plamper, Jan, *The Stalin Cult. A Study in the Alchimy of Power*, New Haven 2012; Hülbusch, Nikolas, *Im Spiegelkabinett des Diktators. Stalin als Filmheld im sowjetischen Film (1937–1953)*, Alfeld 2001; Justus, Ursula, *Literatur als Mythenfabrik. Stalin als literarische Figur in ausgewählten Werken der Stalinzeit*, Online-Ressource, Univ. Diss., Bochum 2002.

Mit seiner Teilnahme an der Eröffnung des 8. Außerordentlichen Kongresses der Sowjets wie auch durch die imaginierte Redesituation im Palast der Sowjets anlässlich seiner fünfzigjährigen Parteimitgliedschaft konnte Jaroslavskij den beunruhigenden und schwer kontrollierbaren, von Erschöpfung, Unordnung, Gewalt und Bedrohung geprägten Bereich des Alltäglichen verlassen und in einen rituellen Zustimmungsraum eintreten, in dem die Gegenwart als die Zeit des Alltäglichen vollständig ausgeblendet ist. Dasselbe gilt offensichtlich auch für die weitaus kritischeren Zeitgenossen Pasternak und Čukovskij. Besonders Stalins zentrale Position in der kanonischen Ordnung des Blicks in den Texten und Bildern des Sozialistischen Realismus, an der sich Jaroslavskijs und Čukovskijs Beschreibungen orientierten – Jaroslavskij und Čukovskij sehen Stalin an, werden aber von niemandem angesehen –, eröffnete für Jaroslavskij und seine Zeitgenossen die Möglichkeit, die panoptische Situation, das heißt die Gewissheit, ständig von allen beobachtet und bedroht zu werden, für kurze Zeit zu vergessen. Der reale Mensch Stalin auf der Tribüne wird in der Wahrnehmung Jaroslavskijs, Čukovskijs und offenbar auch Pasternaks identisch mit seinem Bild. In der Betrachtung Stalins (re)inszenieren sie *Die unvergessliche Begegnung* (Abb. 4).

Abb. 4: Vasilij P. Efanov, Die unvergessliche Begegnung, 1936/37.

Das Bild erscheint für einen Moment realer als die Wirklichkeit. Es erfüllt die Funktion, Erschöpfung und Entfremdung aufzuheben. Es wirkt nicht nur als eine Art Glücksdroge, sondern dient, und darin liegt seine Wirksamkeit und Glaubwürdigkeit begründet, als einziger Bezugspunkt für eine Selbstintegration in die sowjetische Gemeinschaft.

Farbkörper und Arbeiterkörper:
Zu Aleksandr Dejnekas Darstellung der Bergleute im Donbass

Alexandra Köhring

Die Bergleute aus dem Donbass gehörten zu den sowjetischen Arbeitshelden der ersten Stunde. Das Industriegebiet für Kohleabbau und Stahlproduktion in dem ukrainischen Donecbecken avancierte in den 1920er Jahren zu einem der Prestigeprojekte der frühen sowjetischen Wirtschaft, da den geförderten Stoffen Kohle und Eisenerz und vor allem dem dort produzierten Stahl die tragenden Rollen für den Fortschritt der sozialistischen Gesellschaft zugewiesen war. Als »Vortrupp des klassenbewussten Arbeiters« (Lenin, 1920, Gründungskongress der Bergarbeitergewerkschaft) vertraten die Bergleute die zeitgenössische Vorstellung von Arbeit als der Integrationsideologie der sowjetischen Gesellschaft par excellence.[1] Die von Marx formulierte »Selbsterzeugung« des Menschen durch Arbeit hatte in der frühen Sowjetunion einen umfassenden Geltungsanspruch:[2] Arbeit war im kommunistischen Weltmodell die Grundlage für die Klassenstruktur der Gesellschaft und gleichzeitig Mittel zu ihrer Auflösung. Körperliche Arbeit konnte als Mittel der Festigung des politisch-sozialistischen Bewusstseins angesehen werden, da in der eigenen Tätigkeit der aktive Anteil an der gesellschaftlichen Entwicklung vergegenwärtigt werden könne.

Im Bereich der bildenden Kunst war diese Vorstellung von Arbeit Grund für eine Reihe an tief greifenden Konflikten: Die kategorische Unterschei-

---

1 Penter, Tanja, *Kohle für Hitler und Stalin: Arbeiten und Leben im Donbass 1929 bis 1953*, Essen 2010. Die Leistungsfähigkeit der Stahlindustrie im Donbass beruhte wesentlich darauf, dass direkt in örtlichen Anlagen die geförderte Steinkohle zu Koks verarbeitet wurde, das mit Eisenerz die Grundstoffe für die Stahlherstellung lieferte.

2 Zum sich wandelnden Arbeitsbegriff im Zuge der Industrialisierung siehe Sarasin, Philipp/Jakob Tanner (Hg.), *Physiologie und industrielle Gesellschaft. Studien zur Verwissenschaftlichung des Körpers im 19. und 20. Jahrhundert*, Frankfurt/M. 1998, S. 16. Zur rhetorischen Konzeptualisierung des Arbeitshelden in der Sowjetunion, siehe Günther, Hans, *Der sozialistische Übermensch. Maksim Gor'kij und der sowjetische Heldenmythos*, Stuttgart 1993. Eine ausführliche Beschreibung des von der Sowjetunion in die sozialistischen Staaten vermittelten Arbeitsideals gibt de Keghel in dem vorliegenden Band.

dung zwischen physischer Arbeit und künstlerischer Arbeit, die zu den intellektuellen Tätigkeiten gezählt wurde, schloss den Künstler potenziell vom Arbeiterproletariat aus. Besonders die Tafelmalerei wurde zu Beginn der 1920er Jahre als »bourgeoises« Element diskreditiert, der Status der Tafelmalerei sank dementsprechend auf einen Tiefpunkt in der kulturellen und gesellschaftlichen Wertehierarchie.[3] Viele Avantgardekünstler wandten sich anderen Medien zu: Zum einen wurden sie für Agitation und Propaganda tätig und arbeiteten in den druckgrafischen Medien, der Plakatkunst und der Typografie, oder im Bereich der Fotografie. Zum anderen suchten sie Anschluss in der sogenannten Produktionskunst, der Fertigung von Gebrauchsgegenständen. Solche Tätigkeiten schienen die Kluft zwischen Kunst und Arbeit überwindbar zu machen.

Aleksandr Dejneka war in den 1920er Jahren gerade aufgrund seiner Darstellungen der Bergarbeiter aus dem Donbass im Medium der Tafelmalerei zu einem der anerkanntesten Künstler seiner Zeit aufgestiegen.[4] Vordergründig scheinen sich seine Arbeitsdarstellungen im Rahmen der »propagandistischen Scheinwelt« zu bewegen, die gerade den Donbass zum Mythos in einer sowjetischen Erfolgsgeschichte werden ließ.[5] In der Künstlerperspektive kamen die schlechten Lebens- und Arbeitsverhältnisse der Bergleute, die jedem vor Ort offensichtlich waren, nicht vor, so dass sich die Frage aufdrängt, wie diese Bilder ihre Glaubwürdigkeit erlangten. Dieser Beitrag fragt danach, wie Dejneka gerade die malerischen Verfahren

---

3 Bown, Matthew Cullerne (Hg.), *Socialist Realist Painting*, New Haven 1998, besonders Kap. 2; zur Kulturpolitik siehe Fitzpatrick, Sheila: *The Cultural Front. Power and Culture in Revolutionary Russia*, Ithaca 1992, besonders die Einleitung: »On Power and Culture«, S. 1–35.

4 Zur künstlerischen Biografie Dejnekas siehe Kiaer, Christina, »Aleksandr Dejneka. A One-Man Biography of Soivet Art«, in: Ausst.-Kat. *Aleksandr Dejneka (1899–1969). An Avant-Garde for the Proletariat,* Fundacion Juan March, Madrid 2011, S. 56–67; Bertsch, Markus, »Von Jena nach Petrograd. Die Prinzipien von Rhythmus, Reihung und Parallelismus bei Holder und Dejneka«, in: Ausst.-Kat. *Müde Helden. Ferdinand Hodler, Aleksandr Dejneka. Neo Rauch*, Hamburger Kunsthalle, hg. von Hubertus Gaßner, Daniel Koep und Markus Bertsch, München 2012, S. 44–59.

5 Penter, *Kohle* [wie Anm. 1], S. 18, 425. Zu den Lebensbedingungen der Bergarbeiter (am Beispiel des westsibirischen Kuzbass) siehe auch: Landau, Julia Franziska, *Wir bauen den großen Kuzbass! Bergarbeiteralltag im Stalinismus 1921–1941*, Stuttgart 2012. Zu der Diskrepanz zwischen der bildlichen Darstellung der Arbeiterhelden und der sowjetischen Arbeitswirklichkeit allgemein siehe Conze, Susanne, »Arbeiterkörper im Stalinismus. Von Helden, Simulanten und Produktionsdeserteuren«, in: *Körper macht Geschichte. Geschichte macht Körper. Körpergeschichte als Sozialgeschichte*, hg. vom Bielefelder Graduiertenkolleg Sozialgeschichte,Bielefeld 1999, S. 141–165.

in spezifischer Weise einsetzte, um das Wesen von Arbeit in seinen zeitgenössischen ideologischen Implikationen darzustellen und um die Widersprüche zwischen physischer und geistiger Arbeit im Medium des Tafelbildes aufzuheben.

Künstler und Bergarbeiter im Donbass

Der Bergbau im Donbass war wie die Arbeit in anderen technischen und industriellen Großprojekten der 1920er und 1930er Jahre von einer umfangreichen Bildproduktion und Bildpropaganda flankiert.[6] Zu Begegnungen zwischen den Bergarbeitern und den Künstlern, die die Bilder von ihnen schufen, kam es im Zusammenhang mit den Reisen, die die Künstler in die Industriegebiete unternahmen. Meist fanden solche Reisen im Rahmen von größeren Delegationen aus Angehörigen verschiedener Berufsgruppen sowie Vertretern der Politik statt und dienten der Begegnung unterschiedlicher Gruppen der sozialistischen Gesellschaft, um das allseitige Bewusstsein für das gesellschaftliche Kollektiv und für Arbeit als integrativem sozialem Faktor zu schärfen. Der Avantgardekünstler Gustav Klucis reiste zu Beginn der 1930er Jahre in das Kohleabbaugebiet im Donbass, Klucis war zu dieser Zeit Plakatkünstler, auf dieser Reise sollte er Fotomaterial sammeln, das er für Agitation-und-Propaganda-Plakate einsetzen konnte. In einem Brief berichtete er stolz über seine Begegnung mit den Bergleuten: »Gestern Abend stiegen wir zusammen mit einer Schicht von Arbeitern in die Kohlgrube hinab [...] Obwohl wir nicht gearbeitet haben, sind wir schwarz wie die Bergleute geworden.«[7] Nach seiner Reise fertigte Klucis ein Plakat, in dem er eine Aufnahme von sich selbst in Arbeiterkluft, mit geschultertem Presslufthammer und von Kohlestaub geschwärztem Gesicht einem Bergarbeiter zur Seite stellte (Abb. 1).

---

6 Gut erforscht ist die Bildproduktion in Bezug auf den Bau des Weißmeerkanals durch die Arbeiten von Erica Wolff, »The Visual Economy of Forced Labor. Aleksandr Rodchenko and the White Sea-Baltic Canal«, in: Valerie A. Kivelson/Joan Neuberger (Hg.), *Picturing Russia: Explorations in Visual Culture*, New Haven 2008, S. 169–174.

7 Ausst.-Kat. *Gustav Klucis. Retrospektive*, hg. von Hubertus Gaßner und Roland Nachtigäller, Museum Fridericianum Kassel/Centro de Arte Reina Sofia Madrid, Stuttgart 1991, S. 261.

Abb. 1: Gustav Klucis, Zum Kampf für Heizmaterial, für Metall, Plakat, 1932/33.

Das Verfahren der Montage machte es hier möglich, dass der Künstler Seite an Seite mit dem Arbeiterproletariat einer strahlenden Zukunft und seinem legitimen Platz in der Gesellschaft entgegenschreiten konnte. Klucis war allerdings in den 1930er Jahren zunehmender Kritik ausgesetzt. Seine Anwendung der Fotomontage, die die Techniken der Herstellung des Bildes und damit der Bildinszenierung in großem Maße offenlegte, wurde von der Kritik negativ bewertet: Es hieß, seine Arbeiten lassen das »organische Ganze« vermissen und seien damit nicht in der Lage, den gesellschaftlichen Auftrag der Arbeiterhelden bildlich zu vermitteln.[8]

Aleksandr Dejneka war 1924 in den Donbass gereist, 1925 stellte er das großformatige Gemälde *Vor der Einfahrt in die Grube* in Moskau aus (Abb. 2).[9]

---

[8] Lange, Barbara, »Die Macht der Bilder. Der Mord an Gustav Klucis«, in: Georg Schild/Anton Schindling (Hg.), *Politische Morde in der Geschichte. Von der Antike bis zur Gegenwart*, Paderborn 2012, S. 153–179. Zu den bildnerischen Verfahren der Montage und ihrer Kritik, S. 166 und 168, Zitat S. 170. Klucis wurde inhaftiert und 1938 ermordet.

[9] Zur Reise von Dejneka in den Donbass siehe Kiaer, Biography [wie Anm. 4], S. 60.

Abb. 2: Aleksandr Dejneka, Vor der Einfahrt in die Grube, 1925.

Das Gemälde gehörte zu seinen ersten malerischen Arbeiten und markierte eine künstlerische Umorientierung von der Grafik als Mittel von Agitation und Propaganda auf die Tafelmalerei. Dejneka malte das Bild parallel zu seinem Beitritt zum Künstlerzusammenschluss der *Gesellschaft der Staffeleimaler (OST/obščestvo stankovistov)*, auf deren Jahresausstellung er das Gemälde auch vorstellte.[10] Der OST waren Künstler beigetreten, die an der Avantgardefunktion der bildenden Kunst, insbesondere der Malerei, festhielten und den Status der Tafelmalerei über die Neuartigkeit ihrer malerischen Verfahren zu legitimieren versuchten. Als Gruppierung wandten sie sich gegen die *Assoziation der Künstler des revolutionären Russlands (ACHRR)*, die für eine an revolutionären Themen ausgerichtete realistische Malerei eintraten. Veranstaltungsort der ersten Ausstellung der OST war das Moskauer Museum für Künstlerische Kultur, der Ausstellungsraum der Abteilung für Bildende Kunst (IZO) des Bildungsministeriums (Volkskommissariat für Aufklärung/NARKOMPROS), das auch eine zentrale

---

10 Zur Künstlervereinigung OST siehe Bown, *Socialist Realist Painting* [wie Anm. 3], Kap. 1 »The Tower of Babel: Conflicting Forces in the Soviet Art World«, S. 41–130, zur OST S. 81–82, zur Rolle von Dejneka in der Künstlervereinigung S. 92–93.

Plattform für Ankäufe durch den Staat war.[11] Der Künstlerzusammenschluss der OST zeigte einen Wendepunkt in der Kunstdiskussion der 1920er Jahre an, die zur Reetablierung der Tafelmalerei führen sollte, an der Dejneka maßgeblich beteiligt war.

Dejneka hatte bis 1925 an der Polygrafischen Fakultät der Höheren Künstlerisch-Technischen Werkstätten (VCHUTEMAS) in Moskau studiert, das Studium an der Fakultät war unterteilt in die Disziplinen Xylografie, Lithografie, Typografie, Metalldruck und Fotomechanik. An der polygrafischen Fakultät war in den 1920er Jahren eine heftige Debatte um die Zuordnung der grafischen Medien zur Produktionskunst oder zum Bereich der bildenden Kunst entfacht worden.

Die grafischen Techniken schienen aufgrund ihrer mechanischen Reproduktionsmöglichkeiten die größtmögliche Nähe zu den technischen Verfahren der Industrie aufzuweisen, sie entsprachen damit den Idealen der Produktionskunst, das heißt dem utilitären Gebrauch der Künste, für den viele Gruppierungen an den VCHUTEMAS plädierten. Der 1923 eingesetzte Direktor Vladimir Favorskij hatte jedoch einen Orientierungswechsel herbeigeführt, indem er versuchte, die grafischen Verfahren, insbesondere die Zeichnung, wieder von der Produktionskunst zu trennen und den bildenden Künsten bzw. der »Bildkunst« (*stankovoe iskusstvo*), wie es im zeitgenössischen Wortgebrauch hieß, zuzuordnen.[12] Dejnekas Werkentwicklung in den 1920er Jahren trug diesen Streit zwischen Grafik und Bildkunst in paradigmatischer Weise aus.

---

11 Zum Museum für Künstlerische Kultur im Kontext des Kunstbetriebs, siehe Gough, Maria, »Futurist Museology«, *Modernism/Modernity*, Jg.10, H. 2 (2003), S. 327–348 und Post, Christiane, *Künstlermuseen. Die russische Avantgarde und ihre Museen für Moderne Kunst*, Berlin 2012.

12 Dejnekas Künstlerfreund Nikolaj Kuprejanov schildert diese Konkurrenzsituation zwischen den grafischen Künsten und der Malerei in: Ders.: *Literaturno-chudožestvennoe nasledie*, Moskau 1973, S. 187; zur Rolle von Favorskij an den VCHUTEMAS, siehe Murina, Elena (Hg.), *Favorskij, W. A.: Literaturno-teoretičeskoe nasledie*, Moskau 1988, darin: Wagner, G. K., »Vladimir Andreevič Favorskij. Teoretik iskusstva«, S. 12–48.

Dejnekas Grafiken für die Zeitung *Der Gottlose an der Werkbank*

Der ursprüngliche Auftrag für Dejnekas Reise in den Donbass kam von der Zeitung für antireligiöse Propaganda *Der Gottlose an der Werkbank*, für die Dejneka Grafiken lieferte. Die Grafiken, die Dejneka für die Zeitung anfertigte, erschienen als Illustrationen zu meist satirischen Berichten und Szenenbeschreibungen aus dem Leben der Arbeiter.[13] Die Berichte dienten der Information über den Alltag der Werktätigen, wobei über alte und neue

Abb. 3: Aleksandr Dejneka, Illustration in Der Gottlose an der Werkbank, 1925.

Lebensgewohnheiten aufgeklärt werden sollte. Diese sogenannte »Zeitungsgrafik« (*žurnal'naja grafika*) zielte auf einen »Massenbetrachter« (*massovoj zritel'*), der auf bestimmte gesellschaftliche Zu- und Missstände und Fortschritte aufmerksam gemacht werden sollte. Die Illustrationen zeichneten sich durch vereinfachende und überzeichnende Typisierung der Figuren aus. Während der Illustrator Dmitrij Moor, der neben Dejneka der bekannteste Grafiker der Zeitung war, seine Darstellung stark karikierend gestaltete,[14] zeigte Dejneka verschiedene Typen von Arbeitern, indem er

---

13 Moskauer Komitee VKP (Hg.), *Bezbožnik u stanka. Ežemesjačnyj antireligioznyj krasočnyj žurnal*, erschien 1923 bis 1931 und richtete sich vornehmlich an die bäuerliche Bevölkerung, während die Zeitung *An der Werkbank (U stanka)*, für die Dejneka auch arbeitete, an die Arbeiter gerichtet war.
14 Piltz, Georg (Hg.), *Dmitrii Moor*, München 1974.

ihre unterschiedliche Körperlichkeit betonte: Seine Arbeiter und Arbeiterinnen waren einerseits muskulös und von großer Körperspannung, andere Figuren bestanden vornehmlich aus Konturen und lasierten, durchsichtigen Körperpartien. Diese Darstellungsweise setzte er vor allem dann ein, wenn es um Arbeitsmotive ging, bei denen die Entlastung durch die Maschine deutlich werden sollte.[15] Aus den grafischen Arbeiten für *Der Gottlose an der Werkbank* stammte der Motivbestand für die Gemälde, die Dejneka nach seiner Rückkehr in Moskau anfertigte (Abb. 3).[16]

Vor der Einfahrt in die Grube

In dem Gemälde *Vor der Einfahrt in die Grube* fokussierte Dejneka die durch Arbeit geprägten Körper der Bergleute. Bildmotiv ist die Brigade, bestehend aus Hauer, Schlepper und Angehörigen des technischen Personals, die vor dem Aufzug warten, der sie in den Schacht unter der Erde bringen wird. Gezeigt ist zwar nicht die Arbeitstätigkeit selbst, die Figuren tragen jedoch Arbeitsgeräte und Arbeitskleidung, auch Materialanhaftungen, Kohle oder Erde, verweisen auf die harte Arbeit der Bergleute unter Tage. Die an Kettenseilen und Trägerkonstruktionen aufgehängte Kabine sowie eine Gitterabgrenzung und eine Plattform am Boden bilden die bildräumliche Umgebung in einem ansonsten weiß gehaltenen Untergrund. Schwarz und Weiß sowie ihre Abmischungen zu Grau bilden die Haupttöne in der Farbigkeit des Gemäldes. Nur an den Stellen, an denen ein Widerschein der Lampen auf die Körper der Männer fällt, finden sich Beimischungen von rotem Ocker. Die Männer sind paarweise angeordnet, wobei eine Figur jeweils die Körperhaltung ihres Pendants aufnimmt, so ergänzen sich Front- und Rückenansichten, Profil- und Enface-Ansichten. Auch aus der räumlichen Gliederung, der vertikalen, horizontalen und diagonalen Anordnung, ergeben sich Bewegungsrichtungen, die die Figuren auf die Bildmitte, die Figur des Hauers, orientieren.

Auffällig ist auch die stark unterschiedene plastische Modellierung der Körper: Während die Figuren im Zentrum durch Licht-und-Schatten-Setzungen ausgearbeitete Gesichtszüge und eine ausgeprägte Muskulatur zei-

---

15 Vgl. das Gemälde *Textilarbeiterinnen* von 1927 (Tretjakov-Galerie, Moskau).
16 Die Titelillustration von *Der Gottlose an der Werkbank*, H. 3 (1924) bildete eine Vorlage für das Gemälde, vgl. Kiaer, Biography [wie Anm. 4], S. 60.

gen, sind die Figuren an den Rändern aus Konturen und Flächen angelegt. Doch auch bei den einzelnen Figuren sind Körperpartien sehr unterschiedlich dargestellt: Die von der Arbeitskleidung bedeckten Arme und Beine bilden eine kompakte Masse, da die schwarze Farbe hier dicht aufgetragen und mit einer glänzenden Firnisschicht bedeckt ist. Gesichter und freiliegende Körperteile hingegen sind dreidimensional ausgearbeitet, wobei das rote Ocker zusätzlich Körperwölbungen betont.

Kennzeichnend für den Bildaufbau in Dejnekas Darstellung der Bergleute ist zum einen die zurückgenommene Bildräumlichkeit, zum anderen die korrespondierende Anordnung der Bildelemente: Die aufeinander bezogenen Körperhaltungen der Arbeiter ergeben innerbildliche Zusammenhänge, der Bildaufbau gleicht also einem Schema, das zwischen der Gestaltung einer Einheit und vielfältigen und wechselnden Bezügen zwischen den Bildelementen vermittelt. Damit ist zum einen das Sujet der Brigade als einem Arbeitskollektiv erfasst.[17] Zum anderen verbildlicht Dejneka ein spezifisches Körperkonzept, wie im Folgenden ausgeführt werden soll. Christina Kiaer hat Dejnekas Figurendarstellungen untersucht und sein Gestaltungsprinzip als Kombination von Kontrasten beschrieben: Dejneka modelliere seine Figuren sowohl stark abstrahierend – Kiaer nennt dieses Verfahren »modernistisch« (*modernistic*) – als auch klassisch-figurativ, außerdem verbinde er flächige und perspektivische Bildräumlichkeiten.[18] Dieses Verfahren, die Bildräumlichkeit und Figurendarstellung auf starken Kontrasten aufzubauen, interpretiert Kiaer als Transfer des philosophisch-politischen Konzepts der Dialektik, das für die materialistische Geschichtsphilosophie kennzeichnend war, in die Malerei: Es gehe um den Übergang von einem Zustand des körperlich Unbestimmten und der räumlichen Dislozierung zu einer – imaginierten – Einheit von Körper und Raum. Dejnekas Aufbau der Figuren und des Bildraums veranschauliche somit einen dialektisch und teleologisch verfassten Prozess des Werdens (»dialectical process of becoming«), er zeige Körper in einem Prozess der Transformation, dessen Zielpunkt die stabile Ordnung des Sozialismus bilde.

---

17 Zu den Ikonografien der Arbeit siehe Türk, Klaus, *Bilder der Arbeit. Eine ikonografische Anthologie,* Wiesbaden 2000, besonders S. 180–188. Die heroisierende Darstellungsweise, die vor allem im späten 19. Jahrhundert aus einer sozialkritischen Perspektive für das Sujet der Bergarbeiter angewandt wurde, spielte vor allem im Proletkult und in der ACHRR eine Rolle, siehe Bown, *Socialist Realist Painting* [wie Anm. 3], S. 51. Dejneka übernahm diese Darstellungsweise nicht.

18 Kiaer, Christina, »Was Socialist Realism Forced Labor? The Case of Aleksandr Dejneka«, *Oxford Art Journal*, Jg. 28, H. 3 (2005), S. 321–345, hier S. 326–327.

In dem vorgestellten Gemälde sind, wie die Bildbeschreibung deutlich machte, kompositorische Korrespondenzen enthalten, die in erster Linie das Verhältnis des Individuums zum Arbeitskollektiv bestimmen. Dejneka ging jedoch weit über dieses Grundidiom des zeitgenössischen sowjetischen Arbeitsbegriffs hinaus: Wie im Folgenden argumentiert wird, führte Dejneka auf der Ebene der maltechnischen Bearbeitung, der Wahl und dem Einsatz der verwendeten Farben selbst, Veränderungsprozesse vor, die sich auf die Wechselwirkungen zwischen Körper und Arbeit beziehen lassen und den durch Arbeit geprägten Körper kennzeichnen.

Farbe, Körper und Metallurgie

Besonders für die Figurengruppe im Vordergrund ergibt sich im Zusammenhang der zeitgenössischen Bildpropaganda eine bestimmte motivische Assoziation. Die Arbeiter, deren Gesichter und Arme den Wi derschein der Lampen reflektieren, rufen Bilder von den Schmelzern auf, die die Koksöfen beschickten. Solche Szenen hatte Dejneka ebenfalls zum Thema seiner grafischen Illustrationen gemacht (Abb. 4).[19]

Die Darstellung der Schmelzer im flackernden Schein der Feuer in den Öfen gehörte zum beliebten Bildrepertoire von Arbeitsdarstellungen, die in der Bildberichterstattung und in der Literatur stark dramatisiert worden waren.[20]

---

19 Vgl. Dejnekas Illustration *in Der Gottlose an der Werkbank*, in: Dejneka, Aleksandr, *Iz moej rabočej praktiki*, Moskau 1961, S. 85 (Jahrgang 1926 der Zeitung, ohne Bandangabe). Eine spätere malerische Umsetzung des Sujets des Schmelzers in der Fabrik schuf Jurij Pimenov, *Auf zum Aufbau der Schwerindustrie*, 1927, Öl/Lw, 260 x 212 cm, Staatliche Tretjakov-Galerie.
20 Hellebust, Rolf, »Aleksei Gastev and the Metallization of the Revolutionary Body«, *Slavic Review*, Jg. 56, H. 3 (1997), S. 500–518.

Abb. 4: Aleksandr Dejneka, Illustration in Der Gottlose an der Werkbank, 1925.

Die metallurgischen Prozesse, das Umwandeln von Stoffen durch Schmelzen und Härten, bildeten ein breites semantisches Feld in der politischen Rhetorik und in der Literatur der 1920er und 1930er Jahre: Das prominenteste Beispiel war Aleksej Gastevs Produktionsgedicht *Wir sind aus Eisen erwachsen (My vyrasli iz železa)*, das er 1918 für den Proletkult verfasst hatte.[21] Aleksandr Serafimovičs *Der eiserne Strom (Železnyj potok)*, 1924, und schließlich Nikolaj Ostrovskijs *Wie der Stahl gehärtet wurde (Kak zakaljalas' stal')*, 1932, benutzten sprachliche Bilder, die auf die Stahlproduktion verwiesen, um ihre Heldenerzählungen einzubetten. Die Metallurgie und metallische Substanzen fungierten in der Rhetorik solcher Texte als Metaphern und als Symbole für den Stoff der sowjetischen Körper und deuteten das Transformationspotenzial an, das den Körpern eignete.[22]

---

21 Naiman, Eric, *Sex in Public: The Incarnation of Early Soviet Ideology*, Princeton 1997, S. 65–66; Gastev, Aleksandr, *Poezija rabočego udara*, Petrograd 1918, S. 7–8.

22 Der technoide Ansatz ähnelt in seiner Rhetorik zum Teil den Visionen von der Erschaffung des Neuen Menschen im Industriezeitalter, der später auch von den Nationalsozialisten vertreten wurde: Deutsche Jugendliche sollten »flink wie Windhunde, zäh wie Leder und hart wie Kruppstahl« sein (Hitler, *Mein Kampf*, S. 392). Der wesentliche Unterschied besteht allerdings darin, und das ist wichtig zu betonen, dass es im sowjetischen Diskurs weniger um die Verschränkung von Natürlichkeit und technoider Artifi-

Die Metallurgie in dieser zeitgenössischen rhetorischen Funktion bildete auch in Dejnekas Gemälde einen Bezugsrahmen für die Darstellung des von Arbeit geprägten Körpers. Die Körpermodellierung in dem Bild der Brigade soll noch einmal in den Vordergrund der Betrachtung gerückt werden, um diesen Aspekt zu verdeutlichen: Charakteristisch für die Figurendarstellung ist der Einsatz der Farbe Schwarz, die die Bildfarbigkeit dominiert. Die Bekleidung der Arbeiter ist schwarz, die Farbe ist an diesen Stellen als dichte glänzende Schicht über den Körper gelegt und fasst den Körper wie eine zweite Haut ein. Das verwendete Schwarz entsprach der gängigen Farbmischung Rußschwarz, charakteristisch für Dejnekas Schwarz war aber, dass er der Farbe zusätzlich noch Ruß (*saža*) zugab, so dass seine Farbe besonders opak und zäh war.[23] Das Rußschwarz war auch der Grundbestandteil der Druckerschwärze, mit der Dejneka für seine grafischen Bilder gearbeitet hatte. Auch wenn das Schwarz in dem Gemälde nicht mechanisch oder maschinell, sondern in Handarbeit des Künstlers aufgetragen ist, so erscheinen die Flächen wie gewalzt. Dejneka transferierte seine Erfahrungen als Grafiker in der mechanischen Fertigung scheinbar in der spezifischen Farbanwendung in das Medium der Malerei.[24] Mit dieser Medienreflexion setzte er zum einen dazu an, die bereits beschriebene Konkurrenz zwischen Grafik und bildender Kunst zu entschärfen. Zum anderen charakterisierte er die Körper in bestimmter Weise: Dejneka erzeugt den Eindruck einer bestimmten Materialqualität, denn auch durch die starken Lichtspiegelungen auf der Farboberfläche gewinnen die schwarzen Farbfelder die Eigenschaften eines technisch-künstlichen Stoffes. Von den dichten schwarzen Flächen sind vor allem die unbekleideten Körperteile malerisch unterschieden: Die mit Ocker durchsetzten Flächen zeigen eine bewegte Modellierung durch Licht-und-Schatten. Die Licht-und-Schatten-Malerei sowie der flächige Auftrag des mit Ruß versetzten zähen Schwarz differenzieren die Körper in verschiedene Teile: Zum einen ist der bekleidete Körper einem festen technisch-künstlichen

---

zialität, um Organik und Technik, ging wie im Nationalsozialismus, sondern um den Zusammenhang von Arbeit und Technik. Zum nationalsozialistischen organischen Technikdiskurs siehe Leslie, Esther, *Synthetic Worlds: Nature, Art and the Chemical Industry*, London 2005.

23 Angaben der Restauratorinnen der Tretjakov-Galerie während des Abbaus der Ausstellung *Müde Helden* in der Hamburger Kunsthalle, Mai 2012.

24 Tatsächlich wurden die Maler der OST von der zeitgenössischen Kritik für ihren grafisch-technischen Stil gelobt, siehe Ausst.-Kat. *Velikaja utopija, Russkij i sovetskij avangard 1915–1932*, Bern/Moskau 1993, S. 720.

Material angenähert, andere Teile erscheinen wiederum wie ein lebendiger Stoff. Die Bergleute erscheinen wie von dem Material umschlossen, zu dessen Herstellung ihre Arbeit diente.

Arbeit und ästhetische Wahrnehmung

Die Verfahren Dejnekas erklären sich nicht nur aus der Denkfigur der Dialektik, die den philosophisch-politischen Diskurs dominierte. Vor allem war Dejnekas Malerei, wie im Folgenden gezeigt werden soll, von einer spezifischen Vorstellung von ästhetischer Wahrnehmung gestützt, die einem fundamentalen epistemischen Wandel in den Kunstwissenschaften und deren Hinwendung zur Wahrnehmungsanalyse verpflichtet war. Grundlagen für seinen malerischen Ansatz lassen sich in den kunstwissenschaftlichen Kursen finden, die an den VCHUTEMAS Anfang der 1920er Jahre eingerichtet worden waren.

An den VCHUTEMAS, an denen Dejneka studiert hatte, waren fakultätsübergreifende propädeutische Kurse eingeführt worden. Gegenüber dem Lehrprogramm an der Vorgängerinstitution, der Moskauer Höheren Schule für Malerei, Skulptur und Baukunst, waren die Lehrveranstaltungen in bestimmter Weise wahrnehmungsanalytisch instruiert. In Ergänzung zu den Farbtheorien, welche die Gesetze der physikalischen Optik fokussierten und die akademische Lehre bis dato dominierten, wurde hier ein erweitertes physiologisches Verständnis der Wahrnehmung vermittelt.[25] Die Fragen, wie sich Sehen, Fühlen und Denken des Menschen analytisch erklären und in der ästhetischen Wahrnehmung zusammenführen lassen, bildeten das übergreifende Anliegen, das allerdings zu heterogenen Deu-

---

25 Christina Lodder hat die Kurse, die an den VCHUTEMAS in den propädeutischen Kursen und in den Fakultäten angeboten wurden, in ihrer umfangreichen Studie über diese Kunststätte in ihren Grundzügen dargestellt, *Russian Constructivism*, New Haven/ London 1985, Kap. 4; Margareta Tillberg hat in einer detaillierten Studie über Michael Matjuschins Arbeit an einem Farbenatlas am Petrograder Forschungsinstitut GINCHUK (Staatliches Institut für künstlerische Kultur) die Rezeption physiologischer Farbforschungen im Dienst materialistischer Konzeptionen oder zu deren Widerlegung untersucht, *Coloured Universe and the Russian Avant-Garde. Matiushin on Colour Vision in Stalin's Russia 1932*, Stockholm 2003.

tungsansätzen führte.²⁶ Vor diesem Problemhorizont strebten die Kunstwissenschaften eine Synthese aus Ansätzen der positiven Wissenschaften und historischer Betrachtung an.²⁷ Besonders einflussreich an den VCHUTEMAS war der Kurs zur »Theorie der Komposition« von Vladimir Favorskij, der eine klassische Harmonieästhetik mit Erkenntnissen der zeitgenössischen Gestalttheorie und einem wahrnehmungsphysiologischen Ansatz verband.²⁸ Favorskijs Kurs ist ein besonders gutes Beispiel für das Anliegen, das der ästhetischen Diskursbildung in den 1920er Jahren eignete, die Empfindungsfähigkeit des Menschen in der ästhetischen Theorie zu reflektieren und mit einer solchermaßen aktualisierten Bildtheorie die Bildkünste auf eine neue funktionale Grundlage stellen zu können.

Zentrales Motiv in Favorskijs Kompositionstheorie war die These von den »Bewegungsmomenten« des Sehens, die auf der zeitgenössischen physiologischen Gestalttheorie basierten: Die Gestalttheorie hatte betont, dass die fortwährende Bewegung des Auges für das Betrachten komplexerer Formen notwendig sei, da das Auge aufgrund seiner anatomischen Eigenschaften nur einen punktuellen Ausschnitt zur Zeit scharf fixieren könnte. Der Sehsinn trete somit, nach den Hypothesen der Gestalttheorie, in ein Wechselverhältnis mit dem Tastsinn, der die punktuellen Reizempfindungen des Auges zu einem Gesamteindruck zusammensetzen könnte. Dieses Konzept vom »tastenden Auge« bildete – in verschiedenen Abwandlungen –

---

26 Die neuere kunsthistorische Forschung zum sowjetischen Konstruktivismus hat die Heterogenität der Ansätze und die Differenzen zwischen den theoretischen und künstlerischen Modellen betont, siehe Gough, Maria, *The Artist as Producer: Russian Constructivism in Revolution*, Berkeley 2005, und Kiaer, Christina, *Imagine no Possessions. The Socialist Objects of Russian Constructivism*, Cambridge 2005. Margarete Vöhringer hat die Orientierung an den positiven Wissenschaften in einigen der Werkstätten an den VCHUTEMAS (zum Beispiel der Werkstatt von Nikolaj Ladovskij an der Architekturfakultät) in den Vordergrund gestellt, *Avantgarde und Psychotechnik. Wissenschaft, Kunst und Technik der Wahrnehmungsexperimente in der frühen Sowjetunion*, Göttingen 2007.

27 Die Forschung zur Entwicklung der Kunstwissenschaften in der Sowjetunion konzentriert sich bislang auf die Staatliche Akademie für Kunstwissenschaften (GACHN), siehe Hanse-Löve, Aage/Obermayr, Brigitte/Witte, Georg (Hg.), *Form und Wirkung. Phänomenologische und empirische Kunstwissenschaft in der Sowjetunion der 1920er Jahre*, München 2013. Eine eingehende Analyse der kunstwissenschaftlichen Kurse an den VCHUTEMAS steht indes noch aus.

28 Favorskij, Wladimir, »Teorija komposicii (1921–1922)«, in: Elena Murina (Hg.), *W. A. Favorskij. Literaturno-teoretičeskoe nasledie*, Moskau 1988, S. 71–195; Adaskina, H. L., »Propedevtičeskij kurs VCHUTEMASa (1920–1926). K istorii izučenija«, *Trudy VNIITĖ. Techničeskaja estetika*, Jg. 21 (1979), S. 44–62, 56–58; zum Einfluss von Favorskij siehe auch Bown, *Socialist Realist Painting* [wie Anm. 3], S. 95.

einen Ausgangspunkt für die Linienästhetiken der Avantgarde.[29] Favorskij unterschied zwischen Bewegungsmomenten in Bildaufbau und –wahrnehmung (»bewegliche Wahrnehmung«/ *dvigatel'noe vosprijatie*) und einem organisierenden Moment, in dem eine Zusammenschau der Bildeindrücke zu einer »visuellen Einheit« (*zritel'naja cel'nost'*) gelänge. Die »Einheit« (*cel'nost'*) bezog Favorskij nicht auf ein bestimmtes formales Muster, eine geometrisch oder perspektivisch erzeugte Gestalt, sondern er meinte das Hervortreten von etwas bildhaft Besonderem. In diesem Besonderen bestehe die gestalterische Leistung der Komposition.[30] Wichtig erscheint, dass Favorskij seine von der klassischen Harmonielehre abgeleitete Theorie der Komposition wahrnehmungsanalytisch grundierte, indem er unterschiedliche Wahrnehmungsmodi differenzierte und sie unterschiedlichen Sinnesleistungen zuordnete. Die Bewegungsmomente des Auges deutete Favorskij als erweiterte körperliche Wahrnehmung, er brachte damit den tastenden Körper und die Physis in die ästhetische Theorie ein. Das Erfassen der unterschiedlichen Volumen der Bildkörper verband Favorskij mit der haptisch-taktilen Wahrnehmung. Favorskij kam konkret auf die Reaktionen des Körpers zu sprechen: Die Bewegungsmomente finden nach Favorskij ihren Resonanzraum in dem »zur Bewegung fähigen Organismus«, während das Sehen den Menschen über die Grenzen seiner Physis erhebe.[31] Nach Favorskij ließen sich in der formalen und malerischen Gestaltung von Kunstwerken die kulturellen Grunddispositionen einer Epoche ablesen, die Komposition vermittle ein spezifisches Körpergefühl.[32] Die in der Vorlesung vermittelten Thesen gehörten schnell zum Allgemeingut der Lehre an den VCHUTEMAS, da Favorskij auch auf der Grundlage seiner Kompositionstheorie die Konzeptvorlage für die Malereikurse verfasste.[33]

---

29 Zur Gestalttheorie siehe Bonnefoit, Regine, »Der Spaziergang des Auges im Bilde – Reflexionen zur Wahrnehmung von Kunstwerken bei William Hogarth, Adolf von Hildebrand und Paul Klee«, *Kritische Berichte*, H. 4 (2004), S. 6–18, und Dies., *Die Linientheorien von Paul Klee*, Petersberg 2009. Zu den Konzepten von Leiblichkeit, die über die Physiologie in die Ästhetik einwanderten siehe Müller-Tamm, Jutta, *Abstraktion als Einfühlung. Zur Denkfigur der Projektion in Psychophysiologie, Kulturtheorie, Ästhetik und Literatur der frühen Moderne*, Freiburg 2005.
30 Favorskij, Teorija komposicii [wie Anm. 28], besonders 1. Vorlesung, S. 71–78, zur Erläuterung der Grundzüge der Kompositionstheorie Favorskijs siehe Wagner, Teoretik iskusstva [wie Anm. 12].
31 Favorskij, Teorija komposicii [wie Anm. 28], S. 126–127.
32 Wagner, Teoretik iskusstva [wie Anm. 12], S. 20.
33 RGALI, f. 681, op.2, d. 165, l. 31; Adaskina, Kurs [wie Anm. 24], S. 58.

In Dejnekas Malerei lassen sich deutlich Parallelen zu den an den VCHUTEMAS vermittelten wahrnehmungsanalytischen Thesen erkennen. Die Bezugnahme auf Favorskijs Kompositionstheorie tritt besonders deutlich in dem Bildaufbau des Gemäldes hervor: Die Figuren sind, wie bereits beschrieben, in bestimmten räumlichen Verhältnissen – horizontal, vertikal und diagonal – zueinander angeordnet und einander auf diesen Achsen zugewandt. Dejneka legte das Gemälde, analog zu Favorskijs Kompositionstheorie, aus unterschiedlichen »Sehpunkten« an, das heißt, die Stellungen der Figuren und Bildelemente zueinander konnten sukzessiv erfasst werden, so dass sich ein bildlicher Gesamtzusammenhang ergab, der in diesem Falle in der zentralen Figur des Hauers kulminierte und damit die innerbildliche Spannung auf diese Figur projizierte.

Nicht nur in der Komposition, sondern auch in der Farbbehandlung und der Malweise lassen sich Übernahmen der wahrnehmungsanalytischen Vorstellungen erkennen. Neben der formalen Anordnung der Figuren bildete die differenzierte plastische Modellierung der Körper ein weiteres charakteristisches Gestaltungsmittel in dem Gemälde. Während das Schwarz wie eine dichte und flache Schicht über den Arbeiterkörper gelegt ist, sind die freiliegenden Körperteile der Arbeiter, wie beschrieben, plastisch ausgearbeitet und mit rotem Ocker durchmischt. Mit dieser abgestuften plastischen Modellierung der Figuren trat neben die Bildräumlichkeit und die Figurenanordnung eine weitere Ebene in der Bildwahrnehmung hinzu: das Erfassen des Volumens, das sich über die Strukturen der Körperoberflächen ergibt.

Dejneka arbeitete daran, die Tafelmalerei im Unterschied zu den technischen Massenmedien als das Medium zu kennzeichnen, in dem eine größtmögliche Breite an Gestaltungsmitteln zum Einsatz kommen und so vielfältige Wahrnehmungen hervorgerufen werden konnten. Die unterschiedlichen malerischen Gestaltungen, die Dejneka zur Darstellung der Arbeiterkörper anwendet, konnten potenziell unterschiedliche Sinnesleistungen in einem besonders breit angelegten Spektrum ansprechen. Dejneka schilderte an mehreren Stellen, wie er seine Sujets durch das Beobachten »vor der Natur« entwickelte: Sein selektierender Blick erscheint in seinen Erzählungen als natürliche Gabe, den Aufbau von Spannungen und Synthesen zu erkennen – wobei seine Kriterien der Betrachtung in hohem Maße von ästhetischen

Prämissen vorgeprägt waren.[34] Eine solchermaßen beherrschte Maltechnik konnte auch zum Ausweis der Professionalität des Künstlers werden: Der Akt des Malens selbst konnte als Fertigkeit angesehen werden, seine eigene Wahrnehmung in bestimmter Weise zu beherrschen und einzusetzen, aber auch als erhebendes und dynamisierendes Gefühl zu erleben.

Dejneka modellierte Idealgestalten, die nicht im Widerspruch zu den realen Verhältnissen gesehen werden konnten, sondern an denen vielmehr eine richtige, den Aufgaben der Zeit entsprechende Wahrnehmung studiert werden konnte.[35] Dejneka implizierte einen aktiv wahrnehmenden, quasi am Bild partizipierenden Betrachter, der in der Bildbetrachtung die Spannungsbögen und ihre Synthesen immer wieder nachvollziehen konnte.

Mit seiner Behandlung von Farbe und Form zielte Dejneka auf einen dynamischen Wahrnehmungsvorgang und schrieb darin ein Konzept von Arbeit in die gemalten Körper ein, in dem sich künstlerische und physische Arbeit verbanden. Er etablierte mit seiner Darstellung der Arbeiterhelden auch ein spezifisches Künstlerideal, das sich durch die Beherrschung und den gezielten Einsatz der Sinne auswies und die Entwicklungsfähigkeit und den Enthusiasmus des sowjetischen Menschen paradigmatisch aufzeigte. Der gestalterische Aufbau der Arbeiterbilder Dejnekas ließ keine ermüdenden Effekte zu, so dass sich die ästhetische Wahrnehmung als wirksames Mittel gegen Erschöpfungszustände erweisen konnte. Indem Dejneka hoffte, sein Gemälde im Museum platzieren zu können, das heißt einem Kanon und bestimmten Betrachtungsritualen (zum Beispiel durch Führungen und Begleittexte) zuführen zu können, schien eine Verstetigung der Bildwirkung realisierbar.

---

34 Siehe allgemein Aleksandr Dejnekas künstlerische Autobiografie *Iz moej rabočej praktiki* [wie Anm. 19]. Zu Dejnekas Selbstinszenierung als aktiver Teilhaber am sozialistischen Aufbau vgl. den Beitrag von Corinna Kuhr-Korolev in diesem Band.

35 Dieser Wahrnehmungsmodus war auch auf andere Motive, zum Beispiel die Jugendbilder, anwendbar. Der Zusammenhang zwischen Maltechnik und ästhetischer Wahrnehmung blieb ein virulentes Thema in der Theorie und Praxis des Sozialistischen Realismus, an dem sich immer wieder Fragen nach den Veränderungsmöglichkeiten der Malweise innerhalb der akzeptierten Normen entzündeten. Besonders deutlich traten diese Fragen an den in regelmäßigen Abständen wiederkehrenden Diskussion um den »Impressionismus« in der Malerei hervor, vgl. Hilton, Alison, »Holiday on the Kolkhoz: Socialist Realism's Dialogue with Impressionism«, in: Rosalind P. Blakesley/Susan E. Reid (Hg.), *Russian Art and the West: A Century of Dialogue in Painting, Architecture, and the Decorative Arts*, DeKalb 2006, S. 195–216; Reid, Susan E., »Toward a New (Socialist) Realism: the Re-engagement with Western Modernism in the Khrushchev Thaw«, in: Ebenda., S. 217–236.

Entsexualisierte Körper:
Jugendbilder bei Aleksandr Dejneka

Corinna Kuhr-Korolev

Sowjetrussland nach der Oktoberrevolution war ein junges Land und es strebte einer lichten Zukunft entgegen, so das Versprechen des Sozialismus. Es galt der populäre Ausspruch: »Wer die Jugend hat, dem gehört die Zukunft.« Während sich dies in Propagandareden leichthin verkünden ließ, so stellten sich die Lebenswirklichkeiten des Alltags völlig anders dar. Als nach Abschluss des Bürgerkriegs der Aufbau des Landes in den Mittelpunkt des politischen Interesses rückte, stellte sich die Frage, wie es mit den jugendlichen Kräften, die diesen Aufbau tragen könnten, aussah. Das Jugendalter als Lebensabschnitt mit spezifischen psychischen und physischen Eigenschaften gewann damit die Aufmerksamkeit der staatlichen Organe ebenso wie die tatsächlichen Lebensumstände, in denen Jugendliche lebten.[1] Die ersten Untersuchungen brachten besorgniserregende Ergebnisse: Der Gesundheitszustand der jungen Generation und die hygienischen Bedingungen, in denen sie lebte, waren äußerst schlecht. Die Art der Freizeitgestaltung, der Bildungsstand und die politische Gesinnung vernichteten die Illusion, dass Jugendliche aufgrund ihres Alters offen seien für das Neue, welches das sozialistische Gesellschaftsmodell vorsah, und den Kommunismus fraglos unterstützen würden. In der Folge setzten vielfältige Bemühungen ein, das Jugendalter wissenschaftlich zu erforschen,

---

1 Weiterführende Literatur zur Sowjetjugend siehe Kuhr-Korolev, Corinna, »*Gezähmte Helden*«. *Die Formierung der Sowjetjugend 1917–1932*, Essen 2005; Dies./Wellmann, Monica/Plaggenborg, Stefan (Hg.), *Sowjetjugend 1917–1941, Generation zwischen Revolution und Resignation*, Essen 2001; Lebina, Natalja, *Social'no-političeskoe razvitie rabočej molodeži v uslovijach stanovlenija totalitarnogo režima v SSSR, 20–30-e gg.*, Dok. Diss. St. Petersburg 1994; Gorsuch, Anne E., *Youth in Revolutionary Russia, Enthusiasts, Bohemians, Diliquents*, Bloomington/Indianapolis 2000; Tirado, Isabel, *Young Guard! The Communist Youth League, Petrograd 1917–1929*, New York 1988; Tschudi, Daniela, *Auf Biegen und Brechen: Sieben Fallstudien zur Gewalt im Leben junger Menschen im Gouvernement Smolensk 1917–1926*, Zürich 2004, Wellmann, Monica, *Zwischen Militanz, Verzweiflung und Disziplinierung: Jugendliche Lebenswelten in Moskau zwischen 1920 und 1930*, Zürich 2005.

eine spezifisch sowjetische Jugendkultur zu schaffen und die junge Generation für sich zu gewinnen. Dazu gehörte, Einigkeit darüber zu erzielen, wie der Jugendliche dieser Epoche auszusehen hätte. Schriftsteller, Journalisten und Maler waren aufgerufen, das Jugendbild mit zu entwerfen. Aleksandr Dejneka darf als der prominenteste Maler gelten, der sich dieser Aufgabe gestellt hat. Geboren 1899, gehörte er noch zur jungen Generation und interpretierte sein Schaffen selbst als Ausdruck jugendlichen Strebens nach dem Neuen:

»Die schöne Kunst der Gegenwart – das ist die Jugend, die Reinheit, die wir in ihr verwirklichen […] Ich wollte eine bildliche Sprache für das Neue, Schöne, Gewaltige finden. Es gibt etwas Unbeugsames im Rhythmus der Jugend, der Kühnheit. Auch die Tapferkeit hat ihre eigene Dynamik. Etwas Neues – das waren meine Pläne für die Malerei.«[2]

Dieser Ausspruch beinhaltete gleichermaßen das Bekenntnis zu einer neuen revolutionären Malerei, die Selbststilisierung zum Maler der Jugend und reproduzierte die bereits stereotypen Vorstellungen vom Jugendalter, das metaphorisch mit Reinheit und Kraft in Verbindung gebracht wurde.

Im Folgenden wird für den Zeitraum der 1920er und 1930er Jahre nachvollzogen, welche Ausgestaltung das sowjetische Jugendbild im Werk Dejnekas fand. Inwiefern folgten seine Darstellungen dem Wandel, dem das Jugendbild unterworfen war, brachte er positive und negative Erscheinungen des Jugendalters zum Ausdruck, fand er Lösungen für Widersprüche, die auch in anderen Diskursen über das Jugendalter konstatiert wurden? Wo wagte er Darstellungen, die mit den jeweilig geltenden Normen nicht übereinstimmten oder überzog ideologische Positionen durch ästhetisch ungewöhnliche Lösungen? Besonderes Interesse gilt der Darstellung der jugendlichen Sexualität, die mit ihren unterschiedlich bewerteten Wirkungen im Mittelpunkt aller Debatten über das Jugendalter stand. Ausgangspunkt für diesen Aufsatz sind Ergebnisse historischer Forschung zu Alltag und Konflikten der Sowjetjugend, die aus der Beschäftigung im Wesentlichen mit schriftlichen Quellen hervorgegangen sind. Vor diesem Hintergrund können die Angebote zur Identifikation und Abgrenzung, die Dejnekas Arbeiten schufen, bestimmt werden.[3]

---

2 Zit. nach Ausst.-Kat. *Alexander Dejneka, Malerei, Graphik, Plakat*, Städtische Kunsthalle Düsseldorf, Düsseldorf 1982, S. 15. Das Zitat stammt vermutlich aus einem der Rückblicke, die Dejneka Anfang der 1960er Jahre verfasste.

3 Wichtige Anregungen für die Beschäftigung mit dem Werk Dejnekas und die künstlerische Umsetzung des sowjetischen Menschenbildes in der Malerei der Sowjetunion in

Ein goldenes Zeitalter? Negative und positive Jugendbilder

Während der Zeit der *Neuen Ökonomischen Politik* (NĖP)und des ersten Fünfjahrplans entwickelte Dejneka großes politisches Engagement und stellte sein künstlerisches Schaffen in den Dienst praktischer, revolutionärer Arbeit.[4] Unter anderem war er für mehrere Zeitschriften und Journale tätig. So fertigte er für die antireligiöse Zeitschrift *Der Gottlose an der Werkbank* (*Bezbožnik u stanka*), aber auch für die Journale *Vorwärts!* (*Daëš'*) und *Der Scheinwerfer* (*Prožektor*) sowie für Kinderbücher eine große Zahl von Illustrationen an. Aus der Schaffensphase bis Ende der 1920er Jahre stammen erste großformatige Gemälde, Collagen und eine große Zahl Plakate. Die illustrierenden Darstellungen der jungen Generation bewegten sich dabei meist in einem engen Spektrum von Themen: Erstens zeichnete er fröhliche, vorwärts stürmende Jungen und Pioniere. Zweitens illustrierte er schriftliche Abhandlungen zu den Verfallserscheinungen unter der Jugend mit entsprechenden Skizzen von dekadenten, städtischen jungen Leuten. Drittens liegt eine Vielzahl von Arbeiten vor, die junge Menschen, meist junge Männer, beim Sport oder bei einer körperlichen Arbeit zeigen. Diese thematische Konzentration entsprach sowohl Dejnekas künstlerischem Interesse – im Hinblick auf die Darstellung des bewegten Körpers – als auch den Erfordernissen der Zeit, die positiven und negativen Eigenschaften des Jugendalters zu fixieren. Nachdem es sich herausgestellt hatte, dass das Jugendalter als Zeit des Übergangs problematische Züge aufwies, wurde in erster Linie die Kindheit zur Projektionsfläche für Vorstellungen von einer zukünftigen, glücklichen Welt. Kinder, angestrahlt vom gleißen-

---

den ersten Jahrzehnten ihres Bestehens bildete für mich die Ausstellung und der dazugehörige Katalog *Agitation zum Glück. Sowjetische Kunst der Stalinzeit*, hg. von Hubertus Gaßner, Staatliches Russisches Museum St. Petersburg, Kulturdezernat der Stadt Kassel, Kassel 1994. Darin besonders die Aufsätze: Gaßner, Hubertus/Gillen, Eckhart, »Vom utopischen Ordnungsentwurf zur Versöhnungsideologie im ästhetischen Schein«, S. 27–59 sowie Günter, Hans, »Der Held in der totalitären Kultur«, S. 70–75. Der vorliegende Aufsatz korrespondiert in der Frage nach den Identifikationsangeboten mit den Beiträgen von Alexandra Köhring und Sandra Dahlke in diesem Band: Köhring stellt die Lesarten der Arbeiterbilder Dejnekas vor, die im Kontext des ästhetischen Diskurses möglich waren, und Sandra Dahlke behandelt die übergeordnete Frage nach der zeitgenössischen Rezeption des Sozialistischen Realismus.

4 Vgl. Demosfenowa, Galina, »Das Schaffen Alexander Dejnekas«, in: Ausst.-Kat. *Dejneka* [wie Anm. 2], S. 7–20; Kurzbiografie vgl. Ausst.-Kat. *Müde Helden. Ferdinand Hodler, Aleksandr Dejneka, Neo Rauch*, hg. von Hubertus Gaßner, Daniel Koep und Markus Bertsch, Hamburger Kunsthalle, Hamburg 2012, S. 266–267.

den Sonnenlicht, beschützt und geleitet von den Vätern und Großvätern der Revolution, blieben für die kommenden Jahrzehnte ein Standardmotiv der sowjetischen Malerei. Reinheit, Formbarkeit und eine unmittelbare Begeisterungsfähigkeit waren in diesem Sujet als die idealen Eigenschaften des Menschen im Kindesalter bezeichnet.[5] Solche Zuschreibungen, die sich für die Altersphase Kindheit als einfach und einheitlich erwiesen, gelangen für das Jugendalter weitaus weniger. Die negativen Züge fielen mehr ins Auge als die positiven. Das sowjetische Jugendbild entwickelte sich in den frühen Jahren der Sowjetherrschaft immer nur in Abgrenzung dessen, was nicht erwünscht war und für schädlich gehalten wurde. Typisch in dieser Hinsicht waren deshalb die kleinen Arbeiten Dejnekas, in denen er die dekadente Jugend darstellte.

Besonders eindrucksvoll geriet dies in der Zeichnung *Goldene Jugend*.[6] Eins zu eins nahm er darin die Debatten der Zeit auf, in denen über die Folgen des alten *byt* (Alltag, Lebenswelt), über die schädliche Einwirkung überkommener Lebensformen auf die junge Generation geschrieben wurde. Die 1921 eingeführte *Neue Ökonomische Politik* (NĖP), die in begrenztem Masse privates Wirtschaften zuließ, galt vielen Anhängern der Revolution als ein Rückschritt in die »bourgeoise« Zeit. Die spezifische städtische Kultur, die für eine kurze Periode aufblühte, wirkte wie ein Rückfall in eine überwunden geglaubte Klassengesellschaft. Die Erscheinungen der NĖP wurden als Bedrohung und Ansteckungsgefahr empfunden und dies umso mehr, als dass sich die Jugend nicht als resistent erwies, sondern der Auffassung von Parteiführern, Pädagogen und Jugendpsychologen nach empfänglich auf die Reize der klassenfremden Kultur reagierte. Insofern schien im Alltagsleben und in den Erscheinungsformen der städtischen Jugend das gesamte Bedrohungspotenzial der NĖP manifest zu werden.[7] In diesem Zusammenhang steht die Zeichnung *Goldene Jugend* (Abb 1).

---

5 Zur Kindheit in der Sowjetunion vgl. Kelly, Catriona, *Children's World. Growing Up in Russia, 1890–1991*, New Haven 2007.

6 *Goldene Jugend*, Zeichnung 1928, Tusche auf Papier, 34,4 x 40 cm, Staatliches Russisches Museum St. Petersburg. Abgedruckt im Journal *Prožektor*, H. 8 (1929), vgl. Ausst.-Kat. *Dejneka*, [wie Anm. 2], S. 43.

7 Vgl. dazu besonders Gorsuch, *Youth*, und Wellmann, *Militanz* [wie Anm. 1]. Mit der These, dass die NĖP Ansteckungs- und Eindringungsängste auslöste, hat sich besonders Eric Naiman in seinem Buch *Sex in Public, The Incarnation of Early Soviet Ideology*, Princeton/New Jersey 1997 auseinandergesetzt.

Abb. 1: Aleksandr Dejneka, Goldene Jugend, 1928.

Es handelt sich dabei um eine Straßenszene. Drei junge Männer in Frontalansicht blicken von oben herab auf eine junge Frau, die seitlich mit dem Rücken zu ihnen steht. Die Haltung der Männer zeugt von Blasiertheit und Langeweile. Die Frau steht abgewandt in nachlässiger Körperhaltung, mit hängenden Schultern, schräger Fußstellung und stumpfem Gesichtsausdruck. Die Vierergruppe posiert gemeinsam und doch ohne Bezugnahme zueinander, der müde Blick nach unten gerichtet. Nichts zeugt von Willen, Zielen oder Kraft. Ihre Körper sind durch Äußerlichkeiten, durch ihre modische Kleidung, charakterisiert. Jeder der drei Männer trägt einen anderen westlichen Modestil. Auch die Frau ist mit gestreiften Socken, flachen Herrenschuhen und Pelzkragen nach westlichem Vorbild modern gekleidet.[8] Dejneka zeigt die Ermüdung dieser Antihelden – und mit ihnen der der alten, verkommenen Welt – sowohl in der karikierenden Darstellung als auch in der bewusst spannungslos gehaltenen Komposition.

Im Kontrast zu dieser Negativvorstellung der ungesunden, dekadenten und individualistischen Jugend wurde während der NĖP-Zeit versucht, ein positives Verständnis einer neuen kommunistischen Jugend aufzubauen. Im Gegensatz zu negativen Darstellungen, wie denen von Dejneka, gerieten die Bilder jedoch sowohl in der Literatur als auch in der bildenden

---

[8] Zu den Modestilen und den unterschiedlichen Jugendkulturen in Sowjetrussland vgl. Gorsuch, *Youth* [wie Anm.1].

Kunst zunächst merkwürdig blass, brav und charakterlos. Das lag vor allem daran, dass sich auch die Erwartungen an die Jugend verändert hatten. Während in der Revolutions- und Bürgerkriegsphase noch das gesamte Potenzial des Jugendalters in den revolutionären Kampf gesteckt werden musste, sollten jetzt die Kräfte dem friedlichen Aufbau dienen. Nicht mehr martialische Eigenschaften wie Rücksichtslosigkeit, Mut, Aufopferungsbereitschaft und Heldentum galten als erstrebenswerte Qualitäten, sondern Eigenschaften wie Beharrlichkeit, Beständigkeit und Geduld, die einem neuen Bildungsideal geschuldet waren. Es erforderte Disziplin und Selbstkontrolle, um den Erfordernissen der neuen Zeit gerecht zu werden. Jugendliche verschiedener Schichten und Überzeugungen entzogen sich jedoch den Disziplinierungsversuchen, die durch Schule und Jugendorganisationen ausgeübt werden sollten. Diejenigen, die noch im Bürgerkrieg gekämpft hatten, konnten sich nicht an die Anforderungen eines normalen Alltags gewöhnen. Jüngere Zeitgenossen, die den Bürgerkrieg nur vom Hörensagen kannten, träumten von Heldentaten und Bewährungsproben, und nicht vom Schulbankdrücken. In den ländlichen Regionen gab es eine starke Beharrungskraft alter religiöser Werte und Bräuche. In den Städten entstand ein intellektuelles Milieu, das weiterhin von revolutionären Experimenten und Lebensformen angezogen war oder sich an den Werten westlicher Massenkultur orientierte. Der deutliche Eigensinn der jungen Generation führte zu einer allgemeinen Problematisierung des Jugendalters an sich. Eine entscheidende Rolle spielte dabei die Beurteilung der sexuellen Reifung und der jugendlichen Sexualität. Eine Vielzahl entwicklungspsychologischer Untersuchungen hatte ergeben, dass der sexuelle Reifungsprozess offenbar höchst komplizierte und widersprüchliche Emotionen auslöste. Erst nach Abschluss der Adoleszenz würden sich die positiven Seiten des Jugendalters, also Tatkraft, Aufbruchsgeist, Interesse am Neuen und die besagte Fähigkeit zur Selbstdisziplin durchsetzen. Dieses Potenzial zu nutzen, musste also die Aufgabe sein. Die Lebenswirklichkeit von Jugendlichen während der NĖP schien dies jedoch zu vereiteln. Die Jugendlichen traten nach Meinung von Jugendforschern zu früh ins geschlechtliche Leben ein, gefährdeten ihre Gesundheit aufgrund der bestehenden Ansteckungsgefahr mit Geschlechtskrankheiten und vergeudeten insgesamt Zeit und Energie, die für den gesellschaftlichen Aufbau benötigt wurden. Das positive Jugendbild, das es zu entwerfen galt, musste diesen Überlegungen zu den latenten Potenzialen des Jugendalters Rechnung tragen.[9]

Der androgyne Körper als Jugendideal

Dejneka kam diesen Anforderungen in gewisser Weise nach, behielt dabei aber einen eigenen, experimentellen Stil, der ihn von Malern eines heroischen Realismus deutlich abhob.[10] Das ungewöhnlichste Gemälde und gleichzeitig eines seiner prominentesten Werke dieser Phase sind die *Textilarbeiterinnen* von 1927 (Abb. 2).[11] Diese Arbeit ist aufgrund der körperlichen Darstellung der zentralen Figur im Vordergrund aufschlussreich. Diese junge Frau hat einen verstörend hageren, aber sehnigen, jungenhaften und zugleich verhärmten Körper, der nur in wenig weißen Stoff gehüllt ist. Dieser Körper ist jung und alt, weiblich und männlich zugleich. Es ist das Bild eines androgynen Körpers, also eines Körperbildes, das in Aktdarstellungen seit der Antike tradiert worden war;[12] Dejneka führt den androgynen Körper in der ausgemergelten Gestalt in einem direkten physischen Sinne vor. Es liegt nahe, diese Darstellung in Analogie zu den Thesen von Aleksandr Etkind von der Körperfeindlichkeit der frühen sowjetischen Kultur zu deuten. Indem durch Arbeit – und auch durch die tatsächlichen Lebensumstände – Lüste und Bedürfnisse, auch die zu essen, versagt blieben, konnte der Körper nicht weiter reifen und verharrte so in einem vermeintlichen Zustand ewiger Jugend.[13]

---

9 Vgl. Kuhr-Korolev, *Gezähmte Helden* [wie Anm. 1], Kap. B. I und B II., S. 87–173.

10 Zu Dejnekas Positionierung innerhalb der konkurrierenden Strömungen in der Malerei vgl. Bown, Matthew Cullerne (Hg.), *Socialist Realist Painting*, New Haven 1998, Kap. 2.

11 *Textilarbeiterinnen*, 1927, Öl auf Leinwand, 171 x 195 cm, Staatliches Russisches Museum St. Petersburg.

12 Zur Androgynität siehe Fend, Mechthild, »Jungfräuliche Knaben. Androgynie und männliche Adoleszenz in der Bildkultur um 1800«, in: Mechthild Fend/Marianne Koos (Hg.), *Männlichkeit im Blick. Visuelle Inszenierungen seit der frühen Neuzeit*, Köln 2004, S. 181-198; Dies., »Mann, Frau usw. Visuelle Inszenierungen von Körper und Geschlecht«, in: Wilhelm Hornbostel/Nils Jockel (Hg.), *Nackt. Die Ästhetik der Blöße*, München 2002, S. 57–67.

13 Zur radikal-utopischen Vorstellung der Selbstdisziplinierung prominent die Schrift Leo D. Trockijs Revolution und Literatur von 1923. Vgl. dazu auch Hagemeister, Michael, »Unser Körper muss unser Werk sein. Beherrschung der Natur und Überwindung des

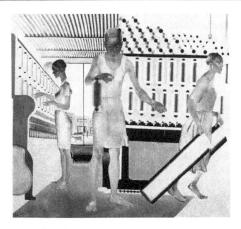

Abb. 2: Aleksandr Dejneka, Textilarbeiterinnen, 1927.

In anderen Bildern setzte Dejneka dieses Körperkonzept nicht so radikal um, aber es war prägend für seine positiven Jugendbilder dieser Periode, dass er durch die Angleichung der Geschlechter sexuelle Spannung aus den Darstellungen herausnahm. Die einfache Kleidung verbirgt die Geschlechtszugehörigkeit nicht, vermeidet aber durch ihre Schlichtheit und Funktionalität jegliche Betonung des Geschlechtlichen. Damit folgte er der Überzeugung der sexuellen Aufklärer der Zeit, die davon ausging, dass das sachliche Gespräch die durch Geheimnistuerei entstandene Neugier am Erotischen auflösen würde. Dasselbe galt für die Kleiderordnung. Auch hier schien es zielführender, den Körper zu entzaubern, indem man seine Funktionalität erklärte und nüchtern mit ihm umging.

Sport

Das funktionale Körperkonzept fand seinen Platz auch in den Debatten über die Körperkultur, die *fizkul'tura*. In ihnen wurde der Standpunkt vertreten, dass der gemeinsame Sport den unnatürlichen Umgang zwischen den Geschlechtern aufheben und damit eine Ursache für verfrühte sexuelle Erregung aus dem Weg schaffen würde.[14] In diesem Zusammenhang

---

Todes in russischen Projekten des frühen 20. Jahrhunderts«, in: Ausst.-Kat. *Müde Helden* [wie Anm. 4], S. 73–87.

14 Vgl. Kuhr-Korolev, *Gezähmte Helden* [wie Anm. 1], S. 174–201.

spielte gerade die Bekleidung der Sportler, die bevorzugt von Dejneka dargestellt wurden, eine zentrale Rolle.[15] Sie war die radikale Erklärung, dass die Konnotationen, die ein wenig bekleideter Körper hervorrief, grundsätzlich neu gedeutet werden mussten. Der *fizkul'tura* kam insgesamt für die Erziehung des Neuen Menschen eine große Bedeutung zu. Sie umfasste weit mehr als nur Sport und bedeutete im eigentlichen Sinne des Wortes Körperkultur. Vergleichbar mit den Ansätzen der Lebensreformbewegung in Deutschland, war es ein umfassendes Konzept gesunder Lebensführung, angefangen von sportlicher Ertüchtigung, über die Bewegung an der frischen Luft und einem Leben in Einklang mit der Natur. Angesichts des ausgesprochen niedrigen Niveaus der Volksgesundheit in Sowjetrussland nach der Kriegs- und Bürgerkriegszeit barg die Körperkultur das Versprechen auf Genesung und beinhaltete somit auch einen eugenischen Aspekt.[16] Der Neue Mensch konnte nicht aus einem kranken Volk entstehen. Was die Jugend betraf, so versprach man sich vom Sport als einen weiteren Effekt die Absorption sexueller Energie. Sport stellte damit die Lösung eines Kernproblems dar. Da, wie oben skizziert, das eigentlich »schöne«, produktive Jugendalter nach Abschluss der sexuellen Reife und vor dem Eintritt in das Erwachsenenalter lag, galt es, diese Phase möglichst lange hinauszuzögern und nutzbar für die Gesundheit der Jugend und den Aufbau des Landes zu machen. Durch Sport ließ sich nach Meinung von Jugendforschern, Hygienikern und Gesundheitspolitikern ebendies erreichen. Einerseits würde sexuelle Energie sublimiert und damit den Jugendlichen Enthaltsamkeit erleichtert werden, andererseits würde so Energie in produktive Tätigkeit umgeleitet werden können.[17]

Bei einer Gesamtbetrachtung der Sportbilder Dejnekas im Zeitraum zwischen dem Beginn der 1920er Jahre bis 1932 lässt sich feststellen, dass Überschneidungen mit den zeitgenössischen Körperkonzepten durchaus

---

15 Kiaer, Christina, »The Russian Constructivist Flapper Dress«, in: *Critical Inquiry*, Jg. 28, H. 1 (2001), S. 187–245.
16 Zur Eugenik in Sowjetrussland vgl. Adams, Mark, »Eugenics in Russia, 1900–1940«, in: Ders. (Hg.), *The Wellborn Science: Eugenics in Germany, France, Brazil, and Russia*, New York 1990, S. 153–216. Zur Körperkultur vgl. Bertsch, Markus, »Neue Körperlichkeit, Müde Helden«, in: Ausst.-Kat. *Müde Helden* [wie Anm. 4], S. 116–155; auch: Katzer, Nikolaus u. a. (Hg.), *Euphoria and Exhaustion. Modern Sport in Soviet Culture and Society*, Frankfurt/M. 2010.
17 Vgl. die Schriften des ersten Volkskommissars für Gesundheit Semaško, Nikolaj A., *Puti sovetskoj fizkul'tury*, Moskau 1926; Ders., *Novyj byt i polovoj vopros*, Moskau 1926; Ders., *Kul'turnaja revoljucija i ozdorovlenie byta*, Moskau 1926.

sichtbar sind, wobei sie über eine bloße Ausführung einer vorgegebenen politischen Programmatik weit hinausgehen. Dejneka arbeitete nicht aus der Perspektive eines unbeteiligten Beobachters an einem neuen Menschenbild, sondern zeigte sich selbst spürbar begeistert inmitten dieses Projekts, als Produzent und als Modellfigur zugleich. Er betonte mehrfach, welche besondere Faszination für ihn von sportlicher Bewegung ausging, die er in einer Vielzahl von Skizzen und Zeichnungen, später auch in Gemälden festhielt: »Mir schien es immer, daß Sport, wie alles Schöne, den Menschen veredelt. Mir gefällt die Willenskraft des Sportlers, die er zu steuern vermag.«[18] In den frühen Zeichnungen stellte Dejneka jugendliche Sport treibende Menschen nicht als Individuen dar, sondern deutete meist Gesichtszüge nur an und unterstrich dafür die Bewegung der Körper im Raum. Vorwärtsbewegung, Rhythmik, Dynamik und die Veränderung räumlicher Vorstellungen durch schnelle Bewegung beschäftigten ihn besonders. In einigen seiner Illustrationen geriet die Darstellung des Sports zur deutlichen Aussage, wenn die (immer jungen) Sporttreibenden als Vertreter der neuen Welt gegen den Rest der alten, meist bäuerlichen Welt abgesetzt werden.[19] In vielen seiner Arbeiten gibt es hingegen motivische und kompositorische Brüche, die die Gesamtdeutung des jeweiligen Bildes infrage stellen.[20] Bezeichnend sind in diesem Zusammenhang mehrere Gemälde, die einen Gruppen- oder Wettlauf zeigen: So lässt er aus einer uniformen Menge von Läufern, die unbeirrt auf ein Ziel zustreben, einen der Läufer fragend in die Richtung des Betrachters blicken. In einer ähnlichen Darstellung junger Läuferinnen, läuft eine Teilnehmerin neben der Bahn. Sie ist nicht wie die anderen Frauen im weißen Sportdress gekleidet, sondern hebt sich durch farbigere Kleidung, ausgeprägte weibliche Formen und individuelle Gesichtszüge deutlich von ihnen ab.[21]

---

18 Zit. nach Ausst.-Kat. *Dejneka* [wie Anm. 2], S. 17.
19 So in der Lithografie Fußball, in: *Bezbožnik u stanka*, H. 5 (1926), 36 x 54 cm, abgedruckt in Ausst.-Kat. *Dejneka* [wie Anm. 2], S. 29.
20 Kiaer, Christina, »Was Socialist Realism Forced Labor? The Case of Aleksandr Dejneka«, *Oxford Art Journal*, Jg. 28, H. 3 (2005), S. 321–345, 326–327.
21 *Wettlauf*, 1932, Öl auf Leinwand, 180 x 135, Kunstmuseum Tula, und *Wettlauf*, 1931, Öl auf Leinwand, 176 x 177,4 cm, Galleria Nazionale d'Arte Moderna e Contemporanea, Rom, abgebildet in Ausst.-Kat. *Müde Helden* [wie Anm. 4], S. 140; zum Frauenbild in den 1930er Jahren siehe Reid, Susan E., »The New Soviet Woman and the Leader Cult in Soviet Art«, in: Melanie Ilic (Hg.), *Women in the Stalin Era*, Basingstoke 2001, S. 194–215.

In dem Gemälde *Morgengymnastik*[22] von 1932 stellt Dejneka nochmals den Typus des Jugendlichen dar, bei dem Selbst- und Triebkontrolle durch *fizkul'tura* funktioniert. (Abb. 3)

Abb. 3: Aleksandr Dejneka, Morgengymnastik, 1932.

Das Bild zeigt zwei junge Menschen, eine Frau und ein Mann, die in gebührendem Abstand auf einem Teppich liegen und mit Medizinbällen Bauchmuskeltraining treiben. Er hat ein knappes, weißes Sportdress an, sie ist nur angedeutet in ein hautfarbenes Trikot gekleidet oder möglicherweise auch nackt. Die Geschlechtsunterschiede sind deutlich gezeichnet, dienen aber nur der Kennzeichnung von männlich und weiblich. Dasselbe gilt für die Gesichtszüge, die ebenfalls nur wenig unterschieden sind. In gegengleichen Bewegungen vollziehen sie beide konzentriert auf sich selbst ihre Übungen. Die sexuelle Spannung, die sich durch die körperliche Nähe der beiden aufbauen könnte, wird von der gesunden, sportlichen Betätigung vollkommen ausgeglichen. Der Sport, ursprünglich ein Privileg der bürgerlichen Klasse, überwindet in der Sowjetunion nicht nur Klassenschranken, sondern auch Geschlechtergrenzen. Die strenge, reduzierte Bildkomposition erfährt jedoch auch in diesem Fall einen Bruch. Im Vordergrund, halb vom Teppich heruntergerollt, steht ein kleines Holzspielzeug, ein Pferdchen auf Rollen, das eine Kutsche zieht. Dieses Detail bettet die Darstel-

---

22 *Morgengymnastik*, 1932, Öl auf Leinwand, 91 x 116,5 cm, Staatliche Tretjakov-Galerie Moskau, abgebildet in Ausst.-Kat. *Müde Helden* [wie Anm. 4], S. 153.

lung lebensweltlich ein. Zugleich erscheint es als ein Relikt aus vergangener Zeit, zu dem die neue junge Generation im Kontrast steht.

Jugend und Landschaft

Das Jugendalter als dynamischer Zeitabschnitt bezog Dejneka in anderen Arbeiten auf die rasche Veränderung der Umwelt, die Technisierung und Umgestaltung der Natur. Ein Motiv, das er mehrmals aufnahm, war das einer Gruppe Jugendlicher in einer Landschaft. In dem kleinen Ölgemälde *Mittag*[23] von 1932 läuft eine Gruppe fünf junger, unbekleideter Frauen aus einem breiten Fluss. (Abb. 4)

Abb. 4: Aleksandr Dejneka, Mittag, 1932.

Das Bild ist gestaltet wie eine Gegenlichtaufnahme: Die Körper sind beschattet und das aufspritzende Wasser glitzert im Sonnenlicht. Die Frauen sind weit entfernt, ihre Gesichtszüge unkenntlich und nur an den Umrissen ist ihre Weiblichkeit zu erkennen. Dominiert aber wird das Bild von der Darstellung der Landschaft im Bildhintergrund, welche die zwei oberen Bilddrittel einnimmt und das Spektrum der industriell-technischen Veränderungen aufzeigt. Gezeigt ist eine dunkle, braun-grüne hügelige Gegend, mittig im Vordergrund stehen einige Holzhäuser, über ihnen auf der Linie des Horizonts rast eine schwarze Lokomotive mit angehängten Güterwaggons in hoher Geschwindigkeit von links nach rechts durch das Bild. Die

---

23 *Mittag*, 1932, Öl auf Leinwand, 59,5 x 80,0 cm, Staatliches Russisches Museum St. Petersburg, abgebildet in Ausst.-Kat. *Müde Helden* [wie Anm. 3], S. 245.

Lokomotive zieht eine schwarze Rauchwolke hinter sich. Jenseits des Bahndamms ist durch Schlöte und Rauch eine Industrielandschaft angedeutet. Dargestellt hat Dejneka damit den schnellen Fortschritt des Landes durch die Industrialisierung. Obwohl Dejneka den Fortschritt und die vorwärtsstürmende Kraft der jungen Menschen darstellt, vermittelt der starke Kontrast zwischen heller, sonniger, sauberer Natur und dunkler, verrauchter Industrie doch einen widersprüchlichen Eindruck.[24]

In einer sehr viel größeren Ausführung dieses Motivs von 1935 zeigte sich dagegen, dass mit dem Thema Aneignung der Natur zunehmend anders umgegangen wurde und auch Dejneka dem folgte. In dem Gemälde *Mittagspause im Donbass*[25] laufen fünf heranwachsende Jungen dem Betrachter entgegen. Sie stehen im Mittelpunkt des Bildes und nehmen den größten Raum ein. Ihre nackten Körper sind deutlich gestaltet und die Gesichtszüge individualisiert. Das im Sonnenlicht glänzende blaue Wasser bildet den Hintergrund. Nur im oberen Viertel gibt es erneut die Andeutung der neuen Errungenschaften des Landes, eine Lokomotive mit Anhängern sowie den Förderturm einer Kohlengrube. Doch sind diese Bildelemente, im Unterschied zu dem früher entstandenen Gemälde *Mittag* zu einer friedlichen Landschaft geworden. Ebenso bilden die nackten Körper der Jugendlichen keinen Kontrast zur umgebenden Landschaft mehr. Dieser veränderte Darstellung des Körpers in der Landschaft steht in engem Zusammenhang mit den »Bemühungen um Konsensus im Verhältnis zur Natur«: Wie Andreas Guski schlüssig dargelegt hat, dominierte während der NEP und in der Aufbauphase der Jahre 1928 bis 1932 der Wunsch nach Unterordnung und Aneignung der äußeren und inneren Natur. Dieses Naturverständnis wurde im Stalinismus vom Gegenteil abgelöst, von der Vorstellung, dass der Mensch sich mit der Natur ausgesöhnt habe, wodurch die vormals wilde, feindliche Natur sich in eine harmlose, sonnige Idylle verwandelte. Sport hatte damit nicht mehr nur die Unterordnung der inneren Natur, die Disziplinierung und Perfektionierung des Körpers zum Ziel, sondern wurde zum Ausdruck des spielerischen, fröhlichen Treibens von Menschen, die in völligem Einklang mit sich und der sie umgebenden

---

24 Vgl. dazu auch Gaßner, Hubertus, »Der Neue Mensch«, in: Ausst.-Kat. *Müde Helden* [wie Anm. 4], S. 209–220, insbesondere S. 217–218.

25 *Mittagspause im Donbass*, 1935, Öl auf Leinwand, 199,5 x 248,5, Staatliche Kunstgalerie Riga, abgebildet in Sysoev, V., *Aleksandr Dejneka*, Leningrad 1982, Tafel 15.

Welt standen.[26] Dieser Wandel lässt sich besonders deutlich nachvollziehen, wenn man Dejnekas Bild *Weite*[27] von 1944 (Abb. 5) betrachtet.

Abb. 5: Aleksandr Dejneka, Weite, 1944.

Es handelt sich dabei um eine nochmalige Aufnahme des oben geschilderten Motivs (Abb. 4). Diesmal laufen neun junge Frauen nach dem Bad ein hohes Flussufer hinauf. In diesem ganz und gar dem sozialistischen Realismus verpflichteten Bild sind die Figuren nicht mehr nur skizziert, wie in früheren Arbeiten Dejnekas, sondern bis in die Details der Kleidung, der Frisuren und der Gesichtszüge dargestellt. Sie befinden sich in einer fast unberührten russischen Landschaft, nur einige Heuschober deuten auf die Kultivierung des Landes hin.

---

26 Vgl. Guski, Andreas, »Natur in der Kultur des Stalinismus«, in: Jochem Gieraths (Hg.), *175 Jahre Universität Hohenheim, Studium Generale Wintersemester 1993/1994: Deutschland – Russland*, Stuttgart 1994, S. 79–90.

27 *Weite*, 1944, Öl auf Leinwand, 199,5 x 248,5 cm, Staatliches Russisches Museum St. Petersburg, abgebildet in Ausst.-Kat. *Agitation zum Glück. Sowjetische Kunst der Stalin-Zeit*, hg. von Hubertus Gaßner, Bremen 1994, S. 182.

Abb. 6: Karikatur Aleksandr Dejnekas der Künstlergruppe Kukryniksy, 1961.

Der jugendliche Körper ließ sich vor dem Hintergrund des gewandelten Blicks auf die Natur neu konzipieren. Nach den undeutlich gezeichneten, oft androgyn dargestellten Körpern der 1920er Jahre, wurden nun Geschlechtsunterschiede wieder herausgestellt.[28] Dabei handelte es sich aber nicht um die Körper Heranwachsender, die sich in dem schwierigen sexuellen Reifungsprozess befanden, sondern meist wurden junge Erwachsene oder Kinder dargestellt. Spielende, glückliche Kinder repräsentierten den ungebrochenen Glauben an die lichte Zukunft. Die kraftvollen, körperlich voll entwickelten jungen Erwachsenen trugen zum schönen Schein von der

---

28 Dejnekas *Mädchen beim Ballspiel* von 1932 und *Badende Mädchen* von 1933 zeigen dies ebenso wie *Nach dem Kampf* von 1937–1942, vgl. *Ballspiel*, 1932, Öl auf Leinwand, 124,5 x 124,5 cm, Staatliche Tretjakov-Galerie Moskau, abgebildet in Ausst.-Kat. *Müde Helden* [wie. Anm. 4], S. 151; *Badende Mädchen*, 1933, Öl auf Leinwand, 99,5 x 102,7 cm, Staatliche Tretjakov-Galerie Moskau, abgebildet in Ausst.-Kat. *Dejneka* [wie Anm. 2], S. 60; *Nach dem Kampf*, 1937–1942, Öl auf Leinwand, 170 x 233 cm, Staatliche Dejneka-Gemäldegalerie Kursk, abgebildet in Aleksandr Dejneka, *Živopis', grafika, skul'ptura, mozaika*, Ausstellungskatalog auf DVD, Staatliche Tretjakov-Galerie Moskau, 2010.

Produktiv- und Wehrkraft sowie vom fröhlichen Leben in der Heimat aller Werktätigen bei. Die Dominanz junger Erwachsener in der Selbstinszenierung des stalinistischen Staates deutet auf das Besondere des stalinistischen Jugendkults hin, der auf der Idealisierung einer konstruierten Zwischenphase zwischen abgeschlossener Pubertät und dem Eintritt ins Erwachsenenalter basierte. Gebannt in diese Phase, verharrend in einem Zustand dauernder Sublimierung und Nutzung der Kräfte für den Aufbau der sonnigen Zukunft, blieb der sozialistische Mensch ewig jung. In den immer wiederkehrenden Motiven der Arbeiten Dejnekas nach 1936 wiederholt sich dieser Typus des ewig jungen, voranschreitenden, bauenden und laufenden Menschen. Die Helden Dejnekas kennen keine Erschöpfung und kein Altern. Ihr Meister aber, der Künstler Dejneka, geriet in Gefahr, mit seinem Medium der Malerei in einer Welt des illusorischen Fortschritts und schöpferischen Enge zu stagnieren und zu einem sehr müden kreativen Helden zu werden (Abb. 6).

Müde Helden: Darstellungen der Revolution bei Ferdinand Hodler, Aleksandr Dejneka und Neo Rauch

Daniel Koep

Das Ideal des Neuen Menschen gilt als ein zentrales Hoffnungsziel der Moderne. Seine Wegbereiter waren die Denker Jean-Jacques Rousseau, Charles Darwin, Karl Marx und Friedrich Nietzsche und, daran anknüpfend, auch die vorrevolutionäre russische Intelligenzija. An der utopischen Idee des Neuen Menschen, der in seiner Leitbildfunktion als Heldenfigur mit neuem Potenzial auftritt, lassen sich die Hoffnungen und Zukunftsentwürfe intellektueller, kultureller und politischer Eliten ablesen, die mit der Formulierung dieses Ideals auf die als krisenhaft empfundene Modernisierung des ausgehenden 19. und frühen 20. Jahrhunderts reagieren.

Anhand des Schaffens der drei Künstler Ferdinand Hodler (1853–1918), Aleksandr Dejneka (1899–1969) und Neo Rauch (geboren 1960), deren Werke 2012 in der Ausstellung *Müde Helden* in der Hamburger Kunsthalle zusammen gezeigt wurden, kann die Geschichte der Utopie des Neuen Menschen im 20. Jahrhundert von deren Entwurf über ihre breite gesellschaftliche Leitbildfunktion bis, letztlich, zu ihrem Niedergang modellhaft veranschaulicht werden. Die drei Maler entwerfen die Figur des Neuen Menschen aus jeweils eigener Perspektive: Hodler aus dem Blickwinkel der Lebensreformbewegung um 1900, Dejneka aus der Perspektive, die die Russische Revolution 1917 eröffnet hat, und Neo Rauch aus dem Skeptizismus der Postmoderne, für die vor allem der Blick in die Zukunft unsicher geworden ist. Den Anfang des 20. Jahrhunderts markiert die Bewegung der Lebensreform, die sich einerseits aus Ideen der Romantik speist und andererseits profanierte christliche Motive der Geburt des Neuen Menschen reaktiviert. Der Schweizer Künstler Ferdinand Hodler ist einer der maßgeblichen künstlerischen Exponenten dieser Bewegung. Seine Figuren rhythmisieren die Bildfläche mit silhouettenhaften Ausdrucksgebärden und bilden einen artifiziell hergestellten Einklang mit der umgebenden Natur. Einer der bedeutendsten Nachfolger von Hodler ist der russische Maler Aleksandr Dejneka, der sich in seinen Bildmotiven, aber auch in der Körpersprache und der Modellierung seiner Personen an den eurythmisch bewegten Figuren des Schweizers orientiert, diese jedoch lebensnäher und realistischer gestaltet und in die prosperierenden Industrielandschaften des im Aufbau befindlichen zeitgenössischen Sowjetrusslands überträgt.

Der in der DDR aufgewachsene und ausgebildete Maler Neo Rauch greift schließlich den von Hodler und Dejneka geprägten Typus des Neuen Menschen im Rückblick aus postsozialistischer Perspektive wieder auf. Jedoch überspitzen seine Figuren den schon bei beiden Vorgängern erkennbaren Zug zur Handlungshemmung, der bei ihm in ein perspektiv- und zielloses Hantieren in absurden Konstellationen mündet. Die Utopie des Neuen Menschen verkehrt sich am Ende des 20. Jahrhunderts in eine Absage an jegliche Ideologie und Fortschrittsgläubigkeit. Nach dem Scheitern des Realsozialismus und dem Ende der DDR blickt Neo Rauch in seiner Malerei auf die Aufbruchsstimmung zu Beginn des 20. Jahrhunderts, die Ideale der Moderne sowie die Zukunftsverheißungen des Kommunismus zurück und reflektiert, wie diese in das Werk seiner künstlerischen Vorgänger jeweils eingeflossen sind. Aus der Perspektive des späten 20. Jahrhunderts stellt er die Frage nach dem Neuen Menschen als Leitbild und als Figur, die als aktive Kraft steuernd in den Weltlauf einzugreifen vermag, neu.

Die in dem vorliegenden Artikel angelegte kunsthistorische Perspektive gilt der Aktualisierung von Elementen des europäischen Historienbildes in der postmodernen Malerei des 21. Jahrhunderts am Beispiel von Neo Rauch. Der in Leipzig geborene Neo Rauch wurde seit 1981 an der dortigen Hochschule für Grafik und Buchkunst ausgebildet. Die berühmte Leipziger Schule, die für die bildenden Künste in der DDR seit den 1960er Jahren, mit den als »Viererbande« berühmten Protagonisten Bernhard Heisig, Wolfgang Mattheuer, Werner Tübke und dem in Halle wirkenden Willi Sitte, künstlerisch wie ideologisch maßgeblich gewesen war, bestimmte in der Frühphase seiner Ausbildung die verbindlichen akademischen Richtlinien; zu dem dort vermittelten Kanon gehörte auch Aleksandr Dejneka. Rauch studierte in der Klasse des Malers Arno Rink, eines Schülers von Bernhard Heisig, und absolvierte von 1986 bis 1990 weitere Lehrjahre als Meisterschüler von Heisig selbst. Eine gewisse Nähe zu Heisig lässt sich noch an Neo Rauchs frühen, vor 1990 geschaffenen Gemälden ablesen. Rauch lässt jedoch, darin vergleichbar mit Gerhard Richter, erst die nach 1990 geschaffenen Gemälde als Teil seines Œuvres gelten; all jene

Bilder also, die nach der Vereinigung der beiden deutschen Staaten entstanden sind.[1] Auch wenn Neo Rauch damit keinesfalls als ein Spätberufener zu gelten hat, war er doch ein Maler, der in der DDR mit seinem Schaffen keine große Öffentlichkeit gesucht hatte. Diese sollte sich hingegen nach der Wiedervereinigung der beiden deutschen Staaten schnell finden. Spätestens die Verleihung des Kunstpreises der *Leipziger Volkszeitung* 1997 markierte den Startschuss für eine rasant zunehmende Bekanntheit. Innerhalb weniger Jahre wurde der Name Neo Rauch vom Geheimtipp zu einer gesetzten Größe mit dem Status eines auf dem Kunstmarkt erfolgreichen und in den wichtigsten Museumssammlungen vertretenen internationalen Malerstars. Als Hauptvertreter einer »neuen« Leipziger Schule – die trotz des gleichlautenden Namens mit der Leipziger Schule der DDR nicht zu verwechseln ist – galt er schnell als bedeutendster Vertreter der Malerei aus dem vormals sozialistischen Teil Deutschlands. Neo Rauch trat als Maler aus Leipzig in dem historischen Moment an die Öffentlichkeit, als der staatliche Sozialismus aufhörte zu existieren. Fortan war Rauch die Rolle zugewiesen, eine Welt, die es nicht mehr gibt, bildnerisch zu reflektieren und als Maler zu repräsentieren. An seiner Malerei interessierte daher zunächst die Frage nach der ostdeutschen Perspektive und damit nach dem postsozialistischen Bild seiner Generation, die sich mit der vergangenen Welt ihrer Herkunft auseinanderzusetzen und sich zugleich ein Bild von den westlich geprägten Umständen zu machen hatte.

Wie kein anderer seiner Zeitgenossen hat es Neo Rauch verstanden, dieser Herausforderung in seinen figürlichen Bildfindungen, in welchen sich Elemente des Narrativen und der surrealen Imagination in rätselhaften Montagen zusammenfügen, gerecht zu werden. Aufgrund der eigenwilligen Herangehensweise und der innovativen Themenwahl seiner Malerei gilt seinem Werk auch in der Kunstgeschichte seit den späten 1990er Jahren ein hervorgehobenes Interesse.

Eine historische Brisanz und Relevanz für das hier zu behandelnde Heldenbild hat die besondere Rolle, welche die Bevölkerung in seiner Heimatstadt Leipzig beim endgültigen Sturz der DDR-Regierung spielte. Was mit den regelmäßigen Montagsdemonstrationen begann, gipfelte am 9. Oktober 1989 in einem Aufmarsch, bei dem sich 70.000 Menschen unter Einsatz des eigenen Lebens vor den Augen der Weltöffentlichkeit einen

---

[1] Richter kam 1961, ebenfalls etwa 30-jährig, als ausgebildeter Maler mit einem schon umfassenden Schaffen aus Dresden nach Düsseldorf. Die Nr. 1 in seinem Werkverzeichnis, *Tisch,* entstand 1962.

Machtkampf mit der Staatsmacht lieferten, dessen friedlicher Ausgang keineswegs vorauszusehen war.² Leipzig hieß fortan die Heldenstadt und die Spaltung der DDR-Bevölkerung im Herbst 1989, als die historische Entscheidung, die das Ende des Sozialismus besiegeln sollte, auf des Messers Schneide stand, hat für die Sujets von Rauchs Gemälden eine grundlegende Bedeutung.³

Die europäische Historienmalerei hat die Figur und Funktion des Helden als Handlungsträger im Zusammenhang verschiedener historischer Revolutionen immer wieder thematisiert. Die Bedeutung, die der Rolle des Helden und dem Einfluss seiner Handlungen auf historisch entscheidende Ereignisse beigemessen wird, und damit letztendlich die Frage nach seiner Macht, den Lauf der Geschichte zu verändern, sollen hier am Beispiel von Revolutionsdarstellungen im Werk von Ferdinand Hodler, Aleksandr Dejneka und Neo Rauch untersucht und im Kontext des gewandelten Geschichtsverständnisses im Verlauf des 20. Jahrhunderts nachgezeichnet werden.

Wie kein anderer Maler der europäischen Moderne hat sich Ferdinand Hodler der Darstellung historischer Themen in monumentalen Formaten angenommen.⁴ 1899 erhielt er den Auftrag, den *Rückzug der Schweizer nach der Schlacht von Marignano 1515* als Wandgemälde auf drei großen Bogenfeldern im Schweizerischen Landesmuseum in Zürich darzustellen. Er erstellte eine Gruppe von komplexen, sich durch Klarheit der Komposition auszeichnenden Vielfigurenbildern in leuchtender Farbgebung.⁵

---

2 Wie im *Neuen Deutschland*, der größten staatlichen Zeitung der DDR Ende September 1989 zu lesen war, hatte Staatschef Egon Krenz bei einem offiziellen Besuch in Peking das Massaker vom Tiananmen-Platz gutgeheißen. Damit war die Drohung, dass die Regierung der DDR Ähnliches anordnen könnte, auch offiziell ausgesprochen.

3 Die friedlichen Revolutionäre der DDR »haben aus ihrem umstürzlerischen Tun keinen Herrschaftsanspruch abgeleitet. Sie griffen nicht zum Schwert, sondern hielten selbst gemalte Transparente hoch, auf denen stand: Keine Gewalt! Ihre Waffe war Tapferkeit. Ihre Taktik war Deeskalation, ihre Strategie Demut. Man erkennt die 89-er Helden daran, dass sie nicht für sich beanspruchten, Helden zu sein.« »Das Ende der DDR. Welche war die Heldenstadt?«, in: *DIE ZEIT*, 17.09.2009, Nr. 39, siehe auch: http://www.zeit.de/2009/39/Leipzig-Berlin-Heldenstadt/komplettansicht.

4 Schmidt, Katharina, »Hodlers Historienbilder (Marignano, Jena, Hannover)«, in: *Ferdinand Hodler. Eine symbolistische Vision*, Ausstellungskatalog Kunstmuseum Bern, Szépművészeti Múzeum Budapest, hg. von Katharina Schmidt, Bern 2008, S. 347–361.

5 Im Anschluss an den ersten Preis, den er 1897 für die Entwürfe für das Landesmuseum gewonnen hatte, malte Hodler mit seinem Wilhelm Tell ein Heldenbild, das zu einer Ikone schweizerischen Nationalstolzes wurde.

Er scheute in der Folge auch nicht vor dem monumentalen Format des 15 Meter breiten Wandbildes mit dem Titel *Einmütigkeit* zurück, das er 1911/12 als Auftragswerk für den großen Sitzungssaal des Rathauses in Hannover anfertigte (Abb. 1). Es stellt den Schwur dar, mit dem sich die Bürger Hannovers 1533 zur Reformation bekannten. Zu beiden Seiten des über dem Eingangsportal platzierten Reformators Dietrich Arnsborg gruppieren sich nahezu hundert Bürger, in einem breit angelegten Kreis mit erhobenem Arm, vor weißem Hintergrund in regelmäßigem Rhythmus dicht gestaffelt dargestellt, um ihren Schwur zu leisten.

Abb. 1: Ferdinand Hodler, Einmütigkeit, 1911/12.

Aleksandr Dejneka leitete von 1936 bis 1946 am Moskauer Institut für Bildende Kunst die Werkstatt für Monumentalmalerei, und auch er realisierte eine beeindruckende Anzahl von Gemälden mit immensen Formaten. Hervorzuheben sind beispielhaft die sieben mal zwölf Meter große Darstellung der *Menschen des Ersten Fünf-Jahres-Planes* für den sowjetischen Pavillon auf der Weltausstellung in Paris 1937 und die 35 Deckenbilder für die Moskauer U-Bahnstation *Majakovskaja* im Jahre 1938. Dejnekas Interesse an Hodler wird vor allem auch in dem Vorbild begründet gewesen sein, das ihm der Schweizer Maler bei der neuartigen Darstellung großer Menschengruppen und historischer Themen bot.

Eine unmittelbare Bezugnahme auf Hodler ist in Dejnekas Gemälde *Die Verteidigung von Petrograd* von 1927/28 zu beobachten. Es stellt die Bevölkerung Petrograds dar (so der Name St. Petersburgs von 1914 bis 1924), die zur Verteidigung der bolschewistischen Revolution in den Bürgerkrieg (1918–1920) auszieht. Die formalen Parallelen zu Hodlers *Auszug der deutschen Studenten in den Freiheitskrieg von 1813* aus dem Jahre 1908/09 sind dabei nicht zu übersehen.[6] In beiden Gemälden sind die Soldaten in zwei horizontalen Ebenen übereinander gestaffelt – die Figuren der unteren Ebene sind jeweils nach rechts ausgerichtet, während die oberen in die entgegengesetzte Richtung marschieren. Die formale Gestaltung ist durch die Betonung der Umrisslinien der Figuren und deren rhythmische Anordnung charakterisiert, während die Hintergrundgestaltung auf ein Minimum reduziert ist.

Schon bei den Druckgrafiken, die Dejneka unter anderem für die Zeitschrift *Der Gottlose an der Werkbank* geschaffen hatte, galt sein Blick auch der großen Menschenmenge, die er aus der Vogelperspektive des allwissenden Autors kompositorisch zu gestalten wusste, etwa wenn er die Zusammenarbeit von Arbeiterinnen in einem Stahlwerk, Sportveranstaltungen mitsamt ihrer Zuschauer oder die Besiedlung und Erschließung neuer Abraum- und Industriegebiete darstellte.[7]

Für Darstellungen des Sports, wo er menschliche Körper in Bewegung und Interaktion zeigen konnte, hatte Dejneka zeitlebens eine Vorliebe.[8] Hierbei gelang es ihm besonders gut, eine große Gruppe von Menschen, wie etwa die über 20 Athleten in *Der Geländelauf* von 1932 vor einem einfarbig braunen Hintergrund, zu einer rhythmisch gegliederten, ornamental verzahnten Einheit zusammenzuführen. Als Bestandteil der staatlich geförderten *fizkul'tura* (Körperkultur) ist der Wettlauf weniger als Konkurrenz, sondern vielmehr als eine geordnete, leistungsorientierte Anstrengung zum Erreichen eines übergeordneten gemeinsamen Ziels zu verstehen. Die Dynamik der Figuren stellt allegorisch den zielgerichteten gesellschaftli-

---

6 Bertsch, Markus, »Von Jena nach Petrograd. Die Prinzipien von Rhythmus, Reihung und Parallelismus bei Hodler und Dejneka«, in: *Müde Helden. Ferdinand Hodler, Aleksandr Dejneka, Neo Rauch*, hg. von Hubertus Gaßner, Daniel Koep und Markus Bertsch, Ausstellungskatalog Hamburger Kunsthalle, München 2012, S. 44–59. Abbildungen siehe *Müde Helden*, Ausstellungskatalog Hamburg, S. 46 und 47.

7 So zum Beispiel die Grafik *Rätsel für einen alten Mann* mit der Bildunterschrift »So viele Götterbilder und niemand betet. Wo bin ich da hingeraten?«, *Der Gottlose an der Werkbank*, H. 2 (1926) und H. 3 (1927), S. 31 und S. 29 in *Aleksander Deineka. Malerei, Graphik, Plakat*, Ausstellungskatalog Städtische Kunsthalle Düsseldorf, Düsseldorf 1982 und das Plakat *Proletarische Kader in den Ural-Kusbass*, 1931, Ausst.-Kat. *Müde Helden* [wie Anm. 6], S. 188.

8 Vgl. den Beitrag von Corinna Kuhr-Korolev in dem vorliegenden Band.

chen Fortschritt dar. Unter diesen Vorzeichen sind die Athleten als Sinnbild der Gesellschaft zu einem kollektiven Körper verwoben.[9]

Gemälde wie *Stachanovarbeiter* von 1937, das eine breit angelegte Menge staatlich ausgezeichneter Arbeiter zeigt, die aus Menschen aller Altersstufen, regionaler Herkunft und gesellschaftlicher Aufgaben bestehend, unmittelbar auf den Betrachter zumarschieren, zeigen ein der Malerei Hodlers eng verwandtes Gefühl für Rhythmisierung und Taktung.[10] In dieser Weise wird aus den verschiedenen Einzelfiguren eine bewegte Einheit und damit ein homogener Volkskörper – Elemente, die Dejneka bei Hodler studieren konnte, um sie auf die Situation und seine politischen Ideale in Sowjetrussland zu übertragen.[11]

Ein besonderes Beispiel für die Historienmalerei Dejnekas ist das Gemälde *Wer wen?* aus dem Jahr 1932. In der Mitte der Leinwand sind die neuen kollektivierten Agrarflächen als große leere braune Fläche zu sehen – Ergebnis der von Stalin unter immensen menschlichen Verlusten zwangseingeführten Kolchosen. Sie sind umringt von hohen modernen Industrieanlagen am oberen rechten Bildrand und, weiter unten, von modernen Wohnhaussiedlungen auf grünen Flächen; oberhalb und unterhalb sind sie von den mehrgleisigen Bahnanlagen der neu erschlossenen Infrastruktur des Sowjetreichs flankiert (Abb. 2).

---

9 Kiaer, Christina, »Collective Body. On the Art of Aleksandr Deineka«, in: *Artforum International* (November 2012), S. 242–249, hier S. 248: Kiaer beschreibt Dejneka als einen Künstler der eine »horizontal« (lateral) ausgerichtete, nicht-hierarchische Kunst produziert. In seinen Gemälden der 1930er Jahre fügt er haptische Formen mit ausdrücklich horizontalen, klassenbewussten und öffentlichen Themen zusammen, um kraftvolle Bilder der UdSSR, als etwas das man eine moderne lyrische Gemeinschaft bezeichnen könnte, zu schaffen. Er verbände »his haptic forms with more explicitly lateral, class-based, and public subjects to produce stunning images of the USSR as what we could call a modern lyrical community«.

10 Abb. siehe *Müde Helden*, Ausstellungskatalog Hamburg, S. 260.

11 Als weiteres wichtiges Beispiel hierzu hat Dejnekas Gemälde *Linker Marsch* von 1941 (140 x 330 cm) im Literaturmuseum in Moskau zu gelten, Abb. siehe *Aleksandr Deineka. Malerei, Graphik, Bildhauerkunst, Monumentalwerke und literarischer Nachlass*, Leningrad 1982, Abb. 170.

Abb. 2: Aleksandr Dejneka, Wer wen?, 1932.

Von der Mitte des oberen Bildrandes ausgehend sind gegen den Uhrzeigersinn drei Szenen malerisch auf diesen Hintergrund appliziert: 1917 stürmen bewaffnete Matrosen das Winterpalais in St. Petersburg, 1920 vertreiben Rotarmisten die zaristische Weiße Armee, 1924 scheidet ein Redner vor einer einheitlich gekleideten Zuhörerschaft das Bild des Landes in eine dunkle russische Vergangenheit mit vielen Kirchen, Palästen und kleinen Einzelgehöften zu seiner Rechten und eine helle moderne und urbane Zukunft zu seiner Linken, in der Fabriken, Großmärkte und Freizeitklubs dem Sowjetischen Rat unterstellt sind. Mit Rückenwind schreiten vier Figuren aus der Tiefe des Bildraumes zum vorderen Bildrand: ein Landvermesser, ein junger und ein älterer Arbeiter sowie eine Frau mit schweren Stiefeln. Das flatternde Tuch in ihrer Hand datiert das Bild auf 1932. Bemerkenswert an diesem Gemälde, welches das sowjetische Russland in seiner neuen räumlichen Erscheinung und in seiner historischen Entwicklung idealisiert darstellt, ist die implizierte Offenheit der Geschichte: Zu Füßen der Figuren im Vordergrund und zum rechten Bildrand, also in Marschrichtung, ist der Malgrund unbearbeitet belassen. Die Zukunft ist noch nicht vordeterminiert, sondern offen zur Gestaltung – ein grundlegendes Merkmal für die Malerei Dejnekas von 1925 bis 1932. Diese Offenheit bildet sich auch in der matten, kalkigen Farbgebung ab, die Dejneka mit Hodler verbindet und die für das noch zu Vollendende steht, dessen Realisierung den Händen des Künstlers und den Augen und der Vorstellungskraft der Betrachter überantwortet ist. Dies sollte sich erst ab 1932 mit dem Dekret *Über den Umbau der literarisch-künstlerischen Organisatio-*

nen und mit der Gründung des Allunionsschriftstellerverbandes (WSP) 1934, der die Einführung des sozialistischen Realismus als ideologisch begründete Stilrichtung bedeutete, ändern. Von diesem Datum an werden Dejnekas Farben satter und haben anstelle der erträumten Zukunft eine im realistischen Stil idealisierte Gegenwart darzustellen. In diesem historischen Moment erstarren die Figuren in Dejnekas Malerei in fester Fügung. Der jugendliche Enthusiasmus, der sich aus der Empfindung einer gestaltbaren Zukunft speist und den Dejneka mit der unbemalten Leinwandfläche in sein Gemälde *Wer wen?* einschreibt, weicht ob der staatlichen Direktiven einem unbedingten Ernst.

Die Figur des *Suchers*, die Neo Rauch 1997 malt, nimmt unmittelbar Bezug auf den 1932 von Dejneka im Tableau *Wer wen?* dargestellten Landvermesser (Abb. 3).

Abb. 3: Neo Rauch, Sucher, 1997.

Während jener im Gefolge seiner sowjetischen Kameraden mit Zuversicht als Neuer Mensch aus dem Historiengemälde heraus in eine eigenmächtig zu gestaltende Zukunft schreitet, wendet sich der Sucher mit seinem Metalldetektor und gesenktem Haupt ermüdet zurück in das Innere des Bildes, als suche er den Punkt, an dem er das historische Erwachen des Neuen Menschen verpasst und die Begleiter an seiner Seite aus den Augen verloren hat. Sein Weg verläuft sich im Nichts in die nicht vollendete Leinwand als Rückzugsort. Diese direkte Referenz auf Dejneka verdeutlicht beispielhaft, dass sich Rauch in seinem Bild vom Neuen Menschen und in seinem Geschichtsverständnis von der Aufbruchsstimmung der Moderne und dem Geschichtsoptimismus, der in den 1920er und frühen 1930er Jahre in Russland herrschte, abgewendet hat.

Neo Rauchs Verständnis der Geschichte entspricht lange nicht mehr dem Historismus des 19. Jahrhunderts, der die Geschichte objektiv zu zeigen suchte und der die Grundlage für die Historienmalerei jenes Jahrhunderts bildete.[12] Ebenso hat Rauch den historischen Materialismus als ideologisch-wissenschaftliches Fundament des sozialistischen Realismus, dessen Geschichtsschreibung von einer Teleologie der revolutionären Praxis und der Herausbildung einer neuen Gesellschaftsform ausging, hinter sich gelassen. Wie die folgende Darstellung anhand ausgewählter Beispiele aus seinem malerischen Werk zeigt, ist Neo Rauch vielmehr den geschichtstheoretischen Überlegungen des Philosophen Walter Benjamin (1892–1940) verpflichtet. Benjamins Gedanken fundieren auf einer Kritik des Historismus wie auch des historischen Materialismus. Im Zentrum seiner Geschichtstheorie steht eine Fortschrittskritik, die der Philosoph im Konzept des »dialektischen Bildes« sprachlich auf den Punkt gebracht sah.[13] Wie zu sehen sein wird, haben entscheidende Bestandteile von Benjamins dialektischem Geschichtsbild Eingang in die Kompositionsweise der Malerei Neo Rauchs gefunden. Daraus ergibt sich für das Werk von Neo Rauch der Befund, dass er das traditionelle Genre der Historienmalerei zu Beginn des 21. Jahrhunderts aktualisiert und dieser Gattung aus einer kritisch fundierten Perspektive neue Möglichkeiten eröffnet.

---

12 Nach dem Historiker Leopold von Ranke (»wie es eigentlich gewesen«), siehe Vierhaus, Rudolf, »Rankes Begriff der historischen Objektivität«, in: Reinhart Koselleck/Wolfgang J. Mommsen/Jörn Rüsen (Hg.), *Objektivität und Parteilichkeit in der Geschichtswissenschaft*, München 1977, S. 63–76.

13 »Der Begriff des Fortschritts ist in der Idee der Katastrophe zu fundieren. Daß es ›so weiter geht‹, ist die Katastrophe.« *Walter Benjamin. Gesammelte Schriften*, Bd. I–VII, hg. von Rolf Tiedemann und Hermann Schweppenhäuser, Frankfurt/M. 1972–1989, Band V, S. 592. Zur Einführung in das Denken von Benjamin siehe Kramer, Sven, *Walter Benjamin zur Einführung*, Hamburg 2003, insbesondere S. 103–135 zu Benjamins Geschichtstheorie.

Zentral für den Begriff des dialektischen Bildes bei Benjamin ist die darin angelegte Diskontinuität: »Bild ist dasjenige, worin das Gewesene mit dem Jetzt blitzhaft zu einer Konstellation zusammentritt. Mit anderen Worten: Bild ist die Dialektik im Stillstand. Denn während die Beziehung der Gegenwart zur Vergangenheit eine rein zeitliche, kontinuierliche ist, ist die des Gewesenen zum Jetzt dialektisch: ist nicht Verlauf, sondern Bild, sprunghaft.«[14] Er fährt fort: »Wo das Denken in einer von Spannungen gesättigten Konstellation zum Stillstand kommt, da erscheint das dialektische Bild. Es ist die Zäsur in der Denkbewegung. [...] Es ist identisch mit dem historischen Gegenstand; es rechtfertigt seine Absprengung aus dem Kontinuum des Geschichtsverlaufs.«[15] Der Historiker sollte Benjamin zufolge mit Brüchen und Zeitsprüngen operieren: »Geschichte schreiben heißt [...] Geschichte *zitieren*. Im Begriff des Zitierens liegt aber, dass der jeweilige historische Gegenstand aus seinem Zusammenhange gerissen wird.«[16] Mit dieser Konzeption, die die Technik des Zitierens und der Montage für die Geschichtsschreibung als zentrales Instrument vorsieht, stellt sich Benjamin gegen jegliches pauschales Fortschrittsdenken. Analog charakterisieren Sprünge im Raum- und Zeitkontinuum, Diskontinuitäten zwischen einzelnen Bildelementen, die im Montageprinzip zusammengefügt sind, die Malweise von Neo Rauch.

Benjamin interessierte neben der kollektiven auch die individuelle Dimension der Vergangenheit. Er forderte vom Historiker eine eigene Positionierung mittels einer kritischen »Reflexion auf die Überlieferungsgeschichte, da das geschichtliche Ereignis [...] in seiner Überlieferung verwandelt wird«.[17] In seinen Gemälden *Aufstand* (2004) und *Die Fuge* (2007)[18] sowie dem in der Folge behandelten *Kommen wir zum Nächsten* (2005) platziert Neo Rauch als sein *Alter Ego* kontemplative Figuren (lesend in Ersterem, träumend im Folgenden und passiv in Letzterem), in deren Köpfen sich die Visionen der Gemälde abspielen, und kennzeichnet so deren subjektive Genese. Neo Rauch reflektiert seine Rolle als Maler historischer Begebenheiten, indem er die Person des Künstlers als fragende und Bild erschaffende Figur in seine Bilder mit aufnimmt. Darin unterscheidet er

---

14 Benjamin, *Schriften*, Bd. V [wie Anm. 13], S. 576f.
15 Ebd., S. 595.
16 Ebd.
17 Kramer, *Benjamin* [wie Anm. 13], S. 110.
18 Abb. siehe Ausst.-Kat. *Müde Helden* [wie Anm. 6], *Aufstand*, S. 112/113, und *Die Fuge*, S. 242/243.

sich von der unmittelbaren Affirmation, mit der sich Hodler und – mit Einschränkungen – Dejneka im Einklang mit den von ihnen bejahten Geschichtsbildern sehen.

In Neo Rauchs Malerei ist die Darstellung von Gewalt eines der wiederkehrenden Gegenwartsmotive, das er mit Versatzstücken aus der Vergangenheit zusammenführt.[19] Er thematisiert darin Zeiten einer persönlich erlebten Gefährdung: Zum einen behandelt er die allzeit drohende Eskalation der Zeit des Kalten Krieges vor 1989 in einen Nuklearkrieg in Europa. In der nächtlichen Szenerie des Gemäldes *Vorort* von 2007 ringt eine Gruppe von Menschen mit brennenden Fahnen, die sich verselbstständigt haben und ihre Kleider in Brand zu stecken drohen, während unweit davon eine massive Bombe dampfend auf der Straße liegt. In dem Bild *Korinthische Ordnung* (2003) ragt ein überdimensioniertes Geschütz aus einer Heidelandschaft in der linken Bildhälfte in eine abgetrennte Welt zur Rechten, wo sich fünf Kleingärtner mit schwebenden Kreiseln und einem Ball beschäftigen. Rauch zeigt so das zeitgleiche Nebeneinander von banaler Alltäglichkeit und der dauerhaften Präsenz militärischer Zerstörungsmacht.

Zum anderen erlebte Rauch auch innerhalb seiner eigenen Gesellschaft eine Spaltung, die 1989, als sich die Nationale Volksarmee und die Bevölkerung Leipzigs auf entgegengesetzten Seiten gegenüberstanden, in einen Bürgerkrieg mit katastrophalen Folgen und vielen Todesopfern hätte münden können. In Rauchs Bildern tauchen Figuren aus der totalitär organisierten Vergangenheit als Bilder kollektiver Erinnerung auf und bilden die Folie, stellen die Orte und die Kostüme für seine persönlichen Erinnerungsbilder.[20] In der Vereinigung von Nichtzusammengehörendem und Unversöhnlichem sind sie Bilder widersprüchlicher, rational nicht zu erfassender und zueinander in Konkurrenz stehender Wahrnehmungen, in die allgemeine Idealvorstellungen und akut erinnerte persönliche Erfahrungen einfließen.

Blickt man auf die räumliche und zeitliche Einheit und die klar geordnete Staffelung der Figuren in den Gemälden von Hodler und in abgewan-

---

19 In seinen geschichtstheoretischen Überlegungen, die er 1940 in Paris verfasste, setzte sich Walter Benjamin intensiv mit dem Thema Gewalt auseinander. 1940 war das Jahr seiner Flucht vor den Nationalsozialisten aus Frankreich nach Spanien und seines Freitods in Port Bou.

20 Dazu Neo Rauch: »Ich bin ja auch eine Membran kollektiver Ströme, bei mir muss jedoch alles durch das Nadelöhr meiner Subjektivität.« Ausstellungskatalog *Neo Rauch. Neue Rollen*, Kunstmuseum Wolfsburg, Köln, 2006, S. 170.

delter Form bei Dejneka, fällt bei Rauch im Kontrast dazu die Aufgabe aller formalen Ordnungsprinzipien, die Auflösung von Zielrichtung, Rhythmus und Bildkohärenz ins Auge.

Ein Rückblick in die Geschichte der Kunst zeigt, dass die Historienmalerei in Zeiten, die von gesellschaftlichen Konflikten, Revolutionen oder Umstürzen beherrscht sind, eine besondere Rolle spielt. So malte Jacques-Louis David 1785, kurz vor der Französischen Revolution in dem berühmten Gemälde *Der Schwur der Horatier* drei idealtypische, tatkräftige Helden als Sinnbild der Treue zu Staat und Nation. Nur vier Jahre später, im Revolutionsjahr 1789, verwandelt David den Helden des Gemäldes *Die Liktoren bringen Brutus die Leichen seiner Söhne* (Abb. 4) bereits in einen melancholischen Grübler.

Abb. 4: Jacques-Louis David, Die Liktoren bringen Brutus die Leichen seiner Söhne, 1789.

David stellt den römischen Kaiser in dem Moment dar, als die Leichen seiner Söhne, die er selbst aus Staatsräson zum Tode hat verurteilen lassen, unter dem Wehklagen der Frauen der Familie in seinen Palast getragen werden. Zerrissen zwischen öffentlicher Verpflichtung und privater Empfindung sitzt Brutus stoisch am linken Bildrand im Halbdunkel und lässt die Tragödie über sich ergehen. Im Rampenlicht in der Bildmitte, der Stelle, die nach aller traditionellen Logik der Bildkomposition dem Helden vorbehalten ist, platziert David einen leeren Stuhl und zeigt damit, dass der handelnde und wirkmächtige Held seinen Platz in der Geschichte hat räumen müssen.[21]

Jacques-Louis Davids Porträt des Jean-Paul Marat (Abb. 5), jenes radikalen Jakobiners und berühmten Gesinnungsmärtyrers der Französischen Revolution, der 1793 im Auftrag der gemäßigten Gironde von Charlotte Corday in seinem Bade ermordet wurde, ist eines der berühmtesten Historienbilder. David evoziert in seiner überaus detailreich, realistisch dargestellten Figur das Vorbild der Pietà, des toten Christus in den Armen von Maria, eine Bildformel, die ihrerseits auf antike Vorbilder rekurriert. Selbst politisch ein Revolutionär, musste David die althergebrachten Bildformen, die er benötigte, um den Sinngehalt seiner Darstellung möglichst anschaulich machen zu können, zugleich überwinden. So schuf er eine abstrakte Hohlform, die ein neues, bürgerliches Publikum subjektiv, ganz nach Empfindung mit Sinn füllen musste. Damit befand sich David mit den Aufgaben seiner Kunst an der Schwelle zur Moderne.[22]

In seinem Gemälde *Kommen wir zum Nächsten* (Abb. 6) stellt Neo Rauch die Erfahrung des Aufstands in Leipzig mittels eines Bildzitats aus *Der Tod des Marat* von Jacques-Louis David aus dem Jahre 1793 dar.

---

21 Grundlegend hierzu: Mai, Ekkehard/Repp-Eckert, Anke (Hg.), *Triumph und Tod des Helden. Europäische Historienmalerei von Rubens bis Manet*, Ausstellungskatalog Wallraf-Richartz-Museum, Köln/Kunsthaus Zürich/Musée des Beaux-Arts, Lyon 1987/88. In *Das sentimentalische Bild. Die Krise der Kunst im 18. Jahrhundert und die Geburt der Moderne*, München 1993, arbeitet Werner Busch den Typus des handlungsunfähigen Helden heraus, hier S. 137–180.

22 Busch, *Das sentimentalische Bild* [wie Anm. 21], S. 91: »Diese Spaltung von Gegenstand und Bedeutung, Inhalt und Form, aus deren aufgezeigter Diskrepanz überhaupt erst neuer Sinn entsteht, ist eine Erfahrung der Moderne und gehört zu den Grundlagen der modernen Kunst.« Weiterhin grundlegend zur Entwicklung des Typus des handlungsgehemmten, wachträumenden Helden siehe Henning, Mareike, *Asmus Jakob Carstens. Sensible Bilder*, Petersberg 2005; Fleckner, Uwe, »Historie ohne Handlung. Asmus Jakob Carstens und das Ende der Bilderzählung im europäischen Klassizismus«, in: Steffen Bogen, Wolfgang Brassat, David Ganz (Hg.), *Bilder – Räume – Betrachter*, Berlin 2006 S. 184–201.

Abb. 5: Jacques-Louis David, Der Tod des Marat, 1793.

Abb. 6: Neo Rauch, Kommen wir zum Nächsten, 2005.

In biedermeierlichen Kleidern sitzt ein junger Mann erschlafft vor einer festlich mit grün-roten Girlanden geschmückten Guillotine an einem Tisch und markiert mit dem linken Zeigefinger eine Stelle auf einem Blatt Papier vor sich. Er senkt seinen Blick, wohl um mit seiner rechten Hand ein Schreibgerät aus einer Schultasche hervorzukramen. Vor einer Kulisse gleichförmiger Vorstadthäuser im Bildhintergrund, wie sie sich in jeder beliebigen größeren Stadt im Osten Deutschlands nach 1950 befanden, bearbeiten zwei Männer schwere Balken, um ein weiteres Schafott zu errichten. Eine Frau im Profil steht dem Jüngling gegenüber, die Hände fordernd auf den Tisch gestützt, und führt ihm einen anderen Mann mit gefesselten Händen und einer blutbeschmierten Metzgerschürze vor. Wer in dieser Konstellation Richter, wer Henker und wer der zu Richtende ist, ist nicht zu klären.

In der Haltung des Oberkörpers und der Arme ist die Figur des jungen Mannes eine Paraphrase des *Marat* von David. Mit dem unbeschriebenen Papier – auch der Brief in der linken Hand ist dem *Marat* von David entlehnt – und dem Schwamm zum Tafelputzen vor sich, ist Rauchs Jüngling jedoch in einen schulischen Kontext und einen Zustand des Noch-nicht-Erwachsenseins versetzt. Angesichts der traumatischen Lage regrediert Davids Revolutionär bei Rauch zu Beginn des 21. Jahrhunderts in einen überforderten Schuljungen. Mit dem Verweis auf den ermordeten Marat wird das Gewaltpotenzial jeder Revolution, die damit untrennbar verbundenen Fragen von Leben oder Tod und die Überwältigung des individuellen Subjekts anhand epochaler Konflikte, verbildlicht. Schon im Klassizismus des späten 18. Jahrhunderts in Frankreich war die handlungsgehemmte androgyne Jünglingsfigur Zeichen für eine »radikale Mittelklassen-Fantasie, die von rivalisierenden Arten populistischen und revisionistischen Drucks belagert war«.[23] Rauchs Protagonist jedenfalls hält angesichts der Lage seine Augen verschlossen und sucht die Gefahr, den Gewissenskonflikt und die innere Zerrissenheit zu meiden. Teilnahmslos in sich zusammengesunken produziert er im Wachtraum ein Bild der realen Spannungen, denen sich das Subjekt ausgesetzt sieht. Indem Neo Rauch subjektive (das einem schulischen Kontext entlehnte Erinnerungs- und Traumbild) und objektive Elemente (die Realität revolutionärer Spannungen in Geschichte und Gegenwart) zusammenführt, schafft er ein »dialektisches« Gemälde. Weiterhin sprengt er die Zeit der Französischen Revolution mit dem *Tod des Marat* aus der homogen verlaufenden Geschichtsabfolge heraus und bringt sie in Verbindung zu seiner eigenen Zeit. Mit einer solchen Montage wird im Sinne Benjamins »eine Stillstellung erreicht und der verhängnisvolle Selbstlauf des Fortschritts unterbrochen«.[24]

Die zum Aufbruch bereiten Figuren Hodlers waren in ihrer bühnenhaften Stilisierung schon unmissverständlich dem Bereich der künstlerischen Fiktion zugewiesen, Dejneka kultivierte in seiner tiefen sozialistischen Überzeugung, zumindest bis 1934, das Ideal einer Geschichtsoffenheit, das seine Figuren im Moment des Werdens in eine nicht determinierte Richtung bildhaft werden ließ. In der Historienmalerei Rauchs kehrt sich

---

23 Solomon-Godeau, Abigail, *Male Trouble. A Crisis in Representation*, London 1997, S. 138 »the ideal, androgynous nude as the product of a radical middle-class imagination besieged by contending populist and revisionist pressures«. Mit Bezug auf die Ära nach der Französischen Revolution stellt die Autorin fest: »But what appears to have been the preferred strategy of Neoclassical artists was to cloak their various forms of male trouble under the rhetorical sign of pathos (pathos: from the Greek word for suffering, expression, and emotion).« Meines Erachtens verhandelt Neo Rauch mit seinen schlafenden männlichen Figuren in vergleichbarer Weise eine Krise in der Repräsentation des männlichen Subjekts, die Solomon-Godeau unter dem Begriff *Male Trouble* zusammenfasst.

24 Kramer, *Benjamin* [wie Anm. 13], S. 118. Im Folgenden, S. 118–120, erläutert Kramer weiter: »Die Reflexion auf die Geschichte konzentriert sich auf einen entscheidenden Punkt, anstatt rastlos kausale Verkettungen in der Geschichte nachzuvollziehen. Darin liegt die Chance, der konstitutiven Nachträglichkeit der Geschichtsbetrachtung zu entgehen. [...] Die Auseinandersetzung mit einem dialektischen Bild könnte dagegen ein Vergangenes für ein Jetzt erobern.«

der Optimismus in eine illusionslose Betrachtung, die sich auf das Subjekt (alias den Künstler) besinnt, dessen innere Konflikte veranschaulicht und den Betrachter in aufklärerischer Absicht auf sich selbst zurückverweist.

Es ist bemerkenswert, dass sich Neo Rauch nach 1990 die Frage nach der Darstellbarkeit von Geschichte stellt und das Verhältnis des Individuums zur Geschichte thematisiert. Er erneuert damit das Genre der Historienmalerei unter veränderten Vorzeichen und macht sie zum Medium für eine individuelle Auseinandersetzung mit Geschichte in ihrer Wirkung als kollektiv determinierender Faktor. Offensichtlich ist, dass sich die Helden, die Rauch darstellt, wie der Lesende in *Die Fuge*, der Wachträumende in *Aufstand* oder der Schüler in *Kommen wir zum Nächsten*, jeder in seiner eigenen Art von der Gewalt, der Übermacht und der Katastrophenhaftigkeit der Historie überwältigt sieht. Das gezeigte männliche Subjekt als Heldentypus im Schatten des Kalten Krieges aufgewachsen, zwischen Revolution und Konterrevolution gefangen, ist von der Erfahrung innergesellschaftlicher, potenziell tödlicher Konflikte traumatisiert. Dass in solchen Konfliktlagen auch politische und ethische Fragen nicht eindeutig zu klären sind, ist ein weiterer Grund für die Spaltung, die Zurückhaltung und Blockade, die Rauchs Protagonisten zu müden Helden machte. Sie sind zur Teilnahmslosigkeit verurteilt, weil sie das Weltgeschehen aus Büchern kennen (zum Beispiel Rauchs Gemälde *Die Fuge*), sich in die Geschichte zurückversetzen können und vor der Übermacht der Konflikte, derer sie gewahr sind und deren Auswirkungen sie ermessen können, kapitulieren und jegliche Hoffnung, Handlungsbefugnis und Selbstermächtigung von sich weisen.

Wichtig ist, dass Neo Rauch seine Bilddarstellungen um eine weitere Bedeutungsebene ergänzt: Im Vordergrund des Gemäldes *Kommen wir zum Nächsten* zum Beispiel wachsen aus einer grünen Malmappe zwei papierene Säbelspitzen hervor. Damit weist Rauch darauf hin, dass Konflikte gleichsam mit künstlerischen Waffen innerhalb des Bezugsrahmens der Kunst ausgefochten werden können. Für den Künstler bleibt die Kunst somit als Rückzugsort des Neuen Menschen und als Gestaltungsbereich bestehen, in dem eine Erneuerung vorstellbar ist.

Die hier dargelegte Analyse der Gemälde Neo Rauchs zeigt, dass dieser in seinen Geschichtsbildern eine zeitgenössische Historienmalerei in der Form von malerisch aufgefassten, dialektischen Bildern im Sinne Walter Benjamins vorlegt: In seinen Gemälden, die Diskontinuitäten sichtbar machen, den intrinsischen Widerspruch unvereinbarer Gegensätze aushalten und in dieser Spannung zu Bildern der »erstarrten Unruhe« werden,[25] erzeugt Rauch dort, »wo das Denken die Gegensätze nicht mehr synthetisieren kann«, eine Unterbrechung der narrativen wie kompositorischen Einheit des Bildes. Dies ist eine Zäsur, die den Fortschritt, wie ihn Hodler und Dejneka noch erhofft haben, unterbricht und genau jenes Anliegen bildhaft macht, das Walter Benjamin zum Programm geworden war.[26] Offen bleibt an dieser Stelle die Frage, ob Neo Rauch, wie Walter Benjamin, mit dieser Zäsur utopisch aufgeladene Vorstellungen »wie die des messianischen Umschlags, der Rettung und des Erwachens« mit künstlerischen Mitteln verbindet.[27]

---

25 Van Rejen, Willem/van Doorn, Herman (Hg.), *Aufenthalte und Passagen. Leben und Werk Walter Benjamins. Eine Chronik*, Frankfurt/M. 2001. Weitere Ausführungen zum Begriff der »erstarrten Unruhe«, siehe S. 228–229. »Die paradoxe Formel der *erstarrten Unruhe* bezieht sich nicht nur auf die Absage an die zweiwertige Logik als Grundlage für die überkommene Erkenntnistheorie, sondern hat auch geschichtsphilosophische Implikationen.«, hier S. 229.
26 Kramer, *Benjamin* [wie Anm. 13], S. 120.
27 Ebd., S. 120.

Soziale Dokumentation:
Erschöpfung in Film und Fotografie

Helden im Ausnahmezustand:
Die Bildberichterstattung über das Bergwerksunglück von Zwickau 1960 in der DDR-Presse

Isabelle de Keghel

Die Bildwelten der DDR-Presse wurden bis Ende der 1960er Jahre von starken, dynamischen und optimistischen Heldinnen und Helden dominiert, denen physische Anstrengungen offenbar keine große Mühe bereiteten.[1] Diese heroischen Figuren spielten eine wichtige Rolle bei der positiven Selbstrepräsentation des Parteistaats.[2] Auf den ersten Blick erscheint dieser Befund, der im Großen und Ganzen auf alle staatssozialistischen Printmedien der damaligen Zeit zutrifft, wenig überraschend. Bedenkt man aber, dass im Heldenpantheon des Staatssozialismus Arbeiterinnen und Arbeiter einen wichtigen Platz einnehmen – also Personen, die oft anstrengende körperliche Tätigkeiten verrichteten –, dann versteht sich die Ausblendung von Müdigkeit und Erschöpfung aus den visuellen Welten keineswegs von selbst. Deshalb soll in diesem Beitrag gefragt werden: Wurden Arbeiterinnen und Arbeiter in der offiziellen staatssozialistischen Presse vereinzelt auch als »müde Heldinnen und Helden« visualisiert, und wenn ja, unter welchen Umständen? Welchen Stellenwert hatten diese Fotos in der

---

1 Satjukow, Silke/Gries, Rainer, »Zur Konstruktion des ›sozialistischen Helden‹. Geschichte und Bedeutung«, in: Dies. (Hg.), *Sozialistische Helden. Eine Kulturgeschichte von Propagandafiguren in Osteuropa und der DDR*, Berlin 2002, S. 15–34, hier S. 26f. Ab den 1970er Jahren war es in veröffentlichten künstlerischen Fotos zunehmend möglich, auch über Probleme und Anstrengungen in der Arbeitswelt zu berichten, die mit Brecht als »Mühen der Ebene« bezeichnet wurden. Vgl. Jilek, Agneta, »Arbeit im Bild: Die Repräsentation von Arbeit in der künstlerischen Auftragsfotografie der 1970er und 80er Jahre in der DDR«, in: Torsten Erdbrügger/Ilse Nagelschmidt/Inga Probst (Hg.), *Omnia vincit labor? Narrative der Arbeit und Arbeitskulturen in medialer Reflexion*, Berlin 2013, S. 375–394, hier S. 378.

2 Hübner, Peter, »›Arbeiterstaat‹ als politische Konstruktion und Inszenierung«, in: Peter Hübner/Christoph Kleßmann/Klaus Tenfelde (Hg.), *Arbeiter im Staatssozialismus. Ideologischer Anspruch und soziale Wirklichkeit*, Köln/Weimar/Wien 2005, S. 35–46.

Berichterstattung und in welche diskursiven Kontexte waren sie eingebunden? Damit deutlich wird, worin die Besonderheiten der Bildberichterstattung über »müde Heldinnen und Helden« liegen, sollen zunächst die wichtigsten gängigen Imaginationen von Arbeit im Staatssozialismus skizziert werden. Dann wird das Ergebnis einer Spurensuche nach »müden Heldinnen und Helden« in der DDR-Presse vorgestellt.

Gängige Imaginationen von Arbeit in der staatssozialistischen Presse

In den staatssozialistischen Massenmedien wurden – dem sowjetischen Modell entsprechend – Heroen der Arbeit in der Regel als Rollenvorbilder präsentiert, die durch ihre Leistungsbereitschaft maßgeblich zum Aufbau des Sozialismus beitrugen und die sich durch ihre Tätigkeit zu Neuen Menschen entwickelten.[3] Da die Arbeiterklasse als die wichtigste soziale Basis des Staatssozialismus galt, berichtete die Presse vor allem von der schweren körperlichen Arbeit in der Industrie, im Bauwesen und im Bergbau, insbesondere in den Jahren des Wiederaufbaus nach dem Zweiten Weltkrieg. Erst Ende der 1950er/Anfang der 1960er Jahre rückte aufgrund von Mechanisierungs- und Automatisierungsprozessen auch geistige Arbeit stärker in den Mittelpunkt.[4] In der massenmedialen Berichterstattung wurde hervorgehoben, dass im Sozialismus der Entfremdungs- und Ausbeutungscharakter der Arbeit aufgehoben sei.[5] Dementsprechend wurde Arbeit im Staatssozialismus als eine Tätigkeit repräsentiert, die man mit Stolz und Freude verrichtete. Arbeiterinnen und Arbeiter wurden in der Regel als selbstbewusste, starke und glückliche Menschen dargestellt. Oft

---

3 Der hier gebotene Überblick bezieht sich vor allem auf die visuellen Welten in der Presse der UdSSR und der DDR. Zum Neuen Menschen vgl. Günther, Hans, *Der sozialistische Übermensch. M. Gor'kij und der sowjetische Heldenmythos*, Stuttgart/Weimar 1993. Vgl. zum sowjetischen Vorbild: Beyrau, Dietrich, »Das sowjetische Modell – Über Fiktionen und Realitäten«, in: Hübner u.a., *Arbeiter* [wie Anm. 2], S. 47–70. Vgl. zum Arbeiterbild in Literatur und bildender Kunst der DDR: Barck, Simone/Mühlberg, Dietrich, »Arbeiter-Bilder und Klasseninszenierung in der DDR«, in: Ebd., S. 173–189.

4 Weitere wichtige Heldenfiguren in dieser Zeit stammten aus den Bereichen Kosmonautik und Sport, siehe Satjukow/Gries, *Konstruktion* [wie Anm. 1], S. 26f.

5 Ebd., S. 17.

war ihr Blick zuversichtlich in die Ferne gerichtet, womit angedeutet wurde, dass sie die strahlende kommunistische Zukunft bereits vor Augen hatten und dass sie dies zu Höchstleistungen motivierte. Ein weiteres wichtiges Element der Berichterstattung war die Betonung von Disziplin und Ordnung in der Produktion, die von einem hohen Arbeitsethos der »Werktätigen« und von der Effektivität der Planwirtschaft zeugen sollte.[6] Da der Staatssozialismus ein Projekt der Moderne war, wurde zudem großer Wert auf die Feststellung gelegt, dass der technische Fortschritt das Arbeiten immer leichter machte. Dabei wurde der Mensch als Beherrscher der Technik dargestellt, die ständig weiter perfektioniert wurde und ihm dabei half, die Naturgewalten zu bändigen. Die mit der körperlichen Arbeit auch im Staatssozialismus verbundenen Anstrengungen und Gefahren wurden in der Regel nicht gezeigt. Allenfalls waren – vor allem während der »Tauwetterperiode« nach Stalins Tod – Fotos von Arbeiten zu sehen, die unter schwierigen klimatischen Bedingungen verrichtet wurden, weil das Ankämpfen gegen die Naturgewalten eine zusätzliche Heroisierung der Protagonistinnen und Protagonisten erlaubte.[7] Nur dann, wenn staatssozialistische Massenmedien über die kapitalistische Welt berichteten, stellten sie die Mühen der Arbeit prinzipiell in den Vordergrund. Regelmäßig druckten sie Fotos von Arbeiterinnen und Arbeitern mit einer gebückten Körperhaltung und mit einem erschöpften Gesichtsausdruck ab, um zu zeigen, dass sie von der Last ihres Arbeitspensums und von den unzumutbaren Arbeitsbedingungen geradezu erdrückt waren. Wie in den Begleittexten zu solchen Bildern stets betont wurde, waren diese Missstände dem rücksichtslosen Streben der Unternehmer nach Profitmaximierung zuzuschreiben. Erschöpfung war also weniger ein Resultat der Arbeit als vielmehr der gesellschaftlichen Verhältnisse, die von Ausbeutung gekennzeichnet waren.[8]

---

6 Wolle, Stefan, »Die Diktatur der schönen Bilder. Zur politischen Ikonographie der SED-Diktatur«, in: Ausst.-Kat. *Deutsche Fotografie. Macht eines Mediums. 1870–1970*, Kunst- und Ausstellungshalle der Bundesrepublik Deutschland, Köln 1997, S. 174–185, hier S. 174.

7 Gestwa, Klaus, *Die Stalinschen Großbauten des Kommunismus. Sowjetische Technik- und Umweltgeschichte, 1949–1967*, München 2010, S. 14–17, 324–327, 350f..

8 Vgl. exemplarisch ein Beispiel aus der führenden sowjetischen Zeitschrift *Ogonek*: Morev, V., »Tam, gde trud – prokljatie«, *Ogonek*, Jg. 31, H. 24 (1953), S. 25. Hier ist ein US-amerikanischer Bergarbeiter zu sehen, der mit einem einfachen Holzstab Kohle abzubauen versucht und völlig erschöpft aussieht.

Eine der wenigen Möglichkeiten, Müdigkeit oder Erschöpfung in der staatssozialistischen Arbeitswelt zu visualisieren, bestand im Rahmen der Berichterstattung über Krisen- und Extremsituationen. In solchen Momenten konnte das Bild von den zuversichtlichen, kraftvollen Heldinnen und Helden ins Wanken geraten, da diese nun mit Gefahren und außergewöhnlichen Belastungen konfrontiert waren, die zu Verletzungen oder zum Tod führen konnten. Hier geriet das Projekt der sozialistischen Moderne an seine Grenzen. Denn es drohte ein Kontrollverlust über die Natur, die man zu zähmen beanspruchte, und es musste eventuell ein Versagen der Technik eingeräumt werden. Auch die für die Selbstrepräsentation des Staatssozialismus so wichtige Ordnung drohte zumindest punktuell dem Chaos zu weichen.

Berichterstattung über Arbeit in Extremsituationen: Der Ausnahmefall Zwickau

Dementsprechend selten wurde in der offiziellen staatssozialistischen Presse über Krisen- und Extremsituationen berichtet. Einer der wenigen Ausnahmefälle ist die Berichterstattung über das größte Unglück in der Geschichte des Bergbaus der DDR: die Katastrophe von Zwickau, die sich am 22. Februar 1960 ereignete. Kurz nachdem die Frühschicht in den Schacht eingefahren war, gab es zwei schwere Explosionen. Im Stollen entwickelten sich rasend schnell Feuer und Qualm, es bildeten sich giftige, lebensbedrohliche Gase. Schon kurz nach dem Unglück rückte die Grubenwehr an. Dank intensiver Rettungsmaßnahmen konnten 55 Kumpel lebend geborgen werden und gelang es, den Brand zu löschen. Er loderte aber bald wieder auf und konnte diesmal nicht mehr unter Kontrolle gebracht werden. Zunächst rief der eigens angereiste Ministerpräsident Grotewohl dazu auf, alles für die Rettung der Bergleute zu tun. Als nach einer knappen Woche klar war, dass die unter Tage Eingeschlossenen nach menschlichem Ermessen nicht mehr am Leben sein konnten, wurde beschlossen, den Schacht zuzumauern, um das Feuer durch den Entzug von Sauerstoff zu löschen. Um die 123 toten Kumpel zu ehren, wurde in der DDR Staatstrauer angeordnet. Die BRD schloss sich übrigens an, so dass in ganz Deutschland getrauert wurde.

Dass die DDR-Presse über die Katastrophe von Zwickau berichtete und sie nicht totschwieg, ist kein Zufall, sondern hat viel damit zu tun, dass die DDR – anders als etwa die UdSSR – ein relativ offener Kommunikationsraum war, in den die westdeutschen Medien intensiv hineinwirkten. Wegen der besonderen geografischen Nähe der DDR zur BRD und aufgrund dessen, dass in beiden Staaten dieselbe Sprache gesprochen wurde, waren die ostdeutschen Medien der westdeutschen Konkurrenz unmittelbar ausgesetzt. Bis zum Bau der Mauer konnten Printerzeugnisse aus der BRD in der DDR zirkulieren. Nach 1961 überwanden Radiosendungen, später auch Fernsehprogramme die Grenze zwischen den Systemen.[9] Das machte es schwierig, unliebsame Ereignisse einfach aus der Berichterstattung in der DDR auszublenden, und setzte die ostdeutschen Medien unter Zugzwang. Hinzu kam, dass die westdeutsche Presse an der Berichterstattung über Katastrophen im Arbeitsleben der DDR besonders interessiert war. Denn diese entsprachen ihrem auf Negativmeldungen zentrierten Nachrichtenverständnis und ihrem Ziel, die positive Selbstinszenierung der DDR im Rahmen des Systemgegensatzes infrage zu stellen.

Wie Medien der DDR über das Bergwerksunglück von Zwickau berichteten und welche Rolle dabei »müde Heldinnen und Helden« spielten, soll nun anhand von zwei Printmedien unterschiedlichen Profils untersucht werden. Die Analyse konzentriert sich zum einen auf die Parteizeitung *Neues Deutschland* (ND), die die Schlüsselbegriffe, -bilder und –interpretationen für die gesamte DDR-Presse vorgab, aber auch den stärksten Kontrollen unterlag. Zum anderen wird eine der bedeutendsten Zeitschriften der DDR in den Blick genommen, die *Neue Berliner Illustrierte* (NBI). Sie zielte auf ein breiteres Publikum und hatte einen weit größeren Bildanteil als das ND.

Die Berichterstattung im Neuen Deutschland

Zunächst zur Berichterstattung im Parteiorgan *Neues Deutschland*. Bemerkenswert ist zunächst, dass das ND die eingetretene Extremsituation relativ schnell als solche benannte und zu einem Zeitpunkt über die Krise berichtete, als diese noch in vollem Gange war. Damit nahm das ND auch

---

9 Hesse, Kurt G., *Westmedien in der DDR. Nutzung, Image und Auswirkungen bundesrepublikanischen Hörfunks und Fernsehens*, Köln 1988.

das Risiko in Kauf, Misserfolge und Rückschläge einräumen zu müssen. Die Berichterstattung setzte einen Tag nach der Katastrophe ein[10] und dauerte während der etwa einwöchigen Rettungsarbeiten an. Sie endete mit der Trauerfeier für die Opfer etwa eine Woche nach dem Unglück. Ergänzend veröffentlichte das ND einen Monat später Meldungen über die Verleihung staatlicher Auszeichnungen an einige Retter, die an den Bergungsarbeiten beteiligt gewesen waren, sowie einen offiziellen Bericht zu den Ursachen der Katastrophe. Fotos zum Bergwerksunglück brachte das ND an insgesamt fünf Tagen, sonst beschränkte sich die Berichterstattung auf Texte. Da auf einer Seite des ND in der Regel nur zwei bis drei Fotos abgedruckt waren, boten die Bilder eher schlaglichtartige Eindrücke, keine Geschichten im Sinn einer Reportage. Wie wichtig die Zeitung das Bergwerksunglück nahm, ist daran erkennbar, dass sie mehrmals auf Seite eins darüber berichtete, zumindest aber auf einer der ersten drei Seiten.

Von Anfang an war die Berichterstattung im ND von einer ausgeprägten Heroisierung der Retter getragen. Allerdings fand diese stärker in den Texten statt als in den Fotos selbst. In den Schlagzeilen und auch in zahlreichen Artikeln war in Bezug auf die Retter immer wieder explizit von »Helden« oder von »Heldentaten« die Rede.[11] Voller Hochachtung wurde festgestellt, dass die Männer von der Grubenwehr trotz Feuer, Rauch und unerträglicher Hitze in den Schacht einfuhren und ihr Leben riskierten, um die eingeschlossenen Kumpel zu retten. Diese Momente höchster Anstrengung oder Gefahr konnten aus technischen Gründen nicht fotografiert werden. Deshalb zeigten die Aufnahmen die Retter vor und nach den eigentlichen Einsätzen. Dabei wurde auf heroisierende Inszenierungen durch Motivwahl, Bildaufbau oder Perspektive verzichtet. Diese Fotos waren also in besonderem Maße darauf angewiesen, durch die Texte mit zusätzlicher Bedeutung aufgeladen zu werden. Zwischen diesen verbalen und den visuellen Repräsentationen ließen sich zum Teil erhebliche Widersprüche beobachten.

---

10 »Schweres Grubenunglück im Steinkohlenwerk ›Karl-Marx‹ Zwickau«, *ND*, 23.2.1960, S. 1. Hierbei handelte es sich um eine kleine Notiz unten auf der Titelseite. Die Überschrift war von einem schwarzen Trauerrand umgeben.
11 So etwa in den Artikeln: Grzeschik, Peter/Gebauer, Bernhard, »Alles Menschenmögliche wird getan«, *ND*, 24.2.1960, S. 1. Kertzscher, Günter/Grzeschik, Peter/Gebauer, Bernhard, »Ministerpräsident Grotewohl in Zwickau. ›Wir lassen keinen Kumpel im Stich‹«, *ND*, 25.2.1960, S. 1.

Gleich im ersten Bildbericht nach der Katastrophe wurden zwei Fotos von den Rettungsteams veröffentlicht.[12] Auf dem ersten Foto war zu sehen, wie eine Gruppe von Rettern mit ernsten Gesichtern den Schacht verließ und schon die nächste Gruppe auf die Einfahrt wartete. Das zweite Foto zeigte, wie eine Gruppe von Bergleuten Löschgeräte für den Einsatz fertig machte. Hier sollte offenbar durch visuelle Repräsentationen untermauert werden, was auch im Text festgestellt worden war: Die Rettungsarbeiten wurden diszipliniert durchgeführt und waren gut koordiniert. Es fällt auf, dass die Rettungsmannschaften sauber und keineswegs erschöpft aussahen, obwohl in den Texten wiederholt ihre verrußten Gesichter erwähnt wurden, auf denen die »übermenschlichen Kraftanstrengungen« ihres Einsatzes deutliche Spuren hinterlassen hätten.[13] In einem gewissen Konflikt standen diese ersten Bilder auch zu der in den Begleittexten gemachten Aussage, die Rettungsarbeiten würden mit modernster Ausrüstung durchgeführt. Denn die auf den ersten beiden Fotos zu sehenden Geräte wirkten eher einfach. Erst am zweiten Tag nach dem Unglück wurde auch ein Foto publiziert, in dem die Ausrüstung der Retter beeindruckender in Szene gesetzt wurde.[14] Hier waren vier Bergleute mit Helmen, Schutzbrillen, Taschenlampen und den langen Schläuchen ihrer Atemgeräte zu sehen. Noch stärker als die ersten beiden Bilder unterstrich dieses Foto, dass die Retter als Kollektiv handelten. Sie standen im Halbkreis zusammen und nahmen einen Uhrenvergleich vor, um sicher zu gehen, dass die zweistündige Maximaleinsatzdauer der Sauerstoffgeräte nicht überschritten wurde. Ein weiteres Foto auf derselben Seite zeigte die Erfolge der Rettungsaktion: Dort war ein Besuch des Ministerpräsidenten Grotewohl bei einem Bergmann abgebildet, der nach seiner Befreiung aus dem Schacht ins Krankenhaus eingeliefert worden war. Dies machte die Fürsorge des Staates für die Geretteten deutlich. Die in diesem Foto stark auf Grotewohl zentrierte Perspektive erlaubte kaum Rückschlüsse auf den Zustand des Bergmanns, der laut Bildunterschrift Augenverletzungen davongetragen hatte.

Obwohl das Grubenunglück eine Extremsituation hervorgerufen hatte, war also nur im Text von außergewöhnlichen Belastungen und Erschöp-

---

12 »Heldenmütiger Kampf in Zwickau um das Leben der eingeschlossenen Kumpel«, ND, 24.2.1960, S. 1.
13 Grzeschik/Gebauer, Alles Menschenmögliche [wie Anm. 11], S. 1. Auch: »Tag und Nacht kämpfen die Rettungstrupps«, ND, 25.2.1960, S. 3.
14 Kertzscher u.a., Ministerpräsident [wie Anm. 11], S. 1.

fungszuständen die Rede, gezeigt wurden sie nicht. Dem entsprachen auch die visuellen Repräsentationen des Leiters der Grubenwehr, Rudi Grötsch. Er wurde in der Berichterstattung des ND als der wichtigste Held der Rettungsarbeiten charakterisiert. In den Texten über den Fortgang der Rettungsarbeiten war seine Gruppe die einzige, die immer wieder namentlich genannt wurde.[15] Als ihr Hauptverdienst erwähnte das ND wiederholt eine spektakuläre Rettungsaktion, durch die ein Bergmann, der Steiger Claus, geborgen werden konnte. Grötsch erhielt einen Monat nach seinem erfolgreichen Einsatz den Titel »Held der Arbeit« – eine Ehre, die insgesamt nur zwei im Rahmen der Katastrophenhilfe eingesetzten Personen zuteilwurde.

Im Zusammenhang mit dem Bergbauunglück war Grötsch insgesamt drei Mal im ND abgebildet, davon zwei Mal auf einem früher aufgenommenen Archivfoto, das im Stil eines Typenporträts gehalten ist.[16] Auf diesem Foto – einem Brustbild in Seitenansicht – war er mit Helm und Schutzbrille zu sehen. Diese Ausrüstung sollte offenbar auf seine Tätigkeit bei der Grubenwehr verweisen, nicht auf einen konkreten Rettungseinsatz. Auf dem Bild sieht Grötsch stark und selbstbewusst aus, er ist offenbar in guter körperlicher Verfassung. Sein Blick ist entschlossen und auf einen festen Punkt, möglicherweise auf einen Gesprächspartner, gerichtet. Bei seiner ersten Publikation wurde dieses Foto mit drei anderen Bildern kombiniert, die auf derselben Zeitungsseite abgedruckt waren.[17] Sie dienten dazu, das Typenporträt in den Kontext der Rettungsarbeiten einzubinden: Eine Aufnahme zeigte die politischen Eliten der DDR beim Besuch auf dem Werksgelände der Grube. Auf zwei anderen, nebeneinander angeordneten Brustbildern waren die erfahrenen Bergleute Adolf Hennecke[18] und

---

15 »Sie retteten Steiger Claus das Leben«, *ND*, 25.2.1960, S. 3. »Signale vom Blindschacht 21«, *ND*, 29.3.1960, S. 4. Die erste Erwähnung der Rettungsaktion erfolgte noch ohne Namensnennung der Retter: Grzeschik/Gebauer, Alles Menschenmögliche [wie Anm. 11], S. 1.

16 Erstmals wurde das Typenporträt im Rahmen der Rettungsaktion veröffentlicht, das zweite Mal anlässlich der Verleihung des Titels »Held der Arbeit« an Rudi Grötsch, Sie retteten [wie Anm. 15], S. 3. »Helden von Zwickau«, *ND*, 29.3.1960, S. 4.

17 Tag und Nacht [wie Anm. 13], S. 3.

18 Adolf Hennecke war der wohl am stärksten heroisierte Bergmann der DDR, seitdem er 1948 in einer Schicht sein Tagessoll um 387 Prozent übererfüllt hatte. Vgl. Satjukow, Silke, »»Früher war das eben der Adolf…« Der Arbeitsheld Adolf Hennecke«, in: Satjukow/Gries, *Sozialistische Helden* [wie Anm. 1], S. 115–132. Dies., »Hennecke. Held der Aufbaugeneration und des ›neuen Menschen‹ in der SBZ und DDR«, in: Gerhard Paul (Hg.), *Das Jahrhundert der Bilder, 1900 bis 1949*, Göttingen 2009, S. 768–775.

Franz Franik zu sehen. Durch die Gesamtkomposition der Fotos auf der Seite sollte deutlich gemacht werden, dass staatliche Unterstützung und Planung sowie die Sachkenntnis von Experten gute Voraussetzungen für die Durchführung der Rettungsarbeiten schufen. Ähnlich wie Grötsch, waren Hennecke und Franik nicht in der Katastrophensituation selbst zu sehen, sondern auf dekontextualisierten Bildern. Sie waren vor einem neutralen grauen Hintergrund aufgenommen. Zudem trugen sie auf den Fotos keine Bergmannskleidung, sondern Anzüge, was ihren Status als Experten und Planer unterstrich.

Das Narrativ vom starken, diszipliniert vorgehenden Retterhelden wurde erst am dritten Tag der Bildberichterstattung, am 26. Februar, relativiert. Auf der Titelseite fand sich zwar noch ein konventionelles Heldenfoto des Grubenwehrmanns Grötsch, diesmal aus dem Kontext des Rettungseinsatzes. Hier war zu sehen, wie er Vertretern der politischen Eliten vom Fortgang der Rettungsarbeiten berichtete. Dabei strahlte Grötsch innere Stärke und Kontrolle über die Situation aus.[19] Das zweite, in etwa doppelt so großem Format (1/10- anstatt 1/20-Seite) und auf derselben Titelseite abgedruckte Bild fiel jedoch deutlich aus dem Rahmen der bis dahin praktizierten Visualisierungsstrategie. Es zeigte, wie Grotewohl einem Bergmann auf dem Gelände des Unglücksschachts die Hand schüttelte. Das Gesicht des Ministerpräsidenten war von Trauer und Entsetzen gekennzeichnet, er nahm eine gebückte Körperhaltung ein. Dementsprechend wirkte er hier keineswegs wie ein souveräner Koordinator, sondern wie ein gramgebeugter, resignierter Mann.

Auf der dritten Seite dieser Ausgabe war das ungewöhnlichste Foto aus dem gesamten Bildmaterial des ND zur Bergwerkskatastrophe zu sehen, eine Aufnahme des Retters Herbert Jurczok Zum ersten und einzigen Mal druckte das ND hier im Rahmen seiner Berichterstattung über die Katastrophe ein Bild von einem Retter ab, der sich vom gängigen Heldentypus unterschied.[20] Zwar wurde er durch die Information in der Bildunterschrift, er habe vier Kumpel gerettet, eindeutig als Heldenfigur charakterisiert. Zu dieser Beschreibung stand das Foto des Retters, das ihn – wie Grötsch – von der Seite in einem Brustbild zeigte, jedoch in deutlichem Widerspruch (Abb. 1).

---

19 »Bergwehren drangen weiter zum Abbau vor«, *ND*, 26.2.1960, S. 1.
20 »Zäher Kampf zur Rettung der Kumpel«, *ND*, 26.2.1960, S. 3.

*Abb. 1: Das Foto des Retters Herbert Jurczok,
ND, 26.2.1960 und NBI, Heft 10, 1960.*

Der blutjunge Mann strahlte weder Selbstbewusstsein noch Stolz aus, sondern Trauer und Müdigkeit. Sein leicht gesenkter Blick wirkte leer und schien darauf hinzudeuten, dass der Mann die während der Rettungsarbeiten erlebte Extremsituation noch vor Augen hatte. Trotz seiner auf Brusthöhe erhobenen Faust sah er nicht dynamisch, sondern abgekämpft aus. Das Bild korrespondierte mit der darüber abgedruckten Schlagzeile, es spiele sich ein »zäher Kampf zur Rettung der Kumpel« ab, und verwies auf die damit verbundenen Mühen. Allerdings wurde das Foto durch ein anderes Bild konterkariert, das in doppelt so großem Format rechts auf derselben Seite abgedruckt war (etwa 1/9-Seite, während das Bild von Jurczok circa 1/18-Seite einnahm). Es zeigte Grotewohl bei einem weiteren Krankenhausbesuch. Diesmal war der in Dreiviertelansicht aufgenommene, strahlend lächelnde Gerettete jedoch die Hauptperson auf dem Bild, nicht Grotewohl. Das Foto des geretteten Bergmanns sollte offenbar zeigen, dass sich die Mühen von Rettern wie Herbert Jurczok gelohnt hatten und dass dies letztlich die belastenden Erinnerungen an die Rettungsarbeiten überlagern würde. Ergänzt wurden die beiden Fotos durch ein Bild, auf dem sich die tschechoslowakischen und ostdeutschen Rettungskräfte über das weitere Vorgehen berieten. Es verwies auf die internationale Solidarität innerhalb des Staatssozialismus und – anhand der Bildunterschrift – auf die moderne Ausrüstung der Retter, die zur Bekämpfung des Brandes Latex mitgebracht hatten.

Tote Bergleute oder trauernde, verzweifelte Angehörige waren im ND nicht zu sehen. Der eindeutigste visuelle Verweis auf den Tod war ein nach dem Staatstrauertag unter der Überschrift »Abschied von den toten Kumpeln in Zwickau« publiziertes Foto, auf dem in einer Totale und dementsprechend aus großer Distanz der Trauerumzug in der Stadt zu sehen war.[21] Im Bildhintergrund ließ sich immerhin erkennen, dass der Umzug an einer Tafel mit der Aufschrift »Unseren teuren Toten den letzten Gruß« vorbeiführte, unter der mehrere Kränze für die Opfer der Katastrophe abgelegt worden waren. Auf der verbalen Ebene waren die Hinweise auf die Umgekommenen sehr viel expliziter: Im Text des ND wurde – zum Teil sogar in den Schlagzeilen – immer wieder erwähnt, dass einige Bergleute nur noch tot hatten geborgen werden können[22] und dass nun in vielen Familien Trauer herrsche. Allerdings relativierte das ND die Beschreibung dieses Leids, indem es auf die Fürsorge des Staates für die Hinterbliebenen hinwies. In mehreren Artikeln wurde betont, dass – anders als im Kapitalismus – die Familien der Eingeschlossenen bzw. der Toten ständig psychologische Unterstützung erhielten, über den Gang der Rettungsarbeiten informiert würden und dass die Hinterbliebenen durch finanzielle Unterstützung des Staates abgesichert seien.[23] Damit wurde ausgesagt, dass die Naturgewalten zwar zeitweise außer Kontrolle geraten waren, dass aber die hierdurch entstandenen Folgen voll und ganz durch den Staat aufgefangen wurden.

Großen Wert legte das ND auf die Aussage, dass die eingetretene Extremsituation nicht dem politisch-gesellschaftlichen System in der DDR anzulasten war. Die eilig zusammengestellte und nach Zwickau gereiste Regierungskommission sowie die geretteten Kumpel beeilten sich zu beto-

---

21 »Abschied von den toten Kumpeln in Zwickau. Die Republik ehrte ihre Toten«, *ND*, 28.2.1960, S. 1.
22 Hier zwei Beispiele: Der Beitrag: »Bergwehren« [wie Anm. 19], S. 2, hatte den Untertitel: »Vier weitere Kumpel tot geborgen«. Der Artikel: Kertzscher u.a., »Ministerpräsident« [wie Anm. 11], S. 1, war mit dem Untertitel versehen: »Heldenhafte Rettungsmannschaften konnten bisher nur weitere 23 Tote bergen«.
23 Grzeschik/Gebauer, Alles Menschenmögliche [wie Anm. 11], S. 1. Kertzscher u.a., Ministerpräsident [wie Anm. 11], S. 1. Hennecke, Adolf, »Unsere Fürsorge den Betroffenen«, *ND*, 26.2.1960, S. 3. Gebauer, Bernhard, »Vertrauen zur Regierung«, *ND*, 26.2.1960, S. 3 (dort ein Hinweis zum Umgang mit Hinterbliebenen verunglückter Bergleute in Deutschland 1937). »Bei leidgeprüften Familien«, ebd. »Zwickauer Familien in Tabarz«, *ND*, 4.3.1960, S. 2.

nen, dass der betroffene Schacht zu den modernsten der Grube gehört habe und er sich in einem mustergültigen Zustand befunden habe. Dies wurde auch im Abschlussbericht der Untersuchungskommission festgestellt.[24]

Diese Statements waren zugleich eine Polemik gegen Thesen westlicher Medien, die dem politisch-wirtschaftlichen System der DDR eine erhebliche Schuld an dem Unglück gaben: Die in der westlichen Presse geäußerte Behauptung, die zu hoch angesetzte Arbeitsbelastung der Kumpel und die veraltete Ausrüstung der Schächte seien für die Katastrophe mitverantwortlich, wurde damit entschieden zurückgewiesen.[25] Das Hilfsangebot aus der BRD lehnte die DDR-Regierung ab. Damit sollte deutlich gemacht werden, dass die Ausrüstung der staatssozialistischen Rettungsmannschaften mit moderner Technik der Ausrüstung ihrer westdeutschen Kollegen in nichts nachstand.[26] Bemerkenswert ist, dass die Behauptungen der westlichen Presse niemals einfach referiert, sondern bei ihrer Erwähnung immer gleich widerlegt wurden.

Berichterstattung in der *Neuen Berliner Illustrierten*

Die NBI berichtete nur ein einziges Mal über das Unglück (Abb. 2), und zwar im ersten Märzheft, etwa eine Woche nach dem Ereignis, als die Rettungsarbeiten abgeschlossen waren und der Staatstrauertag zu Ehren der umgekommenen Bergleute stattgefunden hatte.[27]

Dennoch lag der Schwerpunkt des Bildberichts auf dem Anlaufen des Katastropheneinsatzes, nicht auf seinem Ergebnis. Der Bericht stand auf Seite fünf und sechs des Heftes, also relativ weit vorne, was den Stellenwert des Themas unterstrich. Er nahm zwei Drittel einer Doppelseite ein und bestand überwiegend aus Fotos. Sie stammten alle von Korrespondenten der DDR-Bildagentur »Zentralbild«. Auffällig ist, dass die NBI als Illustrierte im Gegensatz zum ND darauf abzielte, eine Geschichte in Bil-

---

24 »Ursachen des Zwickauer Grubenunglücks«, *ND*, 19.3.1960, S. 1f.
25 Zäher Kampf [wie Anm. 20], S. 3. »Die Trauerrede des Ministerpräsidenten«, *ND*, 28.2.1960, S. 1f., hier S. 2
26 So die explizite Begründung eines Bergmanns in: »Bei den geretteten Kumpeln«, *ND*, 25.2.1960, S. 1.
27 »Heldenkampf in Zwickau«, *NBI*, Jg. 16, H. 10 (1960), S. 8f.

dern zu erzählen, die auch ohne einen ausführlichen Begleittext verständlich sein sollte. Anders als im ND, waren Text und Fotos gut aufeinander abgestimmt, so dass es zwischen ihren Aussagen keine Widersprüche gab. Der Bildbericht bestand aus sieben schwarz-weiß Fotos, von denen sechs kleinformatig waren (jeweils etwa 1/12-Seite groß) und nur eines großformatig (etwa 2/3-Seite groß).

Abb. 2: Der Bildbericht der NBI über die Katastrophe von Zwickau 1960.

Als Blickfang der Doppelseite fungierte das einzige großformatige Foto. Dort waren zwar keine müden, aber für die Bildwelten des Staatssozialismus durchaus untypische Helden zu sehen. Denn offensichtlich waren sie äußerst angespannt und stand ihnen ein dramatischer Einsatz bevor. Passend zur Schlagzeile »Heldenkampf in Zwickau« zeigt das Bild Mitglieder einer Rettungsmannschaft kurz vor ihrer Einfahrt in den Stollen. Die Legende zum Foto weist darauf hin, dass sich die Einsatzgruppen pausenlos ablösten. Vielleicht sind deshalb die Namen der Männer nicht genannt, um deutlich zu machen, dass sie exemplarisch viele andere repräsentieren. Im Mittelpunkt des Bildes steht einer der insgesamt sechs Männer aus dem Rettungsteam. Er fällt nicht nur aufgrund seiner zentralen Position im Bildaufbau auf, sondern auch wegen seiner ausgreifenden

Bewegung und seiner ausdrucksstarken Mimik. Im Moment der Aufnahme justiert er das Atemgerät seines Kollegen und hat dabei einen ernsten, konzentrierten Gesichtsausdruck – wohl aus zwei Gründen: Einerseits weil er seine Aufmerksamkeit ganz auf das Justieren ausrichtet, andererseits weil er schon auf den bevorstehenden Einsatz im Stollen denkt. Beides signalisiert, dass er über Eigenschaften verfügt, die in der Arbeiterschaft in Deutschland seit dem 19. Jahrhundert hochgehalten werden: Konzentration und Handfertigkeit.[28] Dass der Retter mitten in der Bewegung des Justierens fotografiert wurde, gibt dem Bild eine große Dynamik. Diese wird durch die Position des rechten Armes verstärkt, der eine aufsteigende Diagonale bildet. Außerdem verfügt das Bild über eine ausgeprägte Narrativität. Es lässt sich leicht ergänzen, wie die Handlung weitergehen wird: Nach dem Anlegen der Atemgeräte werden die Retter in den Stollen fahren. Der aufgenommene »entscheidende Augenblick« enthält noch einige andere Botschaften: Dass der Mann von der Grubenwehr das Atemgerät seines Kollegen justiert, selbst aber noch keines angelegt hat, soll vermutlich aussagen, dass zwischen den Rettungsleuten Solidarität herrscht und dass es ein eng zusammenarbeitendes Kollektiv ist, in dem jeder zunächst an den anderen denkt, dann erst an sich selbst. Zwar ist das Kollektiv nicht durch wechselseitige Blicke verbunden, im Gegenteil, die Blickrichtungen driften auseinander. Aber die einheitliche Kleidung und Ausrüstung lässt die Männer leicht als zusammengehörige Gruppe erkennen. Die Geräte, mit denen sie ausgerüstet sind, verweisen einerseits auf den Qualm und das giftige Gas im Stollen, andererseits aber auch auf den technischen Fortschritt, auf das Projekt der Moderne und auf die Hoffnung, mithilfe dieser Ausrüstung wieder die Kontrolle über die entfesselten Naturgewalten zu bekommen. Unterstrichen wird dies durch den Hinweis in der Bildunterschrift, dass alle Mitglieder der Rettungsmannschaften »mit modernsten Geräten und Hilfsmitteln ausgerüstet« seien. Dass niemand der Abgebildeten den Blick in die Kamera richtet, lässt das Bild als einen Schnappschuss erscheinen, verleiht ihm Authentizität und macht zugleich deutlich: Hier blieb keine Zeit, um für ein Bild zu posieren. Die schnellstmögliche Rettung stand ganz im Vordergrund. Das Foto ist aus leichter Untersicht gemacht, also aus einer Perspektive, die der Heroisierung und Überhöhung dient.

---

28 Vgl. Lüdtke, Alf, »Helden der Arbeit. Überlegungen zu Metaphern und sozialer Praxis im Deutschland des 20. Jahrhunderts«, in: Jerzy Strelczyk (Hg.), *Die Helden in der Geschichte und der Historiographie*, Poznań 1997, S. 145–158, hier S. 147, 150.

Die bereits genannten Aspekte der Solidarität und der Wiedergewinnung der Kontrolle über die Situation durch moderne Technik werden zum Teil auch in den anderen, kleinformatigen Fotos aufgegriffen und – ähnlich wie im ND – durch den Aspekt der gut durchdachten Planung ergänzt. In der NBI ist die Koordination der Rettungsarbeiten durch ein Gremium zu sehen, dem der erfahrene Stoßarbeiter Hennecke angehört, außerdem das geordnete Anrücken der deutschen und tschechoslowakischen Helfer mit modernem Gerät. Auf einer weiteren Aufnahme ist zu sehen, wie Grotewohl einem Bergmann die Hand schüttelt. Ob dies im Rahmen der Rettungsarbeiten oder der Trauerfeierlichkeiten geschieht, bleibt mangels Bildunterschrift unklar. Links unten auf der Doppelseite ist das kleinformatige Foto von Herbert Jurczok abgedruckt, das bereits im ND zu sehen war. Wie bereits in der Parteizeitung, wird in der Bildunterschrift der NBI darauf hingewiesen, dass Jurczok vier Bergleuten das Leben gerettet hat. Wieder kontrastiert der Text scharf mit dem Aussehen des Retters, der nicht stolz, sondern erschöpft wirkt. Dieser Eindruck wird noch dadurch intensiviert, dass Jurczok auf Augenhöhe fotografiert ist, nicht aus der heroisierenden Untersicht wie der vorhin beschriebene Retter. Dass Jurczok weit kleinformatiger abgedruckt wurde als der mit modernster Technik ausgerüstete, dynamische Held, dürfte kein Zufall sein. Ein »müder Held« war eine sehr seltene Ausnahme in der DDR-Presse und sollte nicht im Mittelpunkt der Aufmerksamkeit stehen. Dass das Anlaufen der Rettungsarbeiten als der »entscheidende Augenblick« für die Fotos ausgewählt wurde, lässt sich damit erklären, dass man sonst intensiv von Verletzten und Toten hätte berichten müssen. Sie fehlen in dem Bericht ebenso wie die zunächst bangenden, dann trauernden Angehörigen.

Diese Ausschlussmechanismen werden sofort deutlich, wenn man diesen Bericht mit einem anderen Beitrag aus der Zeitschrift NBI vergleicht, der einem Bergwerksunglück in der BRD 1962 gewidmet ist, das sich in Völklingen bei Saarbrücken ereignet hatte (Abb. 3).[29]

An diesem Bericht lässt sich gut erkennen, wie sich die Berichterstattung über Katastrophen im eigenen, staatssozialistischen Land in der NBI von der Berichterstattung über Katastrophen im kapitalistischen Ausland unterscheidet. Hier liegt der Fokus auf den Ergebnissen der Rettungsaktion. Einerseits ist hier einer der wenigen Überlebenden zu sehen, dessen (leichte) Verletzungen im Gesicht anhand der dort aufgeklebten Pflaster

---

29 »Sie hofften vergebens«, *NBI*, Jg. 18, H. 8 (1962), S. 10f.

sofort erkennbar sind. Im Vordergrund des Berichts steht jedoch der Tod von 230 Bergleuten bei dem Unglück. Auf einen Foto ist der unermessliche Schmerz einer Frau zu sehen, die vor dem Sarg eines Kumpels fast zusammenbricht und von den Umstehenden aufgefangen wird. Auf einem anderen Foto sind die langen Reihen mit den 230 Särgen für die umgekommenen Bergleute abgebildet. Solche Aufnahmen wollte oder durfte die NBI ihren Leserinnen und Lesern bezogen auf das Bergwerksunglück in der DDR, also im eigenen Land, offenbar nicht zumuten.

Abb. 3: Der Bildbericht der NBI über die Katastrophe von Völklingen 1962.

Fazit

Wie die Berichterstattung über das Grubenunglück in Zwickau zeigt, waren »müde Heldinnen und Helden« in den visuellen Welten des ND und der NBI eine seltene Ausnahme. Von der »ganz gewöhnlichen« Müdigkeit oder Erschöpfung nach einem durchschnittlichen Arbeitstag wurde nicht berichtet. Unter den Bedingungen einer Extremsituation konnte ein »müder Held« jedoch ausnahmsweise gezeigt werden. Aber selbst hier spielte er in der Berichterstattung eine untergeordnete Rolle. Die Fotos vom »müden Helden« Herbert Jurczok wurden nur in kleinem Format abgedruckt und stets durch andere Fotos konterkariert, entweder durch das Foto eines Geretteten oder durch das Foto eines starken Helden. Dieser »müde Held« dürfte den Leserinnen und Lesern dennoch aufgefallen sein, weil er stark von der üblichen Ikonografie der Arbeit im Staatssozialismus abwich.

Mit Ausnahme der Aufnahme von Herbert Jurczok gab es zwischen der Bildberichterstattung des ND und der NBI keinerlei Überschneidungen. Vor allem im Hinblick auf das Bild der heroischen Retter setzte die NBI auf größere Expressivität. Auf der visuellen Ebene wurde in der NBI der Aspekt der sorgfältigen Planung der Rettungsarbeiten noch etwas stärker betont. Trotz der im Einzelnen unterschiedlichen Bilder waren die meisten Grundaussagen in der Bildberichterstattung der NBI jedoch die gleichen wie im ND: Bis zuletzt wurde alles getan, um überlebende Bergleute zu retten und die Toten zu bergen. Dies geschah in größter Diszipliniertheit und Konzentration, mithilfe modernster Technik und im Geist der Solidarität, sowohl auf der nationalen Ebene (durch die Zusammenarbeit der Rettungsmannschaften, die Fürsorge der Regierung der DDR) als auch transnational (durch die Unterstützung tschechoslowakischer Kumpel, also durch Hilfe innerhalb des staatssozialistischen Blocks). Überraschend ist der Befund, dass die Ausschlussmechanismen in der Berichterstattung der NBI weit rigoroser waren als in der des ND. Auf der Bildebene war in der Zeitschrift der Tod der Bergleute völlig ausgeblendet, während in der Parteizeitung zumindest ein Foto vom Trauermarsch zum Gedenken an die umgekommenen Kumpel erschien. Auf der verbalen Ebene ließen sich noch größere Unterschiede feststellen. Während in der NBI kaum vom Tod der eingeschlossenen Bergleute die Rede war, wurde dieser im ND immer wieder thematisiert, sogar in den Schlagzeilen. Trotz dieser Unterschiede zwischen den Visualisierungsstrategien in beiden untersuchten Printmedien bleibt jedoch festzuhalten: »Müde Heldinnen und Helden« der Arbeit kamen in den visuellen Welten der DDR-Pressefotografie bis Mitte der 1960er Jahre kaum vor.

Erschöpfung und Widerspenstigkeit im Dokumentarfilm »Unsere Mutter – ein Held«

Aglaia Wespe

Im Mittelpunkt dieses Beitrags steht der Dokumentarfilm *Naša mama – geroj* (Unsere Mutter – ein Held), der 1979 am Leningrader Dokumentarfilmstudio von Nikolaj Obuchovič gedreht wurde.[1] Er zählt heute zu den renommiertesten Filmen des Studios: Die Zeitschrift *Iskusstvo kino* listete *Unsere Mutter – ein Held* 1995 unter den »hundert besten Nichtspielfilmen des 20. Jahrhunderts« auf. Der Dokumentarfilm porträtiert die Weberin Valentina Golubeva aus der Textilindustriestadt Ivanovo, die als Heldin der Arbeit ausgezeichnet wurde. Er stellt den Alltag der Textilarbeiterin auf zwei gegensätzliche Arten dar. Schwarz-weiße Aufnahmen berichten über die Arbeitswelt der Weberin. Der Regisseur Obuchovič hat sie aus Wochenschauberichten zusammengestellt und damit Valentinas Aufstieg von einer leistungsstarken Arbeiterin zur prominenten Heldin inszeniert. Die Erfolgsgeschichte wird stetig von Farbsequenzen[2] unterbrochen, die Aufnahmen aus dem häuslichen Alltag des Ehemanns Boris und des sechsjährigen Sohns Pavlik zeigen. In der ersten Einstellung[3] in Farbe zum Beispiel klopft Boris im Hinterhof einen Teppich aus, während Pavlik im Hinter-

---

[1] Zum sowjetischen Dokumentarfilm vgl. Wespe, Aglaia, *Alltagsbeobachtung als Subversion. Leningrader Dokumentarfilm im Spätsozialismus* (erscheint 2014); Dies.: »Erschöpfte Heldin der Arbeit und teilnahmsloser Hausmann. Geschlechterrollen in einem sowjetischen Dokumentarfilm«, in: Anne Brüske/Isabel Miko Iso/Aglaia Wespe/Kathrin Zehnder/Andrea Zimmermann (Hg.), *Szenen von Widerspenstigkeit. Geschlecht zwischen Affirmation, Subversion und Verweigerung*, Frankfurt/M. 2011, S. 281–300.

[2] Der Begriff Sequenz wird hier im Sinn der Filmwissenschaft verwendet. Er bezeichnet »ein Stück Film bzw. eine Episode, die grafisch, räumlich, zeitlich, thematisch und/oder szenisch zusammenhängt«. Die Sequenz bildet die grundlegende Einheit für die Filminterpretation und besteht aus einer Abfolge von mehreren aufeinanderfolgenden Einstellungen, siehe Borstnar, Nils/Pabst, Eckhard/Wulff, Hans Jürgen, *Einführung in die Film- und Fernsehwissenschaft*, Konstanz 2002, S. 139.

[3] Die Einstellung bezeichnet in der filmwissenschaftlichen Terminologie die kleinste Erzähleinheit eines Films, die durch zwei Schnitte begrenzt wird, siehe Bienk, Alice, *Filmsprache. Einführung in die interaktive Filmanalyse*, Marburg 2008, S. 52.

grund spielt. Der Wechsel zwischen schwarz-weiß und Farbe vermittelt den Eindruck, die offizielle Berichterstattung repräsentiere eine Scheinwelt, während der Alltag zu Hause Schauplatz des realen Lebens bilde. Dieser Artikel geht auf mehrere Aspekte des 40-minütigen Dokumentarfilms und dessen historischen Kontext ein: Zunächst werden einige Eckpunkte zur gesellschaftlichen und politischen Lage der Sowjetunion Ende der 1970er Jahre skizziert und die Zusammenhänge mit der Entstehungsgeschichte von *Unsere Mutter – ein Held* erklärt (»Entstehungskontext. Alltagsbeobachtung als Subversion«). Dann wird eine Filmpassage analysiert, die am Ende des Films steht und über die Feier des Frauentags in Ivanovo berichtet. Ihr Bedeutungsspektrum wird mit einer »dichten Beschreibung« ausgelotet (»Heiterkeit und Melancholie am Frauentag«).[4] Dieses Spektrum wird in Zusammenhang mit Geschlechterverhältnissen in der spätsowjetischen Zeit gestellt (»War Doppelbelastung ein Frauenproblem?«) und im Vergleich mit dem Spielfilm *Svetlyj put'* (Der helle Weg) (1940) reflektiert (»Erschöpfung statt Euphorie«). Bei allen Überlegungen richtet sich das Augenmerk auf das Motiv der müden Heldin: In welchem Verhältnis stehen Inszenierung von Arbeitsheldinnen im Sozialismus, Widerspenstigkeit gegen das ideologisch geprägte Ideal und Erschöpfung? Dieser Frage geht der Artikel mit der Interpretation und der Kontextualisierung des spätsowjetischen Dokumentarfilms nach.

Entstehungskontext: Alltagsbeobachtung als Subversion

Der Film *Unsere Mutter – ein Held* entstand am Ende der Regierungszeit von Leonid Brežnev. Seit Mitte der 1980er Jahre haben Wissenschaft und Medien diese Ära als Stagnationszeit bezeichnet. Für die politische und wirtschaftliche Situation mag die Bezeichnung zutreffen. Doch mittlerweile zeigen soziologische und historische Forschungen auf, dass die Gesell-

---

4 In diesem Verfahren kombiniere ich Methoden der Film- und Fotointerpretation, der Geschichtswissenschaft, Europäischen Ethnologie und Soziologie. Ein Ausgangspunkt ist der bekannte ethnologische Essay zur dichten Beschreibung, vgl. Geertz, Clifford, »Dichte Beschreibung. Bemerkungen zu einer deutenden Theorie von Kultur«, in: Ders., *Dichte Beschreibung. Beiträge zum Verstehen kultureller Systeme*, Frankfurt/M. 1983, S. 7–43; Wespe, *Alltagsbeobachtung* [wie Anm. 1].

schaftsordnung nicht so unbeweglich war, wie lange angenommen wurde.[5] Sie lassen neu entstehende soziale Räume sichtbar werden. Eine signifikante Veränderung war die Ausweitung der Privatsphäre, die sich durch den Bau von Einzelwohnungen vergrößern konnte.[6] Allerdings blieben private Räume bis in die 1980er Jahre nie gänzlich vor Überwachung oder plötzlichen Eingriffen der Behörden geschützt.[7] Stärker als »ganz private« Räume weitete sich eine informell öffentliche Sphäre aus, die sich der staatlichen Kontrolle weitgehend entzog.[8] Staat und Partei tolerierten Aktivitäten in dieser Sphäre, solange sie nicht offiziell thematisiert wurden. Massenmedien, Film, Literatur und bildende Kunst sollten das Leben im Sozialismus als verwirklichte Utopie repräsentieren, indem sie weiterhin wirtschaftliche und wissenschaftliche Errungenschaften darstellten.[9]

Deshalb bestand die Medienlandschaft der Sowjetunion weitgehend aus politisch instrumentalisierten Erfolgsberichten. Doch verbunden mit den Veränderungen in der Alltagsrealität erhielten individuelle Lebensgeschichten auch im Dokumentarfilm mehr Gewicht. Mitte der 1960er Jahre begannen Filmschaffende ost- und westeuropäischer Länder, »ganz gewöhnliche« Menschen in den Mittelpunkt von Dokumentarfilmen zu stellen.[10] Das Leningrader Dokumentarfilmstudio produzierte in erster Linie

---

5 Für die Diskussion über Veränderungen in der Stagnationszeit danke ich Ivo Mijnssen, der an einer Dissertation über das Kriegsgedenken in der Brežnev-Zeit arbeitet. Vgl. www.bhsg.unibas.ch > projekte [Zugriff am 13.5.2013].

6 Siegelbaum, Lewis H., »Introduction. Mapping Private Spheres in the Soviet Context«, in: Ders. (Hg.), *Borders of Socialism. Private Spheres of Soviet Russia*, Basingstoke 2006, S. 1–21.

7 Dubin, Boris, »Gesellschaft der Angepassten. Die Brežnev-Ära und ihre Aktualität«, *Osteuropa*, Jg. 57, H. 12 (2007), S. 65–78.

8 Shlapentokh, Vladimir, *Public and Private Life of the Soviet People. Changing Values in Post-Stalin Russia*, Oxford 1989.

9 Oswald, Ingrid/Voronkov, Viktor, »›Licht an, Licht aus!‹ ›Öffentlichkeit‹ in der (post-) sowjetischen Gesellschaft«, in: Rittersporn, Gábor Tamás/Behrends, Jan/Rolf, Malte (Hg.), *Sphären von Öffentlichkeit in Gesellschaften sowjetischen Typs. Zwischen partei-staatlicher Selbstinszenierung und kirchlichen Gegenwelten*, Frankfurt/M. 2003, S. 37–61, hier S. 53.

10 Bereits Ende der 1950er Jahre nahmen Spielfilmregisseure Individuen losgelöst von politischen Inhalten in den Fokus. Ein berühmtes Beispiel ist der Film *Letjat žuravli* (Wenn die Kraniche ziehen) (1957), vgl. Bulgakowa, Oksana, »Der Film der Tauwetterperiode«, in: Christine Engel (Hg.), *Geschichte des sowjetischen und russischen Films*, Stuttgart 1999, S. 109–180; zum Dokumentarfilm: Černenko, Miron, »Wege zur Freiheit. Russische Aspekte«, in: Hans-Joachim Schlegel (Hg.), *Die subversive Kamera. Zur anderen Realität in mittel- und osteuropäischen Dokumentarfilmen*, Konstanz 1999, S. 121–144; Schlumpf, Hans-Ulrich, »Von sprechenden Menschen und talking heads. Der Text im Filmtext«, in: Beate Engelbrecht/Edmund Ballhaus (Hg.), *Der ethnographische Film. Eine Einführung in Methoden und Praxis*, Berlin 1995, S. 105–119.

Nachrichtensendungen, die jeweils vor Spielfilmen im Kino liefen. Außerdem schufen Regisseure und Regisseurinnen vermehrt Dokumentarfilme, teils im staatlichen Auftrag, teils auf eigene Initiative.[11] Die Arbeiten, meist Kurzfilme von zehn oder 20 Minuten, kamen bei Filmfestivals in der Sowjetunion, Polen und der DDR auf die Leinwand. Sie dokumentierten Menschen in Alltagssituationen, ohne Errungenschaften des sozialistischen Systems anzupreisen. Im Verzicht auf ideologische Aussagen klang eine subtile Gesellschaftskritik an. So wurde die filmische Alltagsbeobachtung zur Subversion.

Insbesondere die Dokumentarfilme von Nikolaj Obuchovič stehen für diese Verknüpfung von Alltagsbeobachtung und subtiler Gesellschaftskritik. In einem lebensgeschichtlichen Interview[12] erinnerte er sich folgendermaßen an seine Arbeit am Film *Unsere Mutter – ein Held*: »In Ivanovo, woher diese Weberin kam, da hatten wir einen Korrespondentenpunkt. […] Von diesem Material gab es sehr viel. Wir dachten, wie wär's, wenn wir dieses Material nehmen, alles kopieren und einen Film machen.«[13] Der Regisseur erwähnt in diesem Zitat den »Korrespondentenpunkt« des Leningrader Dokumentarfilmstudios in Ivanovo. Offenbar gab das dort vorhandene Filmmaterial die Idee zum Film. Über die Dreharbeiten bei der Weberin zu Hause erzählte der Regisseur: »Sie war völlig überrascht als – gewöhnlich filmte man sie – und ich kam und filmte nicht sie. Ich drehte, wenn sie nicht da war. Sie war an der Arbeit, ich filmte Vater und Sohn. Ich drehte nur ihre Heimkehr nach der Nachtschicht […] Wir waren eineinhalb Monate da und in dieser Zeit hatte sie drei Nachtschichten. Und nur nach der Nachtschicht, drei Mal, filmte ich sie.«[14] Bemerkenswert an dieser Passage ist erstens, dass Obuchovič die Protagonistin nur nach Nachtschichten filmte, also wenn sie müde nach Hause kam. Eine dieser Aufnahmen steht am Ende des Films und wird im Abschnitt »Erschöp-

---

11 Ganšina, Anna »Upavšij list. LSDF. Zametki na poljah ideologičeskoj i vremennoj geografii« (Gefallene Blätter. Das Leningrader Dokumentarfilmstudio. Bemerkungen über die ideologische und zeitliche Geographie), *Kinovedičeskie zapiski*, Jg. 63 (2003), S. 304–319.

12 Schriftliche Quellen zur Produktion und Rezeption ließen sich bei den Archivrecherchen über die Leningrader Dokumentarfilme nicht ausfindig machen. Daher habe ich die Entstehungsgeschichte von *Unsere Mutter – ein Held* und weiteren Filmen mit den biografischen Erinnerungen der Regisseure und Regisseurinnen rekonstruiert.

13 Interview von A. W. mit Nikolaj Obuchovič, Sankt-Petersburger Dokumentarfilmstudio, 01.11.2007.

14 Ebd.

fung statt Euphorie« zur Sprache kommen. Zweitens ist interessant, dass das Kamerateam eineinhalb Monate bei der Familie Golubev verbrachte. In dieser längeren Zeitspanne konnte sich ein Vertrauensverhältnis zwischen Filmern und Gefilmten entwickeln. Dieses Vertrauen wird in manchen Farbsequenzen ersichtlich: Einige Aufnahmen wirken, als bemerkten Vater und Sohn nicht, dass die Kamera lief. Ein Indiz für die unbemerkte Kamera bildet die Kleidung. Wenn der Vater ein gutes Hemd trug, hatte er sich wahrscheinlich für den Aufnahmetermin zurechtgemacht. Wenn er dagegen im Unterhemd an der Waschmaschine stand, rechnete er kaum damit, so im Dokumentarfilm zu erscheinen. Solche Szenen vermitteln einen intimen Einblick in das Familienleben und machen die Besonderheit des Films aus.

Aufgrund der Ausführungen zur politischen Lage wird klar, dass diese Darstellungsweise gegen die Parteilinie lief. Folglich legte das regionale Parteikomitee von Ivanovo ein Veto gegen den Film ein. Der Vorsitzende des Komitees schrieb in einem »Regierungstelegramm« an das Leningrader Dokumentarfilmstudio:

»Das Gebietskomitee Ivanovo hat kategorische Einwände gegen Verleih des Filmes *Unsere Mutter – ein Held*, der Valentina Golubeva gewidmet ist – Held der sozialistischen Arbeit, Mitglied des Obersten Sowjets, Mitglied des Komsomol des ZK, Mitglied des Gebietsparteikomitees, Weberin des Kammgarnkombinates Ivanovo. Der Film stellt die Gestalt der Heldin primitiv, verzerrt, absichtlich verarmt dar. Er erzeugt falsche Vorstellungen über das gesellschaftliche, geistliche und familiäre Leben von Personen, die eine Arbeitsheldentat vollbringen.«[15]

Diese Stellungnahme nennt Valentina Golubeva als Vertreterin von fünf politischen Positionen. In dieser Aufzählung zeichnet sich der Sinnhorizont der offiziell inszenierten Öffentlichkeit ab. Er postulierte eine Reihe von Titeln und Institutionen als Lebensmittelpunkt der Sowjetbürger_innen.[16] Die Abwertung von anderen Lebensbereichen manifestiert sich in der Verurteilung der Farbaufnahmen als »primitiv, verzerrt, verarmt«. Der damalige Direktor des Dokumentarfilmstudios teilte das Urteil

---

15 Das Telegramm bildet in der Fassung von 1989 den Auftakt des Dokumentarfilms, vgl. unten und Kapitel »Müde Heldin« in Wespe, *Alltagsbeobachtung* [wie Anm. 1].
16 Der Unterstrich wird hier als (Interpunktions-)Zeichen einer geschlechtersensiblen Sprache verwendet. Die Schreibweise kam in den *queer studies* auf. Sie eröffnet typographisch und metaphorisch einen Raum für Identitäten zwischen festgeschriebener Männlichkeit und Weiblichkeit.

nicht und setzte sich für die Freigabe des Films ein.[17] Dennoch wurde *Unsere Mutter – ein Held* 1979 verboten. Erstmals öffentlich gezeigt wurde der Film 1990 beim Dokumentarfilmfestival in München.[18] Als *Unsere Mutter – ein Held* 1989 freigegeben wurde, änderte Obuchovič den Anfang. Er fügte nach dem Vorspann eine Detailaufnahme des Regierungstelegramms ein. Die nachträglich ergänzte Einstellung führt den Betrachtenden die verheerende Wirkung der behördlichen Stellungnahme für das Filmschaffen vor Augen. Gleichzeitig wird die Stellungnahme am Anfang eines Films, den sie eigentlich verbieten wollte, ironisiert. So gesehen bildet die Einbindung des Telegramms einen nachgeholten Protest gegen die restriktive Kulturpolitik der 1970er Jahre.

Heiterkeit und Melancholie am Frauentag

Das Thema der müden Heldin zeichnet sich im letzten Teil des Films besonders deutlich ab. Hier wird über die Feier zum Internationalen Tag der Frau in Ivanovo berichtet.[19] Eine Schwarz-Weiß-Sequenz präsentiert Aufnahmen der offiziellen Feier für die Arbeiterinnen des Textilkombinats von Ivanovo. In der folgenden Farbsequenz decken Boris und Pavlik zu Hause den Tisch mit Sonntagsgeschirr, Sahnetorte und Sekt, um mit Valentina den Tag der Frau zu feiern.

Die folgenden Filmprotokolle (Abb. 1–3) »zitieren« signifikante Standbilder und Textstellen aus den beiden Sequenzen.[20]

---

17 Interview von A. W. mit Vladilev Kuzin, St. Petersburg, 03.08.2010. Kuzin arbeitete 1971–1996 als Direktor des Leningrader Dokumentarfilmstudios.

18 Die Vorführung ging auf eine Initiative des Programmleiters Klaus Eder zurück, der 1989 beim staatlichen Filmkomitee (*Gosudarstvenyj komitet po kinematografii*) die Freigabe des Films verlangt hatte. Interview mit Obuchovič [wie Anm. 13].

19 Zur Geschichte des Frauentags in der Sowjetunion vgl. Chatterjee, Choi, *Celebrating Women. Gender, Festival Culture, and Bolshevik Ideology, 1910–1939*, Pittsburgh 2002; zur internationalen Bedeutung Niederkofler, Heidi/Mesner, Maria/Zechner, Johanna (Hg.), *Frauentag! Erfindung und Karriere einer Tradition*, Wien 2011.

20 Dieses System der Filmtranskription basiert auf einer soziologischen Methode zur Analyse von Filmmaterial, das bei der Feldforschung erhoben wird, vgl. Bohnsack, Ralf, *Qualitative Bild- und Videointerpretation. Die dokumentarische Methode*, Opladen 2009, S. 241. Bohnsack bildet in seiner Filmtranskription ein Standbild pro Sekunde Film ab (vgl. S. 179–194). Auf diese Weise protokolliert er eine Sequenz quasi in Form eines Daumenkinos. Ich habe jeweils ein signifikantes Still pro Einstellung gewählt. Diese verein-

Abb. 1: Frauentag in Ivanovo.[21]

Die Schwarz-Weiß-Sequenz über den Frauentag zeigt drei aufeinanderfolgende Auftritte in nur einer Minute: Jungen und Mädchen führen auf einer Bühne einen Tanz auf, der von fröhlicher Musik begleitet wird (Abb.1, Spalte 1). Fünf Jungen stehen wie eine offizielle Delegation vor einem Mikrofon und begrüßen die Frauen im Saal (Abb. 1, Spalte 2). Valentina schaut von einer blumengeschmückten Tribüne aus zu (Abb. 1, Spalte 3). Arbeiterinnen des Textilkombinats von Ivanovo sitzen in einem Saal und applaudieren (Abb.1, Spalte 4). Pavlik wird in der längsten Einstellung der Sequenz in Nahaufnahme gefilmt und damit als Protagonist der Feier gezeigt (Abb. 2, Spalte 2). Das Zusammenspiel von Text und Ton hebt seine Hauptrolle zusätzlich hervor. In der Regel wurden Wochenschaubilder von einem Sprecher kommentiert, wodurch die abgebildeten Akteur_innen nicht zu Wort kamen.[22]

---

    fachte Version ist weniger detailliert, dafür kompakt und bietet einen guten Überblick zu einer Sequenz.
21 Quelle zu Abbildung 1–3: Stills und Text aus *Unsere Mutter – ein Held* nach der deutschen Fassung von 1990. Für die Grafik und Bildbearbeitung danke ich Katrin Ginggen und Luzius Wespe.
22 Schlumpf, Von sprechenden Menschen [wie Anm. 10], S. 108.

Abb. 2: Auf der Bühne und im Wohnzimmer.

An dieser Stelle ist ausnahmsweise eine Stimme im On zu hören: Pavlik sagt ein Gedicht auf: »Im Parteibüro ganz oben hat die Mutter viel zu tun / Wer ersetzt sie heut zu Hause? Selbstverständlich ich und nun / Putz ich Spiegel, Fenster, Töpfe, koche ganz allein / Bring zu Mutters Arbeitssegen meinen Anteil somit ein.«

Das Gedicht deutet die Aus- und Belastung von Valentina als Mutter, Parteiaktivistin und Arbeiterin an. Damit steht die Thematik der müden Heldin indirekt im Raum. Doch der Tanz der Kinder und die Begleitmusik evozieren eine heitere Stimmung und verhindern eine Assoziation mit Mehrfachbelastung und dadurch verursachter Müdigkeit. Auf sprachlicher Ebene löst das Gedicht den Rollenkonflikt leichter Hand auf: Der Junge nimmt seiner belasteten Mutter die Hausarbeit ab. Bei dieser »Lösung« erstaunt, dass das siebenjährige Kind die Familienarbeit übernimmt, nicht der Ehemann. Hier stellt sich die Frage, wie die Pointe des Gedichts zu interpretieren ist. Hätte die Vorstellung, der Mann ersetze die Frau zu Hause, einen zu starken Bruch mit den Geschlechternormen bedeutet? Klingt in der Pointe eine Ratlosigkeit im Umgang mit der Mehrfachbelastung an, die aus der Berufstätigkeit beider Geschlechter folgte?

Die folgende Farbsequenz präsentiert die Mehrfachbelastung als Problem, für das es keine einfachen Lösungen gibt.[23] Wie erwähnt zeigt sie Pavlik und Boris im Wohnzimmer, während sie ein Tischtuch ausbreiten

---

23 Weitere Ausführungen zur geschlechtsspezifischen Arbeitsteilung in der Sowjetunion der 1970er Jahre im folgenden Abschnitt.

und ein Festessen vorbereiten (Abb. 2, Spalte 3–4). Dann warten die zwei auf die Mutter bzw. Gattin (Abb. 3). Bei den Vorbereitungen im Wohnzimmer gibt Boris Pavlik kleine Anweisungen: »Hol die Tassen. Nimm die Pralinen und leg sie in die Vase. Noch ein Löffel. Wozu? Um die Torte aufzutragen. So, beeil dich, bald kommt die Mutter.« Die Kommunikation steht in Resonanz zum Gedicht der vorhergehenden Sequenz: Sie weist darauf hin, dass der Junge dem Vater mit kleinen Hilfeleistungen bei der Hausarbeit zur Hand geht, jedoch nicht selbstständig putzen und kochen kann, wie es im Gedicht heißt.

Die Farbaufnahmen hinterfragen die offiziell inszenierte Feier der Schwarz-Weiß-Sequenz auch durch die filmische Gestaltung. In der Wochenschau sind kontrastierende Einstellungsgrößen und Kameraperspektiven zusammengefügt. Einmal wird die Sicht aus dem Saal auf die Bühne und die Kinder gezeigt, nach wenigen Sekunden jene von der Bühne ins Publikum. Mit schnellen und markanten Schnitten inszeniert die Montage eine unablässige Aktivität. Dagegen wird das Geschehen in der Farbsequenz aus derselben Position und in langen Einstellungen abgebildet, die teils über eine Minute dauern. Damit wird das Erzähltempo in Farbe radikal abgebremst. Dies trifft auch für die Interaktion zu. Nach den drei Auftritten in einer Minute Wochenschau reduziert sich das Geschehen »in Farbe« darauf, dass Boris und Pavlik Geschirr von der Küche ins Wohnzimmer bringen.

Abb. 3: Warten auf Valentina.

Schließlich kommt auch die minimale Handlung des Tischdeckens zum Stillstand. Die Großaufnahme einer Flasche Sekt, die Pavlik ins Wohnzimmer gebracht und Boris mit der Etikette nach vorn ausgerichtet hat, signalisiert, dass der Tisch fertig gedeckt ist. Alles steht bereit zur Feier des

Frauentags im Kreis der kleinen Familie. An dieser Stelle folgt ein unvermittelter Einschub: die Nahaufnahme eines industriellen Webstuhls, der sich rhythmisch bewegt. Auf der Tonspur erklingt Maschinenlärm (Abb. 3, Spalte 1). Nach diesem Einschub fokussiert die Kamera auf eine Teetasse mit Goldrand, im Hintergrund sitzt Pavlik in einem Sessel, in dem er verloren wirkt. Nach einem Zoom auf den reich gedeckten Tisch schwenkt die Kamera zu Boris, der reglos auf dem Sofa sitzt (Abb. 3, Spalte 2–3). Nur die Finger trommeln auf die Armlehne. Das Warten wird wieder von der Detailaufnahme und dem Lärm eines Industriewebstuhls unterbrochen (Abb. 3, Spalte 4). Eine Detailaufnahme markiert in der Filmsprache stets eine dramaturgische Steigerung. Hier visualisiert der Webstuhl drastisch, dass das Arbeitspensum der Weberin auf Kosten der Familienzeit geht: Er spaltet die Familie.

War Doppelbelastung ein »Frauenproblem«?

Die Filmsequenzen zum Frauentag sind im Zusammenhang mit dem Modell der »arbeitenden Mutter« zu sehen. Dieses Modell prägte die sowjetische Gesellschaft seit Anfang der 1930er Jahre entscheidend.[24] In der zweiten Hälfte der Regierungszeit Leonid Brežnevs wurde die Situation werktätiger Mütter wegen der demografischen Lage zu einem Politikum.[25] In den 1970er Jahren wurden im europäischen Teil Russlands rückläufige Bevölkerungszahlen verzeichnet, was als Bedrohung für das wirtschaftliche Wachstum galt. Brežnev behandelte daher die Familien- und Frauenpolitik an den Parteitagen von 1976 und 1981 als dringliches Thema: »Um Frauen – vor allem in der RSFSR – dazu zu bewegen, mehr Kinder zu gebären, wurde nach dem XXV. Parteikongress von 1976 sowohl versucht, die Arbeitsbedingungen von Frauen zu verbessern und die Vereinbarkeit von Familie und Beruf zu erleichtern, als auch eine massive Propagandakampagne für die Familie durchgeführt.«[26] Aufgrund dieser Priorisierung wurde

---

24 Zdravomyslova, Elena, »Die Konstruktion der arbeitenden Mutter und die Krise der Männlichkeit. Zur Unterscheidung von Öffentlichkeit und Privatheit im Kontext der Geschlechterkonstruktion in spätsowjetischen Russland«, *Feministische Studien*, Jg. 17, H. 1 (1999), S. 23–34.
25 Köbberling, Anna, *Das Klischee der Sowjetfrau. Stereotyp und Selbstverständnis Moskauer Frauen zwischen Stalinära und Perestroika*, Frankfurt/M. 1997, S. 17–18.
26 Ebd., S. 129.

die Doppelbelastung von Frauen ein zentrales Thema in Politik, Medien und Wissenschaft.[27] Angesichts der Erwerbstätigkeit beider Geschlechter stellt sich die Frage, weshalb die Vereinbarkeit von Familie und Beruf ausschließlich als Frauenfrage behandelt wurde. Gerade der Film *Unsere Mutter – ein Held* verweist auf eine Realität, die von dieser Betrachtungsweise abweicht: Der Vater übernimmt neben seiner Erwerbsarbeit als »Hilfsmeister« im Textilkombinat von Ivanovo einen großen Anteil der Haus- und Erziehungsarbeit.[28] Sein Umgang mit der Doppelbelastung wird in manchen Farbaufnahmen ersichtlich: Wenn er dem Jungen bei den Hausaufgaben hilft, Mittagessen kocht und andere Hausarbeiten verrichtet, wirkt er oft müde. Allerdings erscheint die Müdigkeit nicht unmittelbar als Folge der Berufstätigkeit, die nur nebenbei thematisiert wird, sondern eher als Widerwille gegen die Hausarbeit. Diese Auslegung deutet darauf hin, dass Haus- und Familienarbeit, und eine damit verbundene Doppelbelastung, als »Frauensache« gesehen wurde.

Tatsächlich war die Arbeitsteilung zwischen Valentina und Boris eher eine Ausnahme. Gemäß soziologischen Untersuchungen leisteten Frauen etwa viermal mehr Hausarbeit als Männer.[29] Die Alltagsrealität war von einer traditionellen geschlechtsspezifischen Gleichsetzung von »weiblich« mit »privat« bestimmt. Mit welchen Vorstellungen dies zusammenhing, zeigt eine Studie von Martina Ritter auf.[30] Die Soziologin hat biografische Interviews im Hinblick auf die Geschlechterverhältnisse in der spätsowjetischen Gesellschaft analysiert. Nach Ritter war die Vorstellung weitverbreitet, Mütter seien von Natur aus dazu prädestiniert, die Privatsphäre zu organisieren. Die befragten Personen sahen eine vermeintlich natürlich gegebene Rollenteilung als Gegenspielerin der Gleichstellungspolitik. Die Natur erschien ihnen als einzige Konstante im sozialistischen Staat: »The

---

27 Köbberling zeigt diese Zusammenhänge u. a. durch eine aufschlussreiche Analyse soziologischer Untersuchungen der 1970er Jahre auf, vgl. Kapitel »Das wichtigste ist *ženstvennost'*«, in: Köbberling, *Klischee* [wie Anm. 25], S. 142–162.

28 Die berufliche Funktion wird am Filmanfang genannt, in einem Wochenschaubericht über die Zusammenkunft der Familie im Textilkombinat von Ivanov.

29 Plaggenborg, Stefan, »Lebensverhältnisse und Alltagsprobleme«, in: Ders. (Hg.), *Handbuch der Geschichte Russlands. Band 5.2: 1945–1991. Vom Ende des Zweiten Weltkriegs bis zum Zusammenbruch der Sowjetunion*, Stuttgart 2003, S. 787–848.

30 Ritter, Martina, »Russia. A Patriarchal Mama-society. The Dynamics of the Private and the Public in Soviet and Post-Soviet Russia«, in: Jana Gohrisch/Daphne Hahn/Gabriele Jähnert u.a. (Hg.), *Gender in Transition in Eastern and Central Europe*, Berlin 2001, S. 133–142.

state [...] tried to make women being or behaving like men, but did not succeed. ›Nature is stronger than the manipulating communist state‹ – this could be the short version of this pattern of meaning.«[31] Dieses Erklärungsmuster entspricht der Tonlage, in der *Unsere Mutter – ein Held* über den Frauentag berichtet. Die filmische Alltagsbeobachtung hätte andeuten können, Vater und Sohn kämen zu zweit ganz gut zurecht. Doch dem ist nicht so: Der Film legt nahe, die Hausarbeit und Kinderbetreuung, die Boris verrichtet, seien eigentlich Frauensache. Als Mann könne er diese Aufgaben nicht zufriedenstellend erfüllen. Dass er zu Hause bleibt, während sie in der Öffentlichkeit steht, wirkt wie eine verkehrte Welt.

Erschöpfung statt Euphorie

Das Motiv von Erschöpfung wird in der letzten Filmsequenz von *Unsere Mutter – ein Held* ersichtlich, die auf die beschriebene Filmpassage über den Frauentag folgt. Die Sequenz zeigt die nächtliche Heimkehr der Protagonistin. Valentina betritt den dunklen Flur. Sie setzt sich unter die Garderobe, streift die Schuhe ab und streckt die Beine aus. Die Kamera zoomt auf ihr Gesicht. Sie atmet schwer, schüttelt den Kopf, greift sich mit der Hand in die Augen und weint. Nach einer Weile nimmt sie ein Halstuch von der Garderobe, wischt die Tränen ab und beginnt zu lächeln.[32] Die Detailaufnahme des Webstuhls (vgl. Abb. 3) und die erschöpfte Heldin im Flur brechen mit einer langen Reihe visueller Repräsentationen, die Heldentaten in der industriellen Produktion idealisieren. Zu den bekanntesten dieser Repräsentationen zählt der Musikfilm *Svetlyj put'* (Der helle Weg) aus dem Jahr 1940. In diesem Abschnitt werden einige Bezüge zwischen der Komödie aus dem Stalinismus und dem spätsozialistischen Dokumentarfilm aufgezeigt.

Regisseur des Spielfilms *Der helle Weg* ist Grigorij Aleksandrov. Er wurde in den 1930er Jahren mit seinen Filmen *Veselye rebjata* (Fröhliche Burschen) (1934), *Cirk* (Zirkus) (1936) und *Volga Volga* (1938) berühmt. Die weibliche Hauptrolle spielte stets Ljubov' Orlova, die mit dem Regisseur verheiratet war. Sie verkörperte einen Menschen der Zukunft, der im

---

31 Ebd., S. 137.
32 Zur ausführlichen Interpretation, insbesondere des Lächelns, vgl. Wespe, Erschöpfte Heldin [wie Anm. 1], S. 290–292.

Verlauf der Handlung eine anfängliche Unvollkommenheit ablegte: »What this Hollywoodtype star transplanted into Soviet villages and factories was dancing, singing, and falling in love, always insisting on her right to creative self-realization, and fighting bureaucrats and foreign saboteurs along the way.«[33] Diese märchenhaften Züge prägen auch die Hauptfigur Tanja Morosova im Film *Der helle Weg*. Die Handlung beginnt in einem Dorf außerhalb Moskaus.

»Die Analphabetin Tanja Morosova arbeitet als Dienstmädchen in einem Provinznest vor Moskau. Ihr Leben ändert sich nach der Begegnung mit der Funktionärin einer Textilfabrik und mit dem Ingenieur Lebedev, in den Tanja sich verliebt. Weil sie ihrem Geliebten ebenbürtig sein möchte, beginnt Tanja auf Rat der Funktionärin sich zu bilden und wird bald Spitzenweberin, dann Ingenieurin. Für ihre Arbeitserfolge wird Morosova im Kreml der Leninorden verliehen. Nach einigen Jahren trifft sie Lebedev wieder, der Fabrikdirektor geworden ist.«[34]

Morosovas Werdegang führt also vom Mädchen in der Provinz über die tatkräftige Weberin in der Textilfabrik zur ausgezeichneten Ingenieurin in Moskau. Die Entwicklung folgt dem starren Erzählraster, nach dem im Stalinismus Arbeitshelden inszeniert wurden. Ein Held entsteht, indem seine Tat bekannt gemacht wird. Dann folgte die verbale und vor allem visuelle Verbreitung der Heldengeschichte. So schreibt sich die Tat »durch stetige Wiederholung des Immergleichen in allen verfügbaren Medien, durch den Einbau der Heldenstory in die je aktuelle Propaganda und Agitation [...] in das kommunikative Gedächtnis der Vielen ein«.[35] *Unsere Mutter – ein Held* ahmt diesen Werdegang im Zusammenschnitt der Schwarz-Weiß-Aufnahmen nach. Valentina erscheint als neuer Stern am Himmel der Textilindustrie Ivanovos. Sie bedient wie Tanja Morosova drei Mal mehr Webstühle als andere Weberinnen. Dafür wird sie geehrt: mit einem Gruß des Parteisekretärs, mit einer Auszeichnung des Kombinats und dem Titel Held der Arbeit. Hier setzt die »Wiederholung des Immergleichen« ein. Die Glorifizierung der Leistung sollte mehr oder weniger reelle Wirtschaftserfolge propagieren und andere Werktätige zu Höchstleistungen anspornen. *Unsere Mutter – ein Held* nimmt das Erzählraster der

---

33 Rollberg, Peter, *The A to Z of Russian and Soviet Cinema*, Lanham 2009, S. 502–503.
34 »Svetlyj put'«, Ėnciklopedija otečestvennogo kino, *http://russiancinema.ru* (Zugriff am 13.03.2013, Übersetzung A. W.).
35 Satjukow, Silke/Gries, Rainer, »Zur Konstruktion des ›sozialistischen Helden‹. Geschichte und Bedeutung«, in: Dies. (Hg.), *Sozialistische Helden. Eine Kulturgeschichte von Propagandafiguren in Osteuropa und der DDR*, Berlin 2002, S. 15–34, hier S. 27.

Heldenkonstruktion auf, funktioniert es jedoch mit der Kontrastierung von Schwarz-Weiß- und Farbaufnahmen um. Besonders deutlich zeigt sich der subversive Moment der Re-Inszenierung am Ende des Films. Tanja Morosova trifft in Moskau, das den Mittelpunkt einer »lichten Zukunft« bildete, den von ihr verehrten Ingenieur.[36] Valentina dagegen sitzt allein und erschöpft im Flur.

Neben den Anspielungen in der Handlung bestehen zwischen *Unsere Mutter – ein Held* und *Der helle Weg* deutliche visuelle Analogien. Sie zeigen sich in der »Heldentat«, eine große Anzahl Webstühle zu bedienen. Tanja geht in einer riesigen Fabrikhalle zwischen den Webmaschinen hindurch, setzt sie in Gang und kontrolliert sie. Die Wochenschauberichte in *Unsere Mutter – ein Held* reproduzieren die Visualisierung von *Der helle Weg* bis hin zur Handbewegung, mit der die Weberinnen über die Kettfäden streichen, und zur Detailaufnahme der Maschine. Die Farbaufnahmen bringen eine subversive Verschiebung ins Spiel. Dies manifestiert sich insbesondere in der Szene, in der Boris und Pavlik im Wohnzimmer auf Valentina warten (Abb. 3). Wenn die Detailaufnahme des Webstuhls die triste Situation verstärkt, symbolisiert die industrielle Produktion nicht mehr unaufhaltsames Wachstum, sondern »eine Art freiwilliger Sklaverei«.[37]

Schlussbetrachtung

Hier folgen einige Überlegungen zum Verhältnis zwischen offizieller Heldinnen-Inszenierung, Subversion dieser Inszenierung und Erschöpfung im untersuchten Film. Dabei werden die Begriffe der subversiven Affirmation und der Widerspenstigkeit einbezogen. Die subversive Affirmation kommt aus dem Umfeld der sowjetischen Untergrundkunst und wurde später in der Slavistik zur Interpretation russischer Literatur angewandt.[38] Mit der Widerspenstigkeit wird ein Konzept der *gender studies* einbezogen. Das Konzept ermöglicht, das Spannungsfeld zu untersuchen, das entsteht,

---

36 Margolit, Evgenij, »Der Film unter Parteikontrolle«, in: Engel, *Geschichte* [wie Anm. 10], S. 68–107, hier S. 77.

37 Šemjakin, Andrej, »Kak narisovat' pticu. Nikolaj Obuchovič. Feni bol'šie i malye« (Wie man einen Vogel zeichnet. Große und kleine Gaunersprache von Nikolaj Obuchovič), *Iskusstvo kino* (Filmkunst), Nr. 10 (1990), S. 62–69, hier S. 67.

38 Sasse, Sylvia/Schramm, Caroline, »Totalitäre Ästhetik und subversive Affirmation«, *Die Welt der Slaven*, Jg. 62 (1997), S. 306–327.

wenn gesellschaftliche Normen, insbesondere von Männlichkeit und Weiblichkeit, bestätigt, unterwandert oder verweigert werden.[39]

Bei der »dichten Beschreibung« der Filmpassage über den 8. März lag der Analysefokus auf der Gegenüberstellung von Schwarz-Weiß- und Farbsequenzen, dem grundlegenden Gestaltungsmittel des Films. Die Montage funktioniert nach dem Prinzip der subversiven Wiederholung. Die offizielle Berichterstattung wird auf eine Weise zitiert, in der sie – in Zusammenhang mit den Farbaufnahmen gestellt – unglaubwürdig wirkt. Die subversive Wiederholung war Ausgangspunkt von diversen Kunstaktionen in der späten Sowjetunion. Künstler_innen des sowjetischen Untergrunds griffen Versatzstücke aus der offiziellen Kultur auf, verfremdeten und unterwanderten diese in Aktionen, Installationen, Textexperimenten: »Mit ihren kulturanalytischen und philosophischen Arbeiten verstanden sie die [...] Teilnahme an der offiziellen Kultur ihres Landes und die gleichzeitige Distanzierung davon als *subversive Affirmation*.«[40] Eine Reihe künstlerischer Performances setzte sich mit Aspekten von Langsamkeit, Nichtstun und Monotonie auseinander.[41] Das Tischdecken am Frauentag und die Nahaufnahmen des Webstuhls, die einer Bildstörung gleichen, stehen in unmittelbarer Analogie dazu: In der Handlung des Tischdeckens manifestiert sich eine zum Stillstand tendierende Langsamkeit, im Webstuhl Monotonie. Die Langsamkeit zieht sich als Leitmotiv durch den ganzen Film *Unsere Mutter – ein Held* und weitere Dokumentarfilme von Nikolaj Obuchovič. Wahrscheinlich war das Werk des Regisseurs deswegen wiederholt Ziel der Zensur: Die Langsamkeit der Filme wurde als Akt der Widerspenstigkeit gegen die offizielle Inszenierung ständigen Fortschritts aufgefasst.

Eine ähnliche Bedeutung kommt der Erschöpfung zu. Wenn die Heldin der Arbeit spätnachts von den offiziellen Feierlichkeiten nach Hause kommt, zeugt ihre Erschöpfung von der Belastung durch Arbeit,

---

39 Brüske, Anne/Iso, Isabel Miko/Wespe, Aglaia/Zehnder, Kathrin/Zimmermann, Andrea (Hg.), *Szenen von Widerspenstigkeit. Geschlecht zwischen Affirmation, Subversion und Verweigerung*, Frankfurt/M. 2011.

40 Sasse, Sylvia, »Moskauer Konzeptualismus«, in: Hubertus Butin (Hg.), *DuMonts Begriffslexikon zur zeitgenössischen Kunst*, Köln 2006, S. 215–219, hier S. 215. Der Philosoph Boris Groys benannte diese Kunstrichtung in einem Essay von 1974 als »Moskauer Konzeptualismus«.

41 Sasse, Sylvia, »Aktionen, die keine sind. Über Nicht(s)tun in der russischen Aktionskunst«, in: Mirjam Goller (Hg.), *Minimalismus. Zwischen Leere und Exzess*, Wien 2001, S. 403–430.

Politik und Familie. Doch vielleicht auch davon, dass die Frau trotz allem gewillt ist, alle Anforderungen als arbeitende Mutter zu erfüllen. Für diese Auslegung spricht zumindest das Lächeln der Protagonistin, mit dem der Film endet. Doch die Erschöpfung bricht die positive Inszenierung einer Heldin der Arbeit und hinterfragt damit den ideell überhöhten Stellenwert der industriellen Arbeit. Wie gezeigt, wird das Motiv der Erschöpfung über die Mehrfachbelastung ins Spiel gebracht. Damit greift der Film eine Thematik auf, die im Alltag und in den Medien der Zeit präsent war und geschlechtsspezifisch als Frauenproblem konnotiert wurde. Die untersuchte Filmpassage trifft mehrdeutige Aussagen dazu.[42] Die Vater-Sohn-Kommunikation im Wohnzimmer dokumentiert, ebenso wie frühere Farbsequenzen, ein Vertrauensverhältnis zwischen Boris und Pavlik. Der Familienalltag funktioniert in Abwesenheit der arbeitenden Mutter reibungslos. Die Kleinfamilie hat also eine praktikable Form der familialen Arbeitsteilung gefunden, einen Ausweg aus der Problematik der Mehrfachbelastung von Frauen.

Allerdings stellt der Film die Situation als unbefriedigende Lösung dar. Die Farbaufnahmen, in denen Vater und Sohn tatenlos und traurig vor dem zum Tag der Frau festlich gedeckten Tisch sitzen, bringen zum Ausdruck, der Haushalt sei ohne die Mutter und Ehefrau unvollständig. Ob diese Sichtweise der Wahrnehmung der Protagonisten entspricht oder ob sie ein Konstrukt des Regisseurs ist, lässt sich nicht eindeutig eruieren. Die Arbeitsweise und die Beobachtungsgabe von Obuchovič lässt annehmen, dass die Melancholie nicht erfunden ist, sondern das Empfinden der abgebildeten Akteure reflektiert. Jedenfalls legt der Dokumentarfilm nahe, in erster Linie seien Mütter dazu bestimmt, die Privatsphäre zu gestalten. Er rekurriert also auf ein Geschlechter- und Familienmodell, um die Idealisierung der unermüdlichen Arbeiterin als Heldin zu hinterfragen. Arbeit wird nicht mit Erfolg und Euphorie, sondern mit Melancholie und Müdigkeit konnotiert. So gesehen zeigt die Schlusssequenz eine Szene von Widerspenstigkeit zur Inszenierung siegreicher Helden und Heldinnen der sozialistischen Arbeit.

---

42 Für Interpretationen dieser Mehrdeutigkeit danke ich Heiko Haumann, Andrea Maihofer und Erika Regös.

Idol oder Torso? Einzelkämpfer aus dem Béla Balázs Studio

Monika Wucher

Dieser Beitrag behandelt zwei ungarische Filmarbeiten aus der Zeit um 1970. Ausschlaggebend für die Wahl dieser Filme sind die Untersuchungsschwerpunkte der Tagung *Müde Helden*, mit denen die Medialität personifizierter Vorbilder in der Sowjetunion und anderen sozialistischen Gesellschaften befragt wird. Der künstlerische Film im Sozialismus stellt ein ergiebiges Forschungsfeld dar, um Konzepte heldenhafter, idealer Menschenbilder zu erkunden. Er ist geeignet, die Bezüge zwischen Ideal und jeweiligem Gesellschaftsmodell in der Theorie, nicht zuletzt aber auch das Verhältnis von beispielhaften Kultfiguren und gesellschaftlichen Realitäten zu reflektieren. In diesem Verhältnis können Übereinstimmungen, aber auch Brüche und Krisensituationen hervortreten. Anhand ungarischer Beispiele stellen die ausgewählten Filme zwei konzeptuell sehr unterschiedliche künstlerische Sichtweisen auf diese Problemfelder dar. Beide jedoch widmen sie sich politischen und sozialen Aspekten im Kontext von Vorbild und Gesellschaft, genauer deren medialen und psychologischen Phänomenen. Exemplarisch fokussieren sie den Bereich der Körperkultur und nehmen das im Sport verkörperte Ideal in den Blick. Vor allem aber führen die Filme vor Augen, welcher kritische Umgang mit diesem Bezugssystem Ende der 1960er Jahre in der Kunst möglich war.

Im Zentrum der Ausstellung *Müde Helden* in der Hamburger Kunsthalle[1] steht die figurative Malerei Aleksandr Dejnekas als einem der in der Sowjetunion anerkanntesten Künstler. Die Rezeption seines Œuvres gehört auch zu den Marksteinen einer Kunstgeschichte in den »sozialistischen Bruderländern«, die sich – entgegen den vorherrschenden nationalen Akademismen – der internationalen klassischen Moderne verschrieben

---

1 Ausst.-Kat. *Müde Helden. Ferdinand Hodler, Aleksandr Dejneka, Neo Rauch*, Hamburger Kunsthalle, hg. von Hubertus Gaßner, Daniel Koep und Markus Bertsch, München 2012.

hat.² In Ungarn erschien Mitte der 1960er Jahre in einer populären Taschenbuch-Reihe, der *A Művészet Kiskönyvtára* (Die kleine Kunstbibliothek), in einer Linie mit Bänden über Chagall, Degas und anderen Modernen ein Band über Dejneka – mit rund 60, teilweise farbigen Reproduktionen.³ Die Abbildungen in dem Taschenbuch geben Werke aus dem gesamten Schaffen Dejnekas wieder: von den 1920er Jahren bis in die Zeit der Buchpublikation. Mit einem Fotoporträt wird der Band eingeleitet, das den Künstler Dejneka neben einer seiner Sportlerplastiken – einer Läuferin – darstellt, gleichsam bei der Arbeit am Werk (Abb. 1).

Abb. 1: Porträtfotografie Dejneka, o. J.

---

2 In der Sowjetunion selbst wurde in den 1950er Jahren eine erweiterte Rezeption der klassischen Moderne möglich. Dabei gestaltete sich insbesondere die poststalinistische Maxime von der »Vielfalt in der Einheit« als Verhandlungsraum, in dessen argumentativem Bezugssystem die ästhetischen Positionen anderer sozialistischer Staaten eine große Rolle spielten. So wurden beispielsweise in den Vorbereitungen zur Moskauer Ausstellung bildender Kunst der sozialistischen Länder die Beiträge Polens und Ungarns als deviant kritisiert, siehe Reid, Susan E., »The Exhibition Art of Socialist Countries, Moscow 1958-9 and the Contemporary Style of Painting«, in: David Crowley/Susan E. Reid (Hg.), *Style and Socialism. Modernity and Material Culture in Post-war Eastern Europe*, Oxford 2000, S. 109.

3 Aradi, Nóra, *Dejneka (A Művészet Kiskönyvtára 10)*, Budapest 1967. Die Verfasserin des Buchs gehörte Ende der 1950er Jahre zu den offiziellen Delegierten Ungarns bei Kunstereignissen im sozialistischen Ausland, sie fungierte auch als Kuratorin des ungarischen Beitrags zur erwähnten Moskauer *Ausstellung bildender Kunst der sozialistischen Länder*, siehe Reid, »Exhibition« [wie Anm. 2], S. 110.

Das Sportthema nimmt in der Dejneka-Rezeption eine zentrale Stellung ein. Gemälde wie die *Läuferinnen* von 1932[4] prägen das Bild des dynamischen, sowjetischen Künstlers in der ganzen kulturgeografischen Reichweite. In dem populären, ungarischen Taschenbuch wird die Bedeutung des Sports in einer schlichten, auf das bloße Schauen zielenden Äußerung Dejnekas auf den Punkt gebracht: »Ich liebe den Sport. Stundenlang kann ich mich an dem Anblick von Läufern, Fünfkämpfern, Schwimmern und Skiläufern ergötzen. Ich habe immer verspürt, dass der Sport wie alles Schöne den Menschen adelt.«[5] Diese Ideale ausbildende, optimierende Wirkung gilt in Dejnekas Argumentation sowohl für das Sporttreiben als auch und insbesondere für die Sportbetrachtung.

Die mit dem Buch präsentierte Rezeption überträgt diese Wirkung zugleich auf die Werke des Künstlers. Es heißt, Dejnekas Sportbilder würden »dazu inspirieren, tief Luft zu holen, die Ordnung weiter Räume und sich aufschwingender Bewegungsabläufe in Einklang bringen und den tatkräftigen, lebensbejahenden, schönheitsliebenden Menschen als Teil seiner aufrichtigen, freudvollen Gemeinschaft«[6] hervortreten zu lassen. Auf breiter Ebene ließen sich im Sozialismus Auffassungen von aktivierenden Bildfunktionen des Sports verfolgen,[7] wie sie hier in den 1960er Jahren herausgestellt werden. Doch gleichzeitig entstehen in Ungarn auch solche künstlerische Arbeiten, in denen der Sport, insbesondere in Form der sportlichen Einzelleistung, als Motiv einer komplexen Gesellschaftskritik erfahrbar wird.

An den zwei ausgewählten Filmen, beides Sportlerporträts, kann diese Kritik verdeutlicht werden. In dem einen Fall wird ein Kraftsportler, im anderen ein Langstreckenläufer vorgestellt – beides Individualsportler, Einzelfiguren, die ihre besondere körperliche Leistung nicht als Teil einer Mannschaft oder Gruppe, weder im konkurrierenden Wettkampf noch im

---

4 Abgebildet in: Aradi, *Dejneka* [wie Anm. 3], Abb. 12.
5 Ebd., S. 15, Übersetzung MW.
6 Ebd., S. 16, Übersetzung MW.
7 Aktivierende Bildfunktionen des Sports gingen einher mit einer großen Bandbreite und Dynamik von Sportkonzepten im Sozialismus. Programme und Projekte, die auf die Breitenwirkung und Repräsentation des Sports zielten, boten dabei die medialen und gesellschaftlichen Korrelate dieser Bildfunktionen. Für den sowjetischen Sport sind eine Vielzahl solcher Bezüge erarbeitet in dem Band: Katzer, Nikolaus u. a. (Hg.), *Euphoria and Exhaustion. Modern Sport in Soviet Culture and Society*, Frankfurt/M. 2010; O'Mahony, Mike, *Sport in the USSR. Physical Culture – Visual Culture*, London 2007.

Zusammenspiel, erzielen. Bei beiden Sportlern handelt es sich um reale Personen, die in ihrer Zeit eine gewisse Bekanntheit hatten.

Der Schwarz-Weiß-Film *Archaikus Torzó* (Archaischer Torso) von Péter Dobai ist 30 Minuten lang. Er handelt von einem jungen Mann, der sein Leben nach philosophischen Maximen ausgerichtet und ein eigenes Körper- und Krafttraining entwickelt hat. Die erste Hälfte des Films widmet sich der Darstellung des Lebens und des Tagesablaufs des Protagonisten. Man erfährt, welche Ideale er verfolgt, um ein Optimum in der Beziehung von Körper und Geist zu erzielen: Der Protagonist liest Passagen aus philosophischen Texten oder auch Auszüge aus eigenen Notizen. Sein Körper ist Ausdruck seines Trainings, seine häusliche Umgebung Kraftstudio und private Studierklause gleichermaßen. In der zweiten Filmhälfte kommt es jedoch zur Kollision von Ideal und Lebensumständen. *Archaischer Torso* wurde 1970 im Béla Balázs Studio (BBS) produziert. Zehn Jahre zuvor wurde das BBS in Budapest gegründet. Es definierte sich als Entfaltungs-, Experimentier- und Produktionsfreiraum für filmische Arbeiten. Nicht nur für neue Ansätze im Medium Film, sondern auch für eine medienübergreifende Avantgarde bot es institutionelle Voraussetzungen, um unkonventionelle Projekte realisieren zu können.[8] Um 1970 entwickelte sich im BBS

---

[8] Das Béla Balázs Studio entwickelte sich aus Bestrebungen, die in der Nachkriegszeit etablierten Filmproduktionsstrukturen in Ungarn zu reformieren. Der Initiator des BBS und spätere Synchronregisseur Pál Gerhardt erinnerte sich an die Gründungsphase folgendermaßen: »Man musste sehr taktisch vorgehen [...]. Deshalb hielt ich es für das Beste, den Anfang über die Filmgewerkschaft zu machen, das war der natürlichste Weg. Ich formulierte das Konzept, schrieb den Antrag, wir reichten das Ganze ein, und das Ministerium gab seine Zustimmung. Da taucht die Frage auf, weshalb überhaupt? Ich glaube, ein naheliegender Grund war, dass man auch im Ministerium neugierig darauf schaute, was alles in den Jungen steckt. Was aus ihnen herauszuholen wäre, auch jenseits dessen, was das System selbst mit sich bringt.« (Übersetzung MW). Gerhardts Erinnerungen erschienen als »Gerhardt Pál emlékei«, *Balkon*, 10 (1998), http://www.c3.hu/scripta/balkon/98/10/02gerh.htm. Über die Benennung der neuen Organisation nach dem Filmtheoretiker Béla Balázs ist in dem Bericht zu erfahren, dass damit beabsichtigt war, sich bildungs- und filmpolitisch zu positionieren. Zur problematischen Stellung Balázs' im Ungarn der Nachkriegszeit schreibt Helmut Diederichs: »Balázs' Wunsch, nach der Rückkehr [von Moskau, MW] nach Budapest 1945 am kulturellen sozialistischen Wiederaufbau Ungarns mitzuarbeiten, stieß auf Desinteresse und Widerstand in der Partei. Im Ausland in den folgenden Jahren als führender marxistischer Filmtheoretiker und -praktiker hochgeschätzt, galt Balázs bei seinen ungarischen Parteigenossen als bürgerlicher Abweichler. So bekam er bei den Budapester Filmoffiziellen kein einziges von etwa einem Dutzend vorgeschlagener Filmexposés durch.« Diederichs, Helmut H., »Béla Balázs und sein Beitrag zur formästhetischen Filmtheorie« (Vortrag, 20.11.1997), in: http://www.soziales.fh-dortmund.de/diederichs/texte/balazsvo.htm.

das Genre des »Soziografischen Dokumentarfilms«, zu dem sowohl *Archaischer Torso*, der Film über den Kraftsportler, als auch das zweite Filmbeispiel gezählt werden: das Läuferporträt mit dem Titel *Hosszú futásodra mindig számíthatunk* (Auf deinen Langstreckenlauf können wir jederzeit bauen). Der 13-minütige Streifen von Gyula Gazdag entstand 1968 und gilt als Auftakt jener neuen, soziologisch orientierten Entwicklung in den Dokumentarfilmproduktionen des BBS.[9]

Ende der 2000er Jahre wurden beide Filme englisch untertitelt.[10] Dadurch lassen sich mit den für den vorliegenden Beitrag herangezogenen Filmstills nicht nur die Bildstrategien, sondern über die eingeblendeten Untertitel gleichzeitig auch die Ausschnitte der im Film zum jeweiligen Bild wiedergegebenen Rede berücksichtigen. Die Betrachtung der beiden soziografischen Dokumentarfilme folgt den Möglichkeiten einer »analysierenden Beschreibung«.[11] Dabei liegt der Fokus auf Schlüsselszenen, in denen sich die jeweilige Art und Zielrichtung der Filmarbeiten verdichtet. In dieser analysierenden Beschreibung, soviel sei vorweggenommen, werden sie als filmische Gesellschaftskritiken deutlich und weisen sich als spezifische Formen der Künstlerkritik aus.[12]

Den Höhepunkt seiner Popularität erreichte der Läufer György Schirilla 1967 durch einen individuellen Langstreckenlauf von Budapest nach Moskau: 2216 Kilometer in 32 Tagen (Abb. 2).[13] Daraufhin erfolgte die

---

9 Stôhr, Loránt, »Elégiák. A hatvanas évek dokumentarizmusa«, in: Gábor Gelencsér u. a. (Hg.), *BBS 50. A Balázs Béla Stúdió 50 éve*, Budapest 2009, S. 79 und Pócsik, Andrea: »Az emberhez méltatlan élet kereteiröl – ›közös indulattal‹. A szegénység és a társadalmi távolság ábrázolása a hatvanas-hetvenes évek BBS dokumentumfilmjeiben«, in: Gelencsér u. a. (Hg.), *BBS 50*, S. 294.

10 Die Untertitelung erfolgte im Rahmen der Vorbereitungen zu der Jubiläumsausstellung *Más hangok, más szobák – Rekonstrukciós kísérlet(ek). A Balázs Béla Stúdió 50 éve*, Mûcsarnok, Budapest, 16.12.2009–21.02.2010.

11 Die analysierende Beschreibung wurde in den 1970er Jahren ins Feld der Filmbetrachtung eingeführt, um die »ästhetische Norm« der zeitgenössischen Filmkritik infrage zu stellen; siehe Nau, Peter, *Zur Kritik des Politischen Films. Sechs analysierende Beschreibungen und ein Vorwort »Über Filmkritik«*, Köln 1978, S. 9.

12 Zum Begriff der Künstlerkritik siehe Chiapello, Eve, *Artistes versus managers. Le management culturel face à la critique artiste*, Paris 1998.

13 Die außenpolitischen Bereiche des Leistungssports waren hochrangige Bestandteile von Sportkonzepten im Sozialismus. So galt insbesondere die Förderung der Idee der Völkerfreundschaft als wichtige Funktion des Leistungssports, siehe zum Beispiel Röder, Horst B., »Die sozialistische Sportorganisation – ihre Rolle und Bedeutung bei der Entwicklung sportlicher Höchstleistungen«, *Theorie und Praxis der Körperkultur*, H. 17, Beih. 2 (1968), S. 104. Der Langstreckenlauf nahm durch seine Eigenschaft, entfernte

Einladung der zentralungarischen Kleinstadt Kenderes zu einem Lauf von der Hauptstadt Budapest in die Ortschaft am Rande der Puszta. Am Beginn des Schwarz-Weiß-Films ist eine kleine Zeitungsnotiz zu sehen. Sie gibt über den Anlass der Einladung aus der Kleinstadt Auskunft: »In Erinnerung an den Budapest-Moskau-Lauf des Vorjahres wurde in Kenderes ein Bistro, das 60 Gästen Platz bietet, nach dem Supermarathon-Läufer György Schirilla benannt. Zur feierlichen Eröffnung wird György Schirilla in die Provinzstadt laufen. Der 142-Kilometer-Marathon wird am Freitag, den 25. Oktober um 23 Uhr am Kilometerpunkt 0 an der Kettenbrücke starten. Dieser Lauf ist auch die Vorbereitung für den 260-Kilometer-Marathon von Budapest nach Wien am 7. November, für den die Zeitung der Österreichischen Kommunistischen Partei [...].«[14] Schon hört man den Anpfiff und sieht die Startsituation (Abb. 3). Über diese Szene ist im Film die Stimme des Läufers gelegt, der eine Korrektur der Zeitungsmeldung fordert. Das Bistro in Kenderes trüge nicht seinen Namen, denn laut behördlicher Verordnung dürften Restaurants nicht nach lebenden Personen benannt werden. Mit diesen Aufnahmen ist eine Bildstrategie eingeleitet, die den gesamten Film durchzieht: Die sportliche Leistung, das sportliche Ereignis, wird als ein bis ins Detail strukturierter, politischer und medial aufbereiteter Vorgang deutlich.

Bis ungefähr zur Hälfte der Laufzeit des Films sind Szenen des Marathons zu sehen: Aufnahmen des Läufers, Abschnitte der Laufstrecke, Landstraße, Kraftfahrzeuge, Wegesrand. Im Ton hört man Gesprächsausschnitte des begleitenden Filmteams mit dem Läufer und Kommentare aus Interviews mit den Organisatoren des Laufs. Man erfährt von einer Menge Einzelheiten, die den Marathon als PR-Aktion charakterisieren: von speziellen Laufschuhen mit der Aufschrift »Budapest-Kenderes«, von Sport-Shirts mit entsprechendem Aufdruck, von nicht unerheblichen Ausgaben für die Veranstaltung und von einem großformatigen Gemälde, einem Schirilla-Porträt, das in dem zu eröffnenden Bistro hängen wird.

Dann machen sich zunehmend auch weitere Akteure im Bild und im Ton bemerkbar – die Organisatoren, die Funktionäre, die Kader der Kommune, Partei, LPG, Gastronomie- und Baubranche. Sie alle sind an ihrem Auftreten zu erkennen, sie alle verhalten sich so, wie es dem proto-

---

Orte über die sportliche Leistung miteinander in Bezug zu setzen, eine besondere Stellung ein.

14 Artikel aus einer ungarischen Tageszeitung, Filmbild aus: Gazdag, *Hosszú futásodra mindig számíthatunk*, Übersetzung MW. Der Schluss der Meldung ist unleserlich.

kollarischen Ablauf der Veranstaltung entspricht. Die Kamera hält diese protokollarischen Stationen scheinbar neutral fest. Vordergründig bleibt die sportliche Leistung des Läufers Dreh- und Angelpunkt des Geschehens. »Etwas erreichen, das noch keiner geschafft hat«, lautet sein Statement während des Laufens. Doch auf freier Strecke erscheinen bereits die ersten Repräsentanten aus Kenderes. Eine Begrüßungsrede wird gehalten, in Gedichtform, die alle für die Aktion ausschlaggebenden Motive einschließt, alles offiziell zu Berücksichtigende berücksichtigt: die Arbeiterklasse, die Nation, die Größe des neuen Gebäudes ... Nicht zuletzt werden die eigenen Leistungen der Kleinstadt, vornehmlich im Gastgewerbe, hervorgehoben, aber auch die erwarteten Gegenleistungen. Die Rede wird so zum Vertrag in einer Geschäftsbeziehung: »Auf unsere Gastfreundschaft kannst du jederzeit bauen. – Auf deinen Langstreckenlauf können wir jederzeit bauen.«[15] Und genau diesen geschäftlichen Aspekt hat Gazdag auch mit seinem Filmtitel *Auf deinen Langstreckenlauf können wir jederzeit bauen* aufgegriffen. Zur Abrundung der Rede wird die höchste politische Ebene aufgerufen und der Bezug zu Moskau hergestellt. Über seine berühmte frühere Laufstrecke in die sowjetische Hauptstadt repräsentiert der Sportler diese Verbindung: »Die Fernstraße Nummer 4 war zur verbindenden Brücke geworden – zum Beweis der Freundschaft zwischen Budapest und Moskau.«[16] An dieser Bedeutung hat nun auch die Provinzstadt teil, so die Logik der Rede.

Das Protokoll nimmt bei Ankunft des Läufers an dem neuen Restaurantgebäude nochmals großen Raum ein. Man sieht Szenen des Arrangierens und Rückens, von kleinen Pannen, von Angespanntheit. Dann der Reihe nach Bruderküsse, Übergabe von Blumensträußen, ein Begrüßungstrunk und Reden der Repräsentanten auf dem Gebäudesockel (Abb. 5).

Die Genossen, der Rat, die Parteimitglieder werden begrüßt, das Niveau der Feierlichkeit wird betont, die nationale und historische Bedeutung des Ereignisses wird hervorgehoben, zum Wohl der arbeitenden Dorfbevölkerung und der Durchreisenden – ausdrücklich jener in Richtung »Balkan«. Selbstverständlich bildet das Durchtrennen des Bandes am Gebäudeeingang den Abschluss des offiziellen Teils der Eröffnung. Im Rückblick auf Gazdags *Langstreckenlauf* heißt es in der postsozialistischen ungarischen Filmgeschichtsschreibung zusammenfassend: »In den Verhaltensmustern

---

15 Redeausschnitt, Filmszene aus: Gazdag, *Hosszú futásodra mindig számíthatunk*, Übersetzung MW.
16 Ebd., Übersetzung MW.

und Sprechweisen kristallisieren sich die gesellschaftlichen Verhältnisse der Zeit. In den grotesk wirkenden Details treten die wesentlichen Züge des Systems hervor.«[17] Zudem zeigen sich im konventionellen Ablauf der Feierlichkeit deutliche Brüche – von unfreiwilligen Versprechern wie der »Mafi-« statt »Mani-festation« in der Rede eines Funktionärs bis zur überall sichtbaren Diskrepanz zwischen großen Themen, hohen Ansprüchen und provinziellem Setting. Mit dem Improvisationstalent der Filmarbeiten vor Ort, wie es hin und wieder auch im Bild erscheint, geht all dies gut Hand in Hand. Einige »unprofessionelle« Aufnahmen sind im Film belassen: Als Randfiguren befinden sich stellenweise die Mitglieder des Filmteams wie aus Versehen in der Aufnahme. In einer ähnlichen Rolle werden die Dorfbewohner gezeigt. Man sieht sie als Zaungäste des Geschehens, als Beobachter, in abwartender bis skeptischer Haltung (Abb. 4).

Nach dem Festakt sind die letzten Szenen der Entspannung und Erholung des Läufers gewidmet. Mit Lässigkeit schaffen sie den Raum für Bezüge, die die Kritik an den reproduzierten politischen Strukturen und den stereotypen Verhaltensweisen der Repräsentanten um eine abgründige, historische Dimension erweitern: Während der Bademeister der Kleinstadt den am Ende der Veranstaltung vergnüglich in der Badewanne liegenden Sportler massiert, wird über die Attraktionen der Ortschaft geplaudert. So erfährt man beiläufig von Kenderes als dem Familienstammsitz der Horthys und dass in der katholischen Kirche ein Wandgemälde mit dem Porträt der Gattin des Reichsverwesers zu finden sei (Abb. 6).[18] Im Abspann schließlich reflektiert der Läufer, was seine eigene Rolle in dem Geschehen sei. Doch dies geschieht lediglich auf Nachfrage einer Stimme des Filmteams aus dem Off. In den Aufnahmen des protokollarischen Ablaufs hatte sich der Protagonist als perfektes, dialektisches Medium erwiesen. Durch ihn gelang das Ereignis zur vollsten Zufriedenheit aller Beteiligten, gleichzeitig wurde durch seinen Einsatz das Entlarven von kritischen »Zü-

---

17 »[…] a viselkedésmintákban és a beszédmódokban kikristályosodnak a korszak társadalmi viszonyai, a groteszk elemek mentén kiütköznek a rendszer lényegi vonásai.« Pócsik, »Szegénység és a társadalmi távolság« [wie Anm. 9], S. 294, Übersetzung MW.
18 Miklós Horthy, 1920 bis 1944 ungarisches Staatsoberhaupt, starb 1957 im portugiesischen Exil; von dort wurden 1993 seine sterblichen Überreste nach Ungarn überführt und auf dem Friedhof von Kenderes beigesetzt. Zu Horthy siehe Ungváry, Krisztián, *A Horthy-rendszer mérlege. Diszkrimináció, szociálpolitika és antiszemitizmus Magyarországon* (Die Bilanz des Horthy-Regimes. Diskriminierung, Sozialpolitik und Antisemitismus in Ungarn), Pécs 2012.

gen des Systems«[19] im Film möglich: von hohlen Phrasen und Gesten, von übersteigertem Streben nach Ansehen, von Korruption und großen Diskrepanzen zwischen Anspruch und Wirklichkeit. Auf die Frage, weshalb er seiner Meinung nach als Sportler bei solchen Veranstaltungen engagiert wird, gibt der Läufer abschließend lakonisch zur Antwort: »Nun, es wird wohl eine Art von Ideal gebraucht.«[20] (Abb. 7)

Die Rolle des Kraftsportlers, des namenlosen Protagonisten in Péter Dobais Film *Archaikus Torzó* (Archaischer Torso) ist filmisch-argumentativ ganz anders dargestellt. Die Dreharbeiten orientierten sich nicht an einem einzelnen Ereignis, sondern fanden an verschiedenen Stationen im Alltagsleben des Hauptakteurs statt: auf dem Weg zur Arbeit, am Arbeitsplatz, in der häuslichen Umgebung, vor allem in dem Hinterhof, in dem er sein Kraftstudio eingerichtet hat. Abgesehen von den ersten drei Minuten gibt sich der Film dem Anschein nach wie eine reine Selbstdarstellung des Protagonisten. Fast durchgehend ist er allein im Bild zu sehen, fast ausschließlich hört man ihn alleine sprechen. Er liest aus eigenen Notizen über seine Lebensweise und aus philosophischen Schriften, mit denen er sich beschäftigt. Schon bald wird aus dem Gesprochenen deutlich, dass er der Gesellschaft distanziert gegenübersteht und an ihr leidet.

Die künstlerische Konstruktion des Films jedoch, der Aufbau einer bedrohlichen Stimmung in der Schnittfolge und Tonarbeit, das Clair-Obscur und der weichzeichnende Einsatz von Licht und Dunkelheit, alle diese filmischen Mittel bewirken einen starken Eingriff in die vermeintlichen Selbstäußerungen des Akteurs (Abb. 8). Besondere Bewegungsfiguren des Körpers beispielsweise werden mit Vorliebe herausgestellt. Das gesellschaftliche Umfeld wird am Beginn in Großstadtbildern aus den Darstellungstraditionen von Anonymität und Entfremdung angedeutet. Auf einem Bahnsteig dreht sich der Protagonist im Arbeitsanzug schwungvoll auf seinem Absatz ins Bild. So startet der Film. Der Mann wartet offensichtlich auf seinen Vorortzug, eine gewisse Anspannung macht sich breit, mit seinem kleinen Finger stochert er an einer Öse an einem Türpfosten herum. Eine modische Frau im weißen Schürzenkleid, vielleicht die Bedienung eines Bahnhofsbistros, tritt aus der Tür. Ein paar verhaltene Blicke und Berührungen deuten eine Beziehung an. Schon nach anderthalb Minuten endet die wortlose Bahnhofssequenz abrupt und eine Bildfolge aus dem

---

19 Pócsik, »Szegénység és a társadalmi távolság« [wie Anm. 9], S. 294, Übersetzung MW.
20 Redeausschnitt, Filmszene aus: Gazdag, *Hosszú futásodra mindig számíthatunk,* Übersetzung MW.

Arbeitsleben des Protagonisten beginnt. Er kehrt einen Fabrikhof (Abb. 9), räumt Transportpaletten weg, sprengt Rabatten, mäht Gras mit der Sense. Überlagert wird diese Bildstrecke von einer Stimme mit wissenschaftlichem Duktus, die wiederum in gedrängten anderthalb Minuten einige Anhaltspunkte zu der dargestellten Person nennt. Der soziologische Anspruch wird dadurch unterstrichen, dass das Porträt in dieser Rede explizit als »Filmstudie« benannt ist. Der Mann sei Mitglied einer Instandhaltungsbrigade in einer Fabrik, lebe mit seinen Eltern in einem Vorstadthaus, habe die Reifeprüfung mit Auszeichnung bestanden, sich dann der Philosophie im Selbststudium verpflichtet. Außerhalb der Fabrik nutze er all seine Zeit, um am Gleichgewicht von Körper und Geist zu arbeiten.

Noch auf dem Werksgelände setzen die Selbstäußerungen des Protagonisten ein. Er liest aus seinen Aufzeichnungen vor, beschreibt sein Trainingsprogramm. Dann schwenkt die Stimme zu einer anderen Art von Aussagen über, ethische Erkenntnisse sind zu hören. Es ist die Rede von höchsten Werten, den Zielen des menschlichen Strebens, vom Optimum, von Perfektion und Autonomie durch Stärke. Zu hören sind auch Überzeugungen, wie dieses Optimum anzustreben sei: durch das Erkennen und Entwickeln der eigenen Potenziale oder durch die Beachtung von Regeln der Natur und der Harmonie. In den zu diesem Monolog geschnittenen Bildsequenzen wird die Umgebung vorgeführt, in der der Protagonist sein Training verfolgt. Beispielsweise wird ein Geländer an seinem Wohnhaus zum Gerät, an dem er Kraftübungen macht (Abb. 10). Im Hinterhof steht eine selbst gebaute Bank, auf der er Langhanteln stemmt (Abb. 11). Daneben die Konstruktion aus einem Seil und gesammelten, aufgefädelten Eisenringen, die als Gerät für Zugübungen dient. Aussagen, die Auflehnung und Rebellieren in diesem Streben nach körperlich-geistigem Gleichgewicht verwerfen, begleiten das Ende der Trainingsszenen: »Das Wichtigste ist, wer rebelliert, wird nicht akzeptiert.«[21] Im Anschluss daran wird ausführlich und ohne Worte dargestellt, wie der Protagonist auf der Terrasse des Hauses seine Kraftnahrung einnimmt – Traubenzucker, rohe Eier, Milch. Anschließend – und dies markiert die Mitte des Films – sortiert er auf der Terrasse Bücher. Der Monolog setzt wieder ein und wird zur Lesung aus philosophischen und literarischen Werken, die die gesamte zweite Hälfte bis kurz vor Ende des Films anhält.

---

21 Redeausschnitt, Filmszene aus: Dobai, *Archaikus Torzó*, Übersetzung MW.

Wir sehen den Protagonisten im Garten wandeln und Stellen aus Büchern vorlesen, die ihm wichtig sind. Um welche Werke es sich handelt, erfahren wir nur gelegentlich (Spinoza, Goethe, Luigi Pirandello). Wichtiger als die Quellen sind die jeweiligen Aussagen. Immer wieder geht es um Ideale, aber auch um die Skepsis gegenüber den gesellschaftlichen Vorbildern der Gegenwart: »Siehst du, welche Helden dir das Leben heute bietet?«[22] (Abb. 12) Werte wie Aufrichtigkeit, Reinheit, Liebe werden evoziert, aber mit Verlust in Verbindung gebracht, mit der Kindheit, in der sie vielleicht einmal da waren. Zunehmend macht sich eine Atmosphäre tiefer Verletztheit breit. An einigen Stellen bricht der Protagonist die Lektüre in Tränen ab. Er wolle nicht mehr lesen. Die Kamera jedoch schaltet nicht aus, sie verfolgt die emotionale Krise weiter und versucht, den Protagonisten wieder einzufangen. Hörbar wird eine Auseinandersetzung zwischen dem Filmer und dem Subjekt seiner »Studie«.[23] Der Protagonist sieht sich in seinen Erwartungen an das Filmexperiment getäuscht: Es sollte ihm doch helfen.

Das Filmende schließlich setzt Aufnahmen ein, die wie die Beschreibung eines Abwehrmechanismus in einem psychoanalytischen Fallbeispiel anmuten. Der Protagonist holt zwei geschundene Teddybären hervor, erzählt, wie er sie im Müll gefunden und vor dem Verschwinden gerettet habe, wobei er bekennt: »Noch nie war mir jemand so nahe.«[24] (Abb. 13)

Immense, emotional nicht bewältigbare Spannungen werden filmisch als die Bedingung des extremen Krafttrainings und der Härte der praktizierten Selbstdisziplin interpretiert. Die Filmarbeiten gelten dem Herausschälen sublimierter Konflikte – das wird an den letzten Szenen besonders deutlich. Es geht um das Erforschen psychischer Brüche und die Dokumentation der außerordentlichen Anstrengungen, mit denen sie in Höchstleistungen überführt werden. Die Spannungen sind nicht etwa in einer Leistungsunfähigkeit oder -verweigerung des Protagonisten zu suchen; vielmehr treten sie dort in Erscheinung, wo er mit dem Mangel oder Verlust von Beziehungen konfrontiert ist, so die Argumentation des Films. Sie knüpft damit deutlich an die aktuelle psychoanalytische Diskussion der Entstehungszeit des Films an: In der Geschichte der Psychoanalyse steht

---

22 Lesung, Filmszene aus: Dobai, *Archaikus Torzó*, Übersetzung MW.
23 Vgl. die Bezeichnung »Filmstudie« in der gesprochenen Einführung zum Film.
24 Redeausschnitt, Filmszene aus: Dobai, *Archaikus Torzó*, Übersetzung MW.

die Budapester Schule[25] für die Entwicklung der Mehr-Personen-Psychologie und die Berücksichtigung von Umwelt und Bezugspersonen. Bei ihrem in den 1960er Jahren prominentesten Vertreter, dem Psychoanalytiker Michael Balint (1896–1970), gilt die Untersuchung von Beziehungsaspekten als das Hauptanliegen. In seinem 1959 erschienenen Werk *Thrills and Regressions* fasst Balint die Spannungen von Autonomiestreben und Abhängigkeiten in den Begriffen Oknophilie und Philobatismus.[26] Sein Konzept wendet er nicht zuletzt bei seinen Analysen von Phänomenen aus dem Bereich der Körperwahrnehmung an, insbesondere solcher, die »Nervenkitzel« (*thrills*) verursachen.[27]

Diese Verweise sollen nicht als Bausteine für eine Betrachtung von Dobais Film im Sinne der psychoanalytischen Filmtheorie dienen.[28] Vielmehr stützen sie die Schlussfolgerung, dass Dobai seine Filmarbeit als psychoanalytischen Vorgang anlegte. Er zeigt den Protagonisten seiner Filmstudie als »archaischen Torso«, als ein beschädigtes klassisches Ideal. Über die konkreten Ursachen, die zu den Beschädigungen führten, erfahren wir im Film zwar wenig. Doch rückblickend auf seine frühe Arbeit schreibt der Filmemacher: »Der Archaische Torso [...] steht frontal und einsam einer gewaltsamen Gesellschaft und ihren Einrichtungen gegenüber, einer sich auch philosophisch für nicht angreifbar haltenden Macht, die sich [lediglich, MW] in ihren Parolen als Macht der Arbeiter und Bauern gerierte [...].«[29]

---

25 Zur Geschichte der Tiefenpsychologie in Ungarn seit ihrer Begründung durch Sándor Ferenczi, siehe Harmat, Paul, *Freud, Ferenczi und die ungarische Psychoanalyse*, Tübingen 1988.

26 Den Begriff des Philobaten und seines Bereichs, des Philobatismus, prägte Balint nach eigener Erläuterung in Anlehnung an die Bedeutung des Wortes Akrobat, als einem, der sich absichtlich »von der sicheren Erde entfernt hat«. Um dessen Gegenteil auszudrücken, wählte er den Begriff der Oknophilie und bezog sich dabei auf die griechische Wurzel des Wortes, die »sich scheuen, zögern, sich fürchten, sich anklammern« bedeutet.« Siehe Balint, Michael, *Angstlust und Regression. Beitrag zur psychologischen Typenlehre*, 2. Aufl., Reinbek b. Hamburg 1972, S. 22.

27 Balints Theorie findet bis heute Beachtung und dient als Referenz auch für kulturgeschichtliche Betrachtungen von Extremsportarten, siehe Raethel, Gert, *Philobaten und Oknophile. Balints Typenlehre und ihre Anwendbarkeit*, Aachen 2010, S. 27–28.

28 Zur psychoanalytischen Filmtheorie, siehe Metz, Christian, *Psychanalyse et cinéma*, Paris 1975.

29 Dobai, Péter, »In loving memory of BBS«, zitiert nach Havasréti, József, »›És mindig csak képeket hagyunk magunk után…‹ Diskurzusok a BBS kőrűla hetvenes-nyolcvanas években«, in: Gelencsér u. a. (Hg.), *BBS 50* [wie Anm. 9], S. 38, Übersetzung MW.

An den beiden Filmen von Gyula Gazdag und Péter Dobai wird deutlich, was es heißt, wenn in der Filmgeschichte bei den damaligen Produktionen aus dem Béla Balázs Studio von einem Dokumentarismus mit »ideologiekritischen Funktionen« und »gesellschaftskritischer Wirkkraft« die Rede ist.[30] Im einen Fall agiert dieser Dokumentarismus mit medien- und repräsentationskritischen Mitteln, im anderen mit soziologischen und psychoanalytischen Methoden. Der Langstreckenläufer in Gazdags Sportlerporträt ist ein Vertragspartner, der den Auftrag erfüllt, das Ansehen der Peripherie gegenüber dem Zentrum zu stärken. Der Kraftsportler in Dobais Filmstudie verfolgt ein individuelles, ganzheitliches Training, um gegen gesellschaftliche Brüche und Beschädigungen anzukämpfen. Beide filmische Auseinandersetzungen mit Körper- und Sportkonzepten konnten dazu führen, sowohl individuelle als auch gesellschaftliche Idealvorstellungen erodieren zu lassen.

Bleibt allerdings die Frage, ob die Filmer in ihrer Arbeit nicht selbst eine neue heroische Rolle übernommen haben. Dobai zumindest verglich das Filmen mit einem Einhorn.[31] Wie mit einem wundersamen, aber gefährlichen Horn als Waffe rennt der Künstler mit der Kamera gegen die Realität an. Die Kritik dieses Heroismus, dieser Art des Kämpfertums im Künstlerverständnis, eröffnet jedoch ein anderes Kapitel.

---

30 »Számos olyan film készült ugyanis a BBS-ben, amelyek alkotóikat, szemléletmódjukat, eszközeiket tekintve inkább az avantgárdhoz sorolhatók, ugyanakkor dokumentumfilmek is – e munkákban a dokumentumigény és az avantgárd eszköztár egy ›szublimált‹ vagy szofisztikáltabb dokumentarizmus érdekében kápcsolódik őssze egymással, többnyire ideológiakritikai funkcióval, például [...] Dobai Péter filmjei esetében. E filmek társadalomkritikai hatóereje nem az ábrázoláson, hanem inkább a szubverzív montázstechnikán alapszik.« Havasréti, »Diskurzusok« [wie Anm. 29], S. 38.
31 Vgl. Müllner, András, »Montázspolitika. Neoavantgárd nyomok magyar experimentális filmekben«, in: Gelencsér u. a. (Hg.), *BBS 50* [wie Anm. 9], S. 141.

Abb. 2–4 (linke Spalte) und 5–7 (rechte Spalte): Gyula Gazdag, Hosszú futásodra mindig számíthatunk (Auf deinen Langstreckenlauf können wir jederzeit bauen), 1968, Filmstills.

Abb. 8–10 (linke Spalte) und 11–13 (rechte Spalte): Péter Dobai, Archaikus Torzó (Archaischer Torso), 1970, Filmstills.

Out of Time:
Eine alternde Fliegerheldin zwischen Loyalität und Generationenwandel

Anmerkungen zum Film *Kryl'ja* (Flügel) von Larisa Šepitko (1966)

Carmen Scheide

Im Film *Kryl'ja* (Flügel) von Larisa Šepitko aus dem Jahr 1966 wird eine 42-Jährige gezeigt, die durch ihre Teilnahme als Kampfpilotin im Zweiten Weltkrieg als junge Frau den Titel »Heldin der Sowjetunion« verliehen bekommen hatte. Doch etwa 20 Jahre nach der Auszeichnung ist sie nur noch ein marginalisiertes Objekt in der Geschichte des »Großen Vaterländischen Krieges«. Ihr Porträt hängt als Exponat im lokalen Museum und symbolisiert die Vergangenheit, ein junger Schüler fragt bei einem Besuch der Ausstellung seine Lehrerin, ob denn die Fliegerin überhaupt noch lebe, was Nadežda Petruchina mithört. Mit dieser Szene wird der Lebensentwurf von Nadežda ebenso wie das Kriegspathos infrage gestellt. Im Film bleiben die Befindlichkeiten der Protagonistin und ihre individuellen Kriegserfahrungen, ihre Wünsche und Lebenspläne Bestandteile ihrer Innenwelt, die niemanden interessieren. Daraus entwickelt sich ein Widerspruch zwischen Selbstentwurf und Fremdzuschreibungen, gerade in Bezug auf *gender*-Stereotype und Generationenzugehörigkeit, auf dem die Geschichte des Films aufgebaut ist. Eine Dissonanz zwischen öffentlichen Narrativen und eigenen Deutungen ergibt sich auch in Bezug auf die zwei Zeitebenen, in denen die Handlung verortet ist: Während der offiziell siegreichen Kriegsjahre erlebte Nadežda Petruchina ihre persönliche Tragödie durch den Tod ihres Verlobten. Später wird sie als Heldin erinnert und geehrt, fühlt sich aber unglücklich und vom Leben enttäuscht. Sie gilt mit Anfang 40 bereits als eine ältere Frau.

Der Film einer der interessantesten sowjetischen Regisseurinnen[1] ist vielschichtig und bedarf einer differenzierten Analyse der multiplen Erzählstränge. Ich beschäftige mich hier mit der fiktiven Figur der Fliegerheldin, die reale Vorbilder in der sowjetischen Gesellschaft besitzt, um nach der Stellung weiblicher Kriegshelden in der sowjetischen Gesellschaft zu fragen. Dabei geht es auch um die Frage, wie das Heldenkonzept funktionalisiert wird und sich wandelt. Je nach Perspektive erfolgten unterschiedliche Zuschreibungen und Bewertungen:

In der Selbstwahrnehmung sahen sich die als »Heldin der Sowjetunion« ausgezeichneten Frauen als loyale Mitglieder und Träger der sowjetischen Gesellschaft.[2] Sie gehörten zu der »Generation der Sieger«, die aus Patriotismus bereit gewesen waren, ihr Leben für die Verteidigung des Vaterlandes zu opfern. In der Fremdwahrnehmung waren sie bereits im Krieg als Frauen in der Männerwelt Militär unzeitgemäß, weshalb sie von Beginn ihrer Mobilisierung an mit massiven Vorurteilen konfrontiert waren und nachfolgend stark marginalisiert wurden. Als in der Phase des Tauwetters kritischer über die Ereignisse zwischen 1941 und 1945 berichtet werden konnte, war das Bild der loyalen, stalinistischen Sowjetheldin angesichts einer Individualisierung von Lebensentwürfen und politischer Umdeutungen erneut unzeitgemäß.

Die Regisseurin Larisa Šepitko (1938–1979) stammte aus einer Lehrerfamilie und wurde in der Ukraine geboren, die Schule besuchte sie in L´vov. Mit 16 Jahren begann sie an der Filmhochschule in Moskau zu studieren, wo sie nach dem Ende des Studiums im Jahr 1963 vier Filme fertigstellen und einen beginnen konnte. Durch einen tragischen Autounfall kam sie mit nur 41 Jahren ums Leben.[3] Sie lernte bei einigen namhaften Regisseuren wie Michail Romm und war mit Elem Klimov verheiratet. Der Film *Kryl'ja* entstand 1966 als ihr zweiter Spielfilm, das Drehbuch hatte

---

1 Turowskaja, Maja, »Zur Geschichte des Frauenfilms in der Sowjetunion«, in: Karin Bruns/Silke Johanna Räbiger/Brigitte Schmidt (Hg.), *Würde – oder Das Geheimnis eines Lächelns: Frauen Film Kultur in der Sowjetunion*, Zürich 1990, S. 17–21.

2 Zum Beispiel: Rakobol'skaja, Irina/Kravcova, Natal'ja, *Nas nazvali nočnymi ved'mami. Tak voeval ženskij 46-j gvardejskij polk nočnych bombardirovščikov*, 2. Aufl., Moskau 2005; *Geroini vojny. Očerki o ženščinach – gerojach sovetskogo sojuza*, zusammengestellt von A. Belanovskij und P. Perepečenko, Moskau 1963.

3 Holloway, Dorothea, »Was tut der Mensch, um ein Mensch zu sein? Die Spielfilmregisseurin Larissa Schepitko«, in: Bruns u.a., *Würde* [wie Anm. 1], S. 51–60; Romanenko, Aëlita Romanovna, *Elem Klimow und Larissa Schepitko: Meister der sowjetischen Kultur*, Moskau 1990.

Natal ja Rjasanceva verfasst. Die Hauptrolle spielte die unbekannte Nebendarstellerin Maja Bulgakova, die dafür von Kinojournalisten der Zeitschrift *Ekran* als beste Schauspielerin nominiert wurde. Der Film fiel bei den offiziellen Kritikern durch, die verneinten, dass es die dargestellten Generationenkonflikte in der Sowjetunion gebe. Zudem sahen sie die Darstellung der Kriegsheldin als Diskreditierung an.[4] Anscheinend hatte Larisa Šepitko ein sensibles Thema aufgegriffen, einen Konflikt angesprochen, der unterschwellig in der damaligen sowjetischen Gesellschaft existierte. Nachfolgend wurde der Film auch nur kurz in Moskauer Kinos gezeigt und verschwand dann in den Regalen der Archive. Erst zwölf Jahre später erlebte er dann auf der Berlinale 1978 eine internationale, gefeierte Premiere. Mutmaßlich flossen verschiedene autobiografische Erlebnisse in die Geschichte ein, da die Mutter Larisa Šepitkos im Krieg auch Fliegerin werden wollte.[5] Er spiegelt damalige Diskurse wieder, die vor allem in einer Thematisierung unterschiedlicher generationeller Prägungen bestehen: eine junge, mehr auf Individualität statt Loyalität setzende Generation der »Sechziger«, ein kritisches Hinterfragen der Kriegsfolgen, jenseits der Formel vom »Heiligen Vaterländischen Krieg«, Emanzipation von vorgezeichneten Rollenmustern.

Zwischen 1941 und 1945 gab es etwa eine Million Frauen in der Roten Armee, die nicht nur traditionell weibliche Aufgaben im Fernmeldewesen oder beim Sanitätsdienst verübten, sondern auch in Schützenregimentern, als Scharfschützinnen, bei den Partisanen und als Kampffliegerinnen eingesetzt wurden.[6] Das war im internationalen Vergleich eine relativ hohe Zahl und zudem neuartig. Obwohl in der Sowjetunion die Gleichheit von Mann und Frau propagiert wurde, erfolgte bei Kriegsbeginn im Juni 1941 keine aktive Mobilisierung von Sowjetbürgerinnen für den Kriegsdienst. Im Gegenteil: Der Platz von Frauen im Krieg sollte an der Heimatfront sein, die Gesellschaft war weitgehend patriarchalisch. Aber allein in Moskau meldeten sich bei Kriegsausbruch 20.000 junge Frauen freiwillig zum Kriegseinsatz, worauf das Staatliche Komitee für Verteidigung (GKO) reagieren musste.[7] Erst als im Verlauf der ersten Kriegsmonate immer höhere Verluste zu verzeichnen waren, wurden angesichts der desolaten

---

4 Holloway, *Schepitko* [wie Anm. 3], S. 54.
5 Romanenko, *Klimov* [wie Anm. 3], S. 29–30.
6 Markwick, Roger D./Cardona, Euridice Charon, *Soviet Women on the Frontline in the Second World War*, Houndmills 2012.
7 Markwick/Cardona, *Frontline* [wie Anm. 6], S. 36.

Situation der Sowjetunion 1942 bis 1943 aktiv Frauen angeworben. Besonders junge Frauen aus Städten meldeten sich oftmals begeistert zum Militär, da sie die Propaganda der 1930er Jahre verinnerlicht hatten. Demnach sollten alle Sowjetbürger bereit sein, ihr Vaterland zu verteidigen. In vielen Medien der populären Kultur war der Sowjetpatriotismus propagiert worden, durch Organisationen wie dem Komsomol oder OSOAVIACHIM (Gesellschaft zur Förderung der Verteidigung, des Flugwesens und der Chemie) wurden paramilitärische Unterweisungen durchgeführt. In der Armee war man zunächst nicht auf weibliche Angehörige vorbereitet, es fehlten passende Uniformen oder Unterwäsche, spezielle Vorschriften oder Gynäkologen. Die meisten Frauen kamen nahezu naiv und unwissend und absolvierten zunächst Schnellkurse, um zumindest ein rudimentäres Grundwissen zu erlernen. Trotzdem waren sie ungenügend auf den Kriegseinsatz vorbereitet. So hatten viele dann auch schreckliche Erlebnisse, hinzu kamen oft sexuelle Belästigungen durch Rotarmisten.[8] Je nach Einsatzort fielen die Erfahrungen von Frauen sehr unterschiedlich aus, aber nur selten wurde dadurch die Loyalität zum Sowjetstaat infrage gestellt.

Neben den genannten Gründen, weshalb sich junge Mädchen zur freiwilligen Mobilisierung entschlossen, spielte der Helden- und Fliegermythos aus den 1930er Jahren eine prägende Rolle. Mit der Person des Bestarbeiters Aleksej Stachanov (1905–1977) wurde die Figur des Arbeiterhelden geschaffen, der im Rahmen der Industrialisierung des Landes die Werktätigen zu Höchstleistungen anspornen sollte. Parallel gab es den Fliegerhelden, der die erwünschten Grenzüberschreitungen der stalinistischen Gesellschaft symbolisierte, sich der Schwerkraft und den geografischen Grenzen widersetzte. Der Traum vom Fliegen wurde zum wichtigen Bestandteil der Massenkultur.[9] Der Neue Mensch war räumlich und vor allem sozial mobil, sportlich und leistungsorientiert, trug Züge militärischer Disziplin, verehrte sein Vaterland und brachte es zu Höchstleistungen. In den Vorkriegsjahren wurden diverse Flugrekorde aufgestellt, wofür verschiedene Flieger als erste Personen in der Sowjetunion 1934 den neuen Titel »Held der Sowjetunion« verliehen bekamen.[10] 1938 folgten dann spektakuläre Flugrekorde von Valentina Grizodubova, Polina Osipenko und Marina

---

8 Ebd., S. 74.
9 Ein prominentes Beispiel dafür ist der Film *Cirk* (Zirkus) von 1936.
10 Günther, Hans, *Der sozialistische Übermensch. Maksim Gor'kij und der sowjetische Heldenmythos*, Stuttgart/Weimar 1993, S. 155–174.

Raskova, die nun als erste Frauen mit dem hoch angesehenen Heldentitel ausgezeichnet und dadurch zu wichtigen Rollenvorbildern für sowjetische Frauen wurden. Die Faszination für das Fliegen war weitverbreitet, es gab verschiedene Klubs, in denen man Fallschirmspringen oder das Führen von Flugzeugen lernen konnte.[11] Bei Kriegsausbruch am 22. Juni 1941 meldeten sich, wie oben bereits angesprochen, oftmals junge, relativ gut gebildete, in Städten lebende Frauen beim Komsomol, um ihr Vaterland zu verteidigen. Neben patriotischen Gefühlen war Abenteuerlust ein weiteres – unglaublich naives – Motiv dieser Sowjetbürgerinnen. Eine von ihnen, Marina Raskova (1912–1943), sprach dann persönlich bei Stalin vor, der am 8. Oktober 1941 einen geheimen Befehl über die Bildung von drei weiblichen Fliegerregimentern erließ. Ein Regiment (das 588. *Tamanskij polk*) blieb während des gesamten Einsatzes zwischen Mai 1942 und Juni 1945 rein weiblich und bekam nach anfänglichem Spott im Jahr 1943 sogar die Auszeichnung als Garderegiment verliehen. Diese Frauen wurden im Sommer 1941 durch den Komsomol in Moskau rekrutiert und zu einem Kurzlehrgang nach Engels an der Wolga geschickt. Aus hygienischen Gründen mussten die langen Haare kurz geschnitten werden, was in späteren Erzählungen als *rite de passage* dargestellt wurde.[12] Gerade weil die jungen Frauen für ihr Engagement im männlich kodierten Militär verspottet wurden und weil sie keinen sexuellen Übergriffen durch männliche Regimentsmitglieder ausgesetzt waren, entwickelten sie ein zunehmendes Bewusstsein für die Kategorie Geschlecht: Obwohl sie Frauen waren und obwohl sie deswegen nur sehr schlechtes Flugmaterial erhielten, erbrachten sie beachtenswerte Höchstleistungen. Von den 261 Frauen wurden 232 ausgezeichnet, davon 16 mit dem Ehrentitel »Held der Sowjetunion«.[13] Aus der Position einer erfolgreichen Sowjetbürgerin heraus verfassten später einige von ihnen Memoiren über die Kriegserlebnisse. Sie negierten nicht ihre Weiblichkeit, aber fühlten sich mit Männern gleichrangig, was durch die Auszeichnungen bestätigt zu sein schien. Doch in der offiziellen sowjetischen Erinnerung an den »Großen Vaterländischen Krieg« wurden die Leistungen von Frauen weitgehend ausgeblendet.[14]

---

11 Scheide, Carmen, »Frauen bei den Luftstreitkräften der Roten Armee«, in: Gorch Pieken/Matthias Rogg/Jens Wehner (Hg.), *Stalingrad*, Dresden 2012, S. 98–105; Tschetschnewa, Marina, *Der Himmel bleibt unser*, Berlin 1989².
12 Rakobol'skaja, *Nas* [wie Anm. 2]; Tschetschnewa, *Himmel* [wie Anm. 11].
13 Rakobol'skaja, *Nas* [wie Anm. 2], S. 327–332.
14 Markwick, Cardon/Murmanceva, V. S., *Ženščiny v soldatskich šinelach*, Moskau 1971.

Nach Kriegsende im Mai 1945 erfolgte eine zügige Demobilisierung der Fliegerinnen. Der damalige Staatspräsident Michail Kalinin (1875–1946) riet in einer Rede ehemaligen Frontkämpferinnen, besser über ihre Leistungen zu schweigen.[15] Frauen an der Front hatten in der Gesellschaft einen schlechten Ruf, da man ihnen unterstellte, sie hätten sich dort auf Kosten der Heimatfront den Lasten des Krieges entzogen, die Moral der Truppe zersetzt und sich quasi prostituiert. Pejorativ wurden sie »Feldweiber« genannt. Erst 1959 anerkannte General Čuikov in seinen Memoiren die Leistungen von Frauen im Zweiten Weltkrieg.[16]

Die patriarchale Geschlechterordnung war durch die kämpfenden Sowjetbürgerinnen nicht infrage gestellt worden, da diese nicht für ihre Emanzipation, sondern für das Vaterland gekämpft hatten. Innerhalb der Gruppe der Fliegerinnen blieben die Erinnerungen an die Kriegserlebnisse in Form von regelmäßigen Treffen lebendig. Die Überlebenden konnten erst in den 1960er Jahren beginnen, Kriegsmemoiren zu veröffentlichen, weshalb sie vorab immer wieder versuchten, im Rahmen eines kulturell akzeptierten Totenkultes an gefallene Kameradinnen zu erinnern. Diese Form des Gedenkens war möglich und besaß eine Spiegelfunktion: Das Reden über die Taten der Gefallenen umfasste auch die eigenen Erlebnisse.[17] Hinzu kam, dass die toten Heldinnen keinen Eigensinn mehr produzierten, sondern ihnen zum Teil auch die Erfahrungen der Lebenden zugeschrieben werden konnten.[18] Vermutlich führte die Gründung eines Veteranenverbandes im Jahr 1956 auch zu einem Wandel im öffentlichen Gedenken.[19] Obwohl nach Stalins Tod eine Umdeutung der Kriegsereignisse begann, blieben große Tabus bezüglich der Verluste, der Rolle des NKVD, des antisowjetischen Widerstands, über Zwangsarbeiter oder die

---

15 Fieseler, Beate, »Rotarmistinnen im Zweiten Weltkrieg. Motivationen, Einsatzbereiche und Erfahrungen von Frauen an der Front«, in: Klaus Latzel (Hg.), *Soldatinnen: Gewalt und Geschlecht im Krieg vom Mittelalter bis heute*, Paderborn 2011, S. 301–330.

16 Markwick/Murmanceva , *Ženščiny* [wie Anm. 14], S. 83; Čujkov, Vasilij Ivanovič, *Anfang des Weges*, 3. Aufl., Berlin 1968; Scheide, Carmen, »Bild und Gedächtnis. Identitätskonstruktionen sowjetischer Fliegerinnen als Angehörige der Roten Armee im Zweiten Weltkrieg«, in: Beate Fieseler/Jörg Ganzenmüller (Hg.), *Kriegsbilder. Mediale Repräsentationen des »Großen Vaterländischen Krieges«*, Essen 2010, S. 29–45.

17 Rudneva, Evgenija, *Poka stučit serdce. Dnevniki i pis'ma Geroja Sovetskogo Sojuza Evgenii Rudnevoj*, Moskau 1955.

18 Diese Hypothese müsste an Beispielen wie Lydia Litvak, Zoja Kosmodemjanskaja, Lisa Čajkina oder anderen noch genauer geprüft werden.

19 Edele, Mark, *Soviet Veterans of the Second World War. A Popular Movement in an Authoritarian Society, 1941–1991*, Oxford/New York 2008.

Shoah bestehen. Krieg blieb allgemein ein männliches Ereignis. Die ehemaligen Heldinnen ihrerseits sahen in ihrer Kriegsteilnahme eine bedeutende Erweiterung ihrer Handlungsmöglichkeiten, konnten oder wollten aber nach der Demobilisierung keine Militärlaufbahn einschlagen, sondern arbeiteten fortan in zivilen Berufen. Nur wenige von ihnen verfassten dann Memoiren und wurden so zum Gedächtnis einer größeren Gruppe.

Zurück zum Film: Das Verhalten der realen Fliegerheldinnen und von Nadežda Petruchina weist viele Gemeinsamkeiten auf. Besonders auffällig ist die loyale, pflichtbewusste, selbstlose Haltung als Sowjetfrau, ein korrektes, ordentliches, angepasstes Verhalten und Auftreten in der Öffentlichkeit. Die eigenen Gefühle werden diesen Tugenden untergeordnet. Trotzdem erzählt der Film auch die Geschichte weiblicher Befreiung und Emanzipation, den Ausbruch aus Rollenklischees. Als die Schuldirektorin Nadežda Petruchina keine Lust mehr hat, selber zu kochen, will sie stattdessen in einem Restaurant in ihrer modernen sowjetischen Stadt essen. Der Türsteher weist sie jedoch mit der Bemerkung ab, sie hätte nur mit einem Kavalier, in männlicher Begleitung, Zutritt. Nadežda entzieht sich sowohl der Hausfrauen- als auch der Ehefrauenrolle, was auf Ablehnung stößt, da es nicht den sozialen Normen entspricht. In einer Szene besucht sie ihren guten Bekannten, den Direktor des städtischen Museums. Während sie auf ihn wartet, beobachtet sie, wie eine Lehrerin eine Schülergruppe durch die Ausstellung zum »Großen Vaterländischen Krieg« führt. Der Name von Nadežda und ihrem ehemaligen Verlobten fällt, beide werden als Helden der Sowjetunion bezeichnet, die im Kampf gestorben seien. Nadežda fühlt sich geehrt und getroffen zugleich, spiegelt die Rede über sie als »tote« Heldin, als »Exponat im Museum«, ihre innere trübe Befindlichkeit. Sie lehnt sich gegen eine stereotype Heroisierung auf und fragt daraufhin den Direktor, ob er sie heiraten wolle. Auch hier rebelliert sie gegen Konventionen, was zu einem erneuten Scheitern führt. Als Heldin ist sie eine Episode der Vergangenheit, in der Gegenwart ist sie eine Antiheldin. Petruchina will ihrem langweiligen, angepassten, den gesellschaftlichen Zwängen folgendem Leben entfliehen und besucht den Flugplatz. Dieser Ort verbindet ihr Leben im Krieg mit der Jetztzeit. Sie besteigt zunächst unbeobachtet das Cockpit eines kleinen Flugzeuges, als sie von den männlichen, jungen Arbeitern entdeckt wird. Die scherzen herum, unterstellen Nadežda, sie beherrsche die neue Technik nicht mehr, und schieben sie dann zum Hangar. Nadežda fühlt sich wieder einmal der Situation hilflos ausgeliefert, macht gute Miene zum für sie als böse erlebten

Spiel. Die Situation spiegelt ihre ganze Verzweiflung, Tränen brechen aus ihr heraus. Doch dann startet sie unerwartet die Maschine und fliegt einfach davon. Der Film endet offen. Nadežda Petruchina hat neue Räume für sich selber erobert, Grenzen überwunden, Implikationen des Heldenkonzeptes für ihr Leben umgesetzt. Sie hat allen Mut zusammengenommen und dabei zu sich selber gefunden. Mit diesem Schluss hat Larisa Šepitko eine radikale Umdeutung des Heldenkonzeptes vorgenommen, und nach westlichen Begriffen feministische Ideen vorweggenommen: Nadežda befreit sich von allen Zwängen und Rollenmustern und folgt ihren Gefühlen und Sehnsüchten. Sie ist am Ende eine glückliche, individuelle, selbstbestimmte, freie und lebendige Heldin.

Kryl'ja (Flügel) – Storyline

Wichtige Symbole im Film sind Räume, Gruppenkonstellationen und Tätigkeiten. Sie stehen sowohl für *gender*-Zuordnungen als auch für Generationenfragen. Weiblich konnotierte Handlungen wie Kartoffeln schälen oder Torte schneiden verübt Nadežda linkisch oder bricht sie ab. Sie fühlt sich eher in männlich konnotierten Räumen wohl (»Pivnaja«, Flugplatz), bleibt aber durch ihre Kleidung (Kostüm, Schuhe und Absatz) immer eine Frau. Nadežda versteht die junge Generation nicht. Dies wird an der Mutter-Tochter-Beziehung deutlich. Während Nadežda diszipliniert ihre gesellschaftlichen Pflichten erfüllt, wählt die Tochter mehr Selbstbestimmung, etwa bei der Partnerwahl und dem Lebensstil (verdeutlicht durch das jeweilige Wohnungsinterieur und den Kleidungsstil). Nadežda wirkt nach außen rational und hart, ist jedoch sensibel und emotional. Die Kriegserinnerung ist mit dem größten Glück und Leid zugleich verbunden: persönliche Erfolge, große Liebe und menschlicher Verlust. Der Krieg spielt hier eine rein private Rolle. Während sie ihrem verstorbenen Freund ihre Gefühle erzählen konnte, verbirgt sie sie in der »Jetzt«-Zeit stets hinter Konventionen und Disziplin.

(1) Die 42 Jahre alte Schuldirektorin Nadežda Petruchina lebt in einer normalen Stadt und leitet eine Berufsschule. Sie lebt in ordentlichen Verhältnissen und wird respektiert.

(2) Dennoch ist sie einsam und träumt in ihrer Freizeit immer wieder von der Vergangenheit, besonders vom Krieg. Hier ist sie beim Baden und geht anschließend auf den Flugplatz.

(3) Beim Kartoffelschälen entscheidet sich Nadežda, lieber in einem Restaurant zu essen. Dort wird sie abgewiesen, weil man nur mit einem »Kavalier« Zugang erhält.

(4) Sie kommt an einer »Pivnaja« (Bierstube) vorbei, die als männlicher Raum gezeigt wird. Ein Bekannter, der sie auf der Straße sieht, winkt sie hinein.

(5) Nadežda folgt der Einladung und wird von den anwesenden Männern als einzige Frau (neben der Bedienung) genau angeschaut.

(6) Nadežda besucht überraschend ihre Tochter und bringt Vodka sowie eine Torte mit. Ihr missfällt die Lebensführung der Tochter, dennoch bemüht sie sich um Verständnis.

(7) In einem zu renovierenden Klassenzimmer in der Schule malen Schüler eine Karikatur von Nadežda, auf der sie als verhärmte Frau dargestellt wird. Der Respekt gilt nur ihrer Position, nicht ihrer Person.

(8) Nadežda besucht noch einmal die Bierstube, die nun leer ist. Zusammen mit der Bedienung verbringt sie eine heitere Zeit. Trotz der Verschiedenartigkeit verstehen sich die Frauen gut.

(9) Sie schwelgen in Erinnerungen und singen gemeinsam einen Walzer, zu dem sie dann tanzen. Beide sind einen Moment glücklich, Nadežda ausgesprochen ausgelassen und heiter.

(10) Immer wieder erfolgen Rückblenden in die Kriegszeit. Nadežda hält einen Monolog mit ihrer großen Liebe, Mitja. Er war Kriegsinvalide.

(11) Mitja war wie sie ein Kampfpilot, dessen tödlichen Absturz Nadežda miterleben musste. Sie hatten sich ewige Liebe und Treue geschworen.

(12) Nadežda selber war eine dekorierte Kampfpilotin. Sie ist ein Exponat im Museum und bei einer Führung wird sie als ein Objekt unter vielen bezeichnet.

(13) Nadežda fühlt sich unglücklich und zu jung, um zu resignieren. Ihr Heiratsgesuch an den Direktor des Museums wird nicht erwidert.

(14) Sie will ihr Leben ändern und geht erneut zum Flugplatz. Beim Anblick der Maschine erinnert sie sich an das Glücksgefühl beim Fliegen.

(15) Sie klettert mit Mühe in das Cockpit. Zunächst wird sie von jungen Flugplatzarbeitern in den Hangar geschoben, der symbolisch wie ein Grab dargestellt wird.

(16) Unerwartet startet sie den Motor und hebt ab. Sie fliegt allen Sorgen und Problemen davon. Die Beherrschung einer neuen Technik setzt die Flugplatzmitarbeiter in Erstaunen, zeigt aber auch den Willen von Nadežda.

(17) Nadežda beschaut die Welt von oben und ist glücklich. Sie ist ihrem langweiligen Leben entflohen, obwohl kein Problem gelöst wurde.

Technische Utopien:
Mensch und Maschinenkörper

Die technische Ästhetik und die unerschöpfliche Mensch-Maschine als sowjetisches Designprodukt der 1960er bis 1970er Jahre

Margareta Tillberg

»Das Glück des Menschen hängt ganz von seiner Arbeit ab.«
Oleg Antonov, Generalkonstrukteur der Aeroflot

»Alles um uns herum war heruntergekommen und hässlich, aber das Flugzeug lenkte den Blick in den Himmel, wo alles schön war.«
Dmitrij Azrikan, mechanischer Ingenieur aus der Ölförderstadt Baku

Im Jahr 1962 wurde in Moskau das »All-Union-Forschungsinstitut für technische Ästhetik« eingeweiht (*Vsesojuznyj naučno-issledovatel'skij institut techničeskoj èstetiki,* auf Russisch VNIITĖ abgekürzt). In ihrer Eigenschaft als erster Arbeiterstaat der Welt war die gesamte Existenzberechtigung der Sowjetunion darauf gegründet, wie Arbeit organisiert wurde. Mittels der neuen Wissenschaft der »technischen Ästhetik« sollte die Arbeitsproduktivität gefördert werden sowie auch die »Produktionskultur«, das heißt die Arbeitsbedingungen, verbessert werden. Mittels der »technischen Ästhetik« sollte die kriegsmüde[1] Bevölkerung dazu gebracht werden, den eigenen Leistungsanteil am Allgemeinwohl wieder steigern zu können; gleichzeitig wollte die Sowjetdiktatur damit ihren schlechten, internationalen Ruf aufpolieren. Kurz gesagt hieß es zum einen, dass die Verhältnisse an den Arbeitsplätzen verbessert werden mussten. Zum anderen war ein attraktiver Lebensstil gefragt. VNIITĖ sollte beides entwerfen. Genau im selben Monat und selben Jahr, als VNIITĖ gegründet wurde, im November 1962, ist auch Aleksandr Solšenicyns Erzählung über den trostlosen Arbeitsalltag des Lagergefangenen Ivan Denisovič veröffentlicht worden. Auf diese Parallele soll hingewiesen werden, um ein Sinnbild der allgemeinen Lage zu

---

[1] 1962 war nur 17 Jahre nach dem Kriegsende, und die Schäden durch den Zweiten Weltkrieg waren noch sehr präsent. Die Einstellung zum Krieg unterschied sich sehr von dem Umgang in der Bundesrepublik des Wirtschaftswunders, die sich schneller erholte und sich zu einem modernen Staat wandelte, in dem auch Menschenrechte ein wichtiger Bestandteil wurden.

geben, denn die sowjetischen Arbeitslager waren bis dato zynischerweise ein grundlegender Teil des Arbeitsmarktes. Vor VNIITĖ standen somit sehr große Herausforderungen.

Dieser Aufsatz betrachtet die Arbeit in der Sowjetunion aus einer neuen Perspektive: Untersucht wird die »Produktionskultur«, *kul'tura proizvodstva* genannt, und die Vorstellung von Arbeitsleistung im Kontext des sowjetischen Diskurses über technische Ästhetik. Ansatzpunkt der folgenden Betrachtung des sowjetischen Designs (das heißt der Produktgestaltung im weitesten Sinne) ist die Ergonomie, der Zweig der Arbeitswissenschaften, die sich mit den Schnittstellen zwischen technischen Umgebungen und dem menschlichen Körper beschäftigt und die vor dem Hintergrund der Hochautomatisierung an Bedeutung gewann.

Die technische Ästhetik war ein Schlüsselbegriff für das Design in der sozialistischen Welt und wurde Anfang der 1960er Jahre von höchster Regierungsebene in Moskau eingeführt. In den Jahrzehnten des Umbruchs bis zur Auflösung des Ostblocks 1989/91 verkörperte die technische Ästhetik das spätsozialistische Programm von Arbeit und Produktivität, das die oberste Parteiführung aus dem Zentrum des sozialistischen Blocks in die Welt tragen wollte. Paradoxerweise und obwohl VNIITĖ von höchster politischer Instanz initiiert worden war, entwickelte sich das Institut schnell zu einer Ausnahmeerscheinung im Komplex der sowjetischen Produktion, deren Entwicklung bis dato im Wesentlichen von der Militärindustrie beeinflusst war. Wie war dies möglich?

In einer weiteren Perspektive ging es bei der technischen Ästhetik darum, die menschliche Beziehung zur Technik generell zu verbessern, wobei die gesamte vom Menschen gemachte Welt als technisches System verstanden wurde.[2] Dieser Artikel thematisiert einige Schlüsselfragen der Diskurse, die die technische Ästhetik betreffen. Es geht dabei im Wesentlichen um die Diskurse über Technik, Ästhetik bzw. Kunst, die sich im Bereich des Designs (das heißt der Produktgestaltung im weitesten Sinne) über-

---

[2] Um ein deutlicheres Bild von dem Problem zu geben, beziehe ich mich auf den französischen Medienphilosphen Bernard Stiegler, der von der »entirety of the technical world as one single object« spricht. Wenn die technische Welt als menschengemachte behandelt wird, so kann sie auch mit menschlichen Mittel verändert werden. Diese Sichtweise mag selbstverständlich wirken, sie muss aber betont werden, um das Anliegen der technischen Ästhetik zu verstehen, die Art und Weise zu verändern, in der die Welt verfasst ist, siehe Stiegler, Bernard, *Technics and Time: The Fault of Epimetheus*, Stanford 1998, S. 83–85; Hughes, Thomas P., *Human-Built World: How to Think about Technology and Culture*, Chicago 2004.

schnitten, und die Probleme, die daraus entstanden. Im Fokus des Interesses steht die grundsätzliche Frage, in welcher Art und Weise versucht wurde, mittels der technischen Ästhetik Kunst in Wissenschaft zu transformieren: Inwieweit und in welchen Eigenschaften sollte und konnte ein Arbeitsplatz künstlerisch gestaltet werden? Von welchen Idealvorstellungen war der »künstlerische Konstrukteur« (russ. chudožnik-konstruktor, der russische Terminus für Designer) geleitet, der die Arbeitsverteilung zwischen Mensch und Maschine in der Arbeitswelt ausgestalten sollte. Welche Forderungen wurden im Bereich der technischen Ästhetik gestellt? Und wie sahen die Möglichkeiten aus, sie zu verwirklichen? In diesem kurzem Aufsatz liegt der Fokus eher auf der Gestaltung des Arbeitsplatzes und des Arbeitsprozesses, und weniger auf den Resultaten der Arbeit. Eine Diskussion der Konsumgüter ist somit hier nicht das Thema.

Das Titelzitat »Das Glück des Menschen hängt ganz von seiner Arbeit ab« ist einem Jubiläumsbeitrag anlässlich des 70. Geburtstags des berühmten Flugkonstrukteurs Oleg Konstantinovič Antonovs entnommen, der 1976 in der Zeitschrift *Technische Ästhetik* (*Techičeskaja èstetika*) veröffentlicht wurde. Der Beitrag ist mit einer Fotografie illustriert, die Antonov mit dem Modell eines von ihm konstruierten Flugzeugs zeigt.[3] In diesem Aufsatz soll dieses Bild gemeinsam mit weiteren Illustrationen aus der genannten Zeitschrift betrachtet und in Bezug auf die sowjetische Arbeitskultur diskutiert werden. In den Bildern geht es um sowjetische Heldenkulte und Rollenvorbilder sowie die Kluft zwischen Begeisterung und Erschöpfung. Anstatt direkt Erschöpfungs- oder Krisenzustände zu zeigen, *deuten* die ausgewählten Bilder nur auf Zustände hin, die von Verschleiß, Stress und möglicherweise Unbehagen geprägt waren. Und das erst beim genaueren Hinsehen. Mittels einer »äsopischen« Lesart, übertragen in eine Bildanalyse, soll sich dem genähert werden, was hinter der Kulisse stand. Anhand der Bilder und der Bildanalyse soll die Spannung zwischen den gestellten Forderungen und den zur Verfügung stehenden Möglichkeiten sichtbar gemacht werden. Die Frage ist, was die Arbeit überhaupt leisten konnte. Wie wurde das Zusammenwirken zwischen dem arbeitenden Menschen

---

3 Eingangszitat siehe: Silvestrova, Svetlana, »Olegy Konstantinovichu Antonovy – 70 let!«, in: *Techičeskaj èstetika*, H. 1 (1976), S. 13. Das Leitsatzzitat ist von Dmitry Azrikan, persönliches Gespräch von Dezember 2012. Die Artikelverfasserin möchte The Swedish Riksbankens Jubileumsfond, The Swedish Research Council, Vetenskapsrådet und dem Max Planck-Institut für Wissenschaftsgeschichte in Berlin für die finanzielle Unterstützung, die die Arbeit mit diesem Artikel ermöglicht hat, danken und ebenso den Herausgeberinnen dieses Bandes für die Einladung und wertvolle Kommentare.

und der arbeitenden Maschine gedacht und gestaltet? Wie soll das System Mensch-Maschine in Bezug zur technischen Ästhetik verstanden werden? Zuerst wird dies anhand eines kurzen Überblicks über ihre Geschichte gezeigt.

Technische Ästhetik: Der Begriff, das Institut und die Zeitschrift

Die neue Wissenschaft »technische Ästhetik« wurde, wie eingangs dargestellt, 1962 zentral aus Moskau lanciert. Um zu beleuchten, wie die Arbeitskultur mittels der technischen Ästhetik verbessert werden sollte, wird in diesem Aufsatz die technische Ästhetik vor dem Hintergrund des moralischen Erschöpfungszustands der Nachkriegszeit und der Krise des Arbeitsmarktes sowie in Abgrenzung gegen die neulich rehabilitierte und zügig diskursprägende Kybernetik betrachtet. Sowohl die technische Ästhetik als auch die Kybernetik waren neue Denksysteme, die ab den 1960er Jahren etabliert wurden: Denksysteme, deren Kern die Beziehung zwischen Mensch und Maschine erfasste.

Technische Ästhetik (*techničeskaja èstetika*) war ab den 1960ern bis zur Wende 1989/91 die gängige Bezeichnung für Industrie- oder Produktdesign in der sozialistischen Welt. Während der Sowjetzeit wurde eine ausländische Terminologie für einheimische Gegebenheiten vermieden, so auch der Begriff »dizajn« (Design). Zwischen dem Begriff »Design«, der wortwörtlichen Übersetzung des russischen Begriffs »techničeskaja èstetika« als »technische Ästhetik«, und der Realität, die die Wörter im sowjetischen Kontext konnotieren, liegen Welten, da die Produktions- und Arbeitsbedingungen in den 1960er und 1970er Jahren in der Sowjetunion grundlegend anders waren als beispielsweise in dem von Wohlstand geprägten Deutschland oder Schweden, in dem die Verfasserin des Aufsatzes aufwuchs.

Das VNIITĖ begann knapp zwei Jahre nach seiner Gründung im Januar 1964 die Herausgabe der Zeitschrift *Technische Ästhetik* (*Techničeskaja Èstetika*, abgekürzt *TĖ*). Dank der umfassenden staatlichen Zuschüsse konnte das Institut somit seine Forschungsergebnisse veröffentlichen und ein Publikum gewinnen. Die Zeitschrift *Technische Ästhetik* war eine wichtige Informationsquelle für die technische und ökonomische Elite, sowohl in der Sowjetunion als auch in den anderen Ländern des Ostblocks. Der Herausgeber der Zeitschrift, das Institut VNIITĖ, war dem mächtigen staatlichen Komitee für Wissenschaft und Technik (*Gosudarstvennyi Komitet po nauke i technike,* abgekürzt GKNT), direkt untergeordnet. GKNT war eine sehr einflussreiche Organisation, die ein Nadelöhr für den Handels- und Technikaustausch mit dem Westen bildete. Das Komitee unterstand direkt dem sowjetischen Ministerrat, das heißt der Regierung des Landes. Die technische Ästhetik wurde also von der politischen Führung als ein Bereich mit äußerster Priorität betrachtet und genoss im Besonderen die Unterstützung des damaligen Premierministers Aleksej Kosygin (Amtszeit 1964–1980) und seines Kreises. Zu diesem Kreis gehörte unter anderem Jermen Gvishiani, Leiter des GKNT und Kosygins Schwiegersohn. In der Eigenschaft als Premierminister war Kosygin, der selber eine Karriere in der Bekleidungsindustrie hinter sich hatte, dafür zuständig, das Land aus seiner allzu einseitigen Konzentration auf die Schwer- und Militärindustrie zu führen. Interessanterweise ergaben sich in den 1960er Jahren eine Reihe paradoxer und schwer einzuordnender Denkweisen im Bereich der Industrieproduktion, die aus den kontroversen Bestimmungen des Verhältnisses zwischen Mensch und Maschine entstanden. Ein Großteil der damaligen Machthaber innerhalb des vorrangig militärisch ausgerichteten industriellen Komplexes dachte die Leistungsfähigkeit der Produktion von der Maschine aus. VNIITĖ hingegen stellte aber den Menschen in den Vordergrund. Damit machte sich VNIITĖ unglaublicherweise zu einem Abweichler innerhalb der Machtsphäre.

Eine neue Produktionskultur oder Zwang und Erniedrigung?

Innerhalb von VNIITĖ wurden der Mensch und sein Wohlbefinden nicht nur für wichtig gehalten, sondern als der entscheidende Punkt in Bezug auf Arbeit betrachtet. Diese Sorge um das menschliche Wohlergehen und der Vorsatz, sie in der Praxis zu verwirklichen, waren etwas völlig Neues im sowjetischen Denken (angesichts einer Arbeitswirklichkeit, auf die in dem Beispiel des Arbeitsplatzes von Ivan Denisovič, dem Arbeitslager, schon hingewiesen wurde).

Wenn man bedenkt, dass die grundlegende Idee der sowjetischen Staatsbildung vorsah, einen Staat für die Arbeiter zu schaffen, war es ein

Paradox, dass die Arbeitsbedingungen nicht nur schlecht waren, sondern sogar menschenverachtend – und dies obwohl Karl Marx, das ideelle Vorbild der marxistisch-leninistischen Ideologie, gerade die Notwendigkeit betonte, den »Arbeitsaufwand bei den Produktionskräften zu ökonomisieren«.[4]

Die immer wachsenden Forderungen nach Effizienz führten zu immer schlechteren Arbeitsbedingungen. Dass dies in Kauf genommen wurde, lässt auf eine verachtende Einstellung der Funktionärseliten gegenüber denen schließen, die die Arbeit verrichteten, dem Arbeiter und der Arbeiterin. Nach dem Zweiten Weltkrieg verschärften sich die Probleme im Arbeitsbereich. Sowjetische Soldaten hatten mit eigenen Augen gesehen, wie hoch der Lebensstandard trotz der Kriegsschäden in Westeuropa war. Die Fünfjahrpläne forderten ihren Tribut und der Mangel an Arbeitskraft war groß. 27 Millionen Sowjetbürger waren im Krieg umgekommen und Millionen weitere vergeudeten ihr Leben in den Arbeitslagern der sibirischen Wüsten aus Tundra und Eis oder in den Sandwüsten Kasachstans.

Arbeit musste, so erschien es im zeitgenössischen Kontext, wehtun. Nicht mal der größte Held unter den Sowjetbürgern, der klein gewachsene Kosmonaut Jurij Gagarin, hatte es sonderlich gut an seinem Arbeitsplatz.[5] Auch er bekam, eingequetscht in seiner kleinen Weltraumkapsel, zu spüren, wie es war, zu einem Rädchen des sowjetischen Propagandaapparats gemacht zu werden. Dieser kleine Mensch war der Erste, der mit eigenen Augen den fragilen Erdenball im toten Weltall schweben sah. Welche Überlegungen ergaben sich angesichts solcher gewaltigen neuen Erfahrungen? Die Notwendigkeit, noch schneller mehr Stahl schmelzen zu können? Für was? Für wen? Wozu? In den 1960er Jahren schien es an der Zeit zu sein, diese Vergangenheit hinter sich zu lassen. Nun hatte man die Chance, etwas Neues aus ganz anderen Ideen zu schöpfen. Aber wo sollte man anfangen?[6]

---

4 Das Marxzitat stammt aus: Munipov, Vladimir, »Ergonomika i tehničeskaja éstetika«, in: *Tehničeskaja éstetika*, H. 7 (1969), S. 1.

5 Zu den Arbeitsbedingungen der Kosmonauten vgl.: Gerovitch, Slava, »New Soviet Man Inside Machine«, in: *Osiris*, H. 22 (2007), S. 135–157.

6 Mit seiner bewundernswerten Arbeiterkultur war Deutschland ein wichtiges Vorbild für die Sowjetunion. Es ist naheliegend, dass es nur die DDR war, die aus politischen Gründen hervorgehoben wurde, aber VNIITÉ dienten interessanterweise auch Unternehmen und Studiengänge in der BRD als Vorbild.

Kybernetik, Automatisierung und die Weggabelung zu nicht realisierten Alternativen

»Kybernetische Automatisierung« hieß zunächst die Lösung für den (verlängerten) siebenjährigen Produktionsplan des Zeitraums 1959–1965, den der Parteivorsitzende Nikita Chruščev auf dem 21. Parteikongress der kommunistischen Partei präsentierte. Es war eine Skizze seiner ökonomischen Politik für die kommenden Jahre.[7] Aber was bedeutete »Kybernetik« in der Umgestaltung des Produktionsapparats? Und wie sahen die Voraussetzungen für die Automatisierung in der Industrie aus?

Bei der Umsetzung der Kybernetik (*kibernetizacija*), die die gesamte sowjetische Gesellschaft in den 1960er Jahren durchdrang, ging es teils um eine beginnende Computerisierung, teils um die Beziehung zwischen Mensch und Maschine. Innerhalb des Diskurses wurde ein breites Spektrum an Fragen und Problemen verhandelt, wie zum Beispiel die Entwicklung von Prothesen für Kriegsinvalide oder Manövriertechniken von Steuerungssystemen, die darauf abzielten, die Fernsteuerung endloser Reihen von Maschinen und Laufbändern in riesigen Industriehangars zu ermöglichen. Aber welchen Platz sollte der Mensch bei diesem enormen Umbruch einnehmen? Das klare Interesse des VNIITĖ *für* die Menschen, das in der Zeitschrift *Technische Ästhetik* in einem Artikel nach dem anderem ausgeführt wurde, offenbart nicht nur die eindeutige Priorität, eine so menschenschonende Fabrikpraxis wie möglich zu erzeugen. Die Artikel zeigen auch, wie problematisch diese Frage war. Mit den unten angeführten Bildbeispielen werden diese Probleme angedeutet. Die Bilder erzeugen mit ihren sehr skizzenhaft angedeuteten Problematiken mehr Fragen als Antworten. Vielleicht können die Beispiele, die ich hier anführe, auch als Spiegel dienen: Wie funktioniert es heute oder hier bei uns?

In der technokratischen Sowjetunion, die für eine »rationale« Auffassung der Mensch-Maschinen-Konstellation einstand, wurden die Möglichkeiten des Menschen bis ans Äußerste gebracht, um die begrenzte Technologie zum Laufen zu bringen. Aber wie bei jeder Entwicklung gab es mehrere mögliche Wege einzuschlagen. Entweder konnte die Tatsache, dass ein Griff für eine kleine Hand zu groß und zu schwer war, ausgeblen-

---

7 Siehe Prüfzahlen bezüglich der Entwicklung des Volkshaushalts/Wirtschaft/in der UdSSR für die Jahre 1959–1965 (*Kontrol'lye tsifry razvitii narodnogo choziaistva SSSR na 1959–1965 gody.*) *Vorgestellt auf dem 21. Parteikongress der Kommunistischen Partei 1959.* KPSS XXI Parteikongress 1959.

det werden, oder es mussten die Maschinen auch für die hantierbar gemacht werden, die keine übermenschlichen Helden wie Stachanov und seinesgleichen waren, nach denen die Norm berechnet wurde. Die technische Revolution stellte große Forderungen an die Effizienz der Arbeiter, aber wie sollte das Ganze in der Praxis realisiert werden? Und wie sollte das Neue gestaltet werden?

Kybernetische Automatisierung oder nicht, heruntergebrochen auf den kleinsten gemeinsamen Nenner, ging es letztendlich um den Menschen, der die Arbeit ausführen sollte. In der Praxis, in der Fabrik oder in der öffentlichen Kantine, ging es um das Zusammentreffen zwischen einem Menschen und einer Maschine. Bei aller notwendigen Anerkennung für solche hoch entwickelten Systeme wurde aber letzten Endes immer jemand benötigt, der bei der Umschaltung der halb- oder vollautomatisierten Maschinen den Hebel betätigen konnte.

Die technische Ästhetik und die Arbeitswissenschaft

Alternativen zu der bisherigen Organisation von Arbeit und Produktion zu formulieren, gehörte zu der Aufgabe der technischen Ästhetik. In den Projekten, die VNIITĖ vor allem für die Gestaltung von Arbeitsplätzen entwickelte, sah das Institut es als seine Aufgabe an, die Technik dem Menschen dienen zu lassen, sowohl in der Theorie als auch in der Praxis. Die technische Ästhetik wurde als wichtige Säule sowohl für das sozialistische Industriedesign (die Produkte selbst) als auch für das Design der Industrie (die Produktionsprozesse) verstanden. Die Aufgabe lautete explizit, das Niveau der »Kultur innerhalb der Industrie« zu stärken – zum Wohl der Arbeiter.

Im Fokus der Entwurfstätigkeit stand somit die »Kultur der Produktion«. Die neue Wissenschaft der Ergonomie (allgemein die Arbeitswissenschaft, aus dem Griechischen abgeleitet von *ergon* – Arbeit und *nomos* – Gesetz) sollte die Grundvoraussetzungen schaffen, um die Arbeitskultur zu verbessern. Die Ergonomie diente als Brücke zwischen Technik und Ästhetik, zwischen dem technischen System und den menschlichen Eigenschaften des Arbeiters. Ergonomie = Mensch + Maschine – so lautet da die Formel.⁸ Und in dem Verständnis der »Maschine« als technischem, menschgemachtem System, um mit Stiegler und Josephson zu sprechen, ging es um das grundsätzliche Verhältnis des Menschen zu seiner gesamten Umgebung. Wo befinden sich die Prioritäten? In der Ergonomie ging es um die Wahl eines Weltbildes.

Die grundlegende Forschungsarbeit zur »Kultur der Produktion« wurde am VNIITĖ in der Abteilung für Ergonomie durchgeführt. Die Ergonomie-Labore bei VNIITĖ dienten als Experimentalwerkstätten, in denen Alternativen zur bisherigen Organisation von Arbeit und Produktion formuliert wurden. Die Arbeitswissenschaft, die ab Anfang der 1960er Jahre dort entwickelt wurde, basierte auf einem Verständnis für die aus Arbeit resultierender Erschöpfung. Hier gab es Platz für alltägliche Probleme und Umsicht in Bezug auf Arbeit. Dort etablierte sich eine diskursive Plattform, in der mögliche Situationen des Alltags entworfen wurden, bei denen die Anspannung nicht immer am Anschlag war und bei denen nicht die ganze Welt den Atem für Ein-Mann-Shows im Weltall oder in der Sportarena anhalten sollte. Doch es waren nur Experimente, Vorschläge. Das allgemeine Weltbild »draußen« vor dem Institut war bis dahin von den Erfahrungen geprägt, die die Arbeitsbedingungen wie die des Gefangenen Ivan Denisovič am Bau der Stadt Sotsbytgorodok (übersetzt die »kleine Stadt des sozialistischen Alltags«) ausmachten – Arbeit ohne Bezahlung in einem Lager in 30 Grad Kälte (die Grenze für das Unerträgliche wurde auf minus 40 Grad Kälte gesetzt, ab da mussten die Lagergefangenen nicht draußen arbeiten. Ich wiederhole dies, weil es einen Teil des allgemeinen Weltbildes außerhalb von VNIITĖ bildete).

Die VNIITĖ-Ergonomieabteilung sollte Vorschläge für Arbeitsplätze entwickeln, die den Menschen schonen (Abb. 1). Als Ergebnisse entstanden alternative Maschinenprototypen. Viele Zeitgenossen hatten aber Schwierigkeiten, das humanistische Weltbild von VNIITĖ zu verstehen. Es wurde deshalb von VNIITĖ strengstens verlangt, dass es seine Ergebnisse wissenschaftlich belegte und sämtliche Forschungsarbeiten empirisch überprüfte, damit es in dem enormen bürokratischen Apparat von Machthabern, die andere Weltanschauungen hatten, ernst genommen wurde. Um sich außerhalb des Institutes Gehör zu verschaffen, musste alles in wissenschaftlichen Experimenten belegt werden.

---

8 Siehe z.B.: Munipov, Ergonomika [wie Anm. 4].

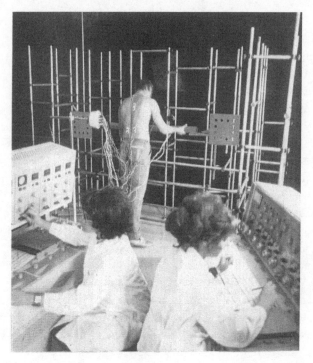

*Abb. 1: Mit Kabeln auf nacktem Oberkörper
(Illustration »Vorversuche für die ergonomische Gestaltung«), TĖ 1974.*

Mittels der Ergonomie konnten Leben und Arbeit mit der Kunst vereint werden, so die Vorstellung, die am VNIITĖ entwickelt wurde. Rationalität und messbare Fakten sollten mit Kunst und Ästhetik verbunden werden, so dass die Fabrik als eine Art Gesamtkunstwerk neu entstehen würde. Als gemeinsamen Nenner zwischen Kunst und Technik setzte das VNIITĖ den menschlichen Körper mit seinen Sinnen – das Sehen, Hören, Tasten und die Motorik. Die neue Kunst der Technik stand in den Augen von VNIITĖ für Schönheit in Verbindung mit erfinderischer Intuition und Kreativität. Die Auffassung von Ästhetik am VNIITĖ verband das Konzept »Schönheit« mit den Sinneswahrnehmungen (aus dem Griechischen *aisthesis*; die Lehre über das Dasein und die Sinneswahrnehmungen).

Dank solcher Ausdeutungen der Ergonomie konnte auch die zeitgenössische Auffassung von Kunst »wissenschaftlicher« gemacht werden. Die »intuitive« Ästhetik und die »gefühlsbasierte« Kunst, die den ästhetischen Diskurs dominierte, konnte in Wissenschaft umgewandelt werden.

In den Sinneserfahrungen traf die Technik auf die Kunst und Ästhetik. Die sinnlichen Aus- und Eindrücke waren der gemeinsame Nenner, der in der Synthese der Künste mit der Technik aktiviert wurde. In der Ergonomie sollten die psychologischen Aspekte der Kunst und der Ästhetik (Denkprozesse, Emotionen) und die physiologischen (der Körper und seine Funktionen) mit der physischen Wirklichkeit und der konkreten Arbeitssituation, wie sie sich in den Fabriken und an den Maschinen gestaltete, verbunden werden. In diesen Fragen knüpfte VNIITĖ an Erkenntnisse an, die die erste, in den 1960er Jahren noch nicht gänzlich rehabilitierte, bis dahin verbotene künstlerische Avantgarde der 1920er Jahre entwickelt hatte: Es gab in dieser Hinsicht viel zu lernen von den damals eingerichteten künstlerischen Forschungsinstituten INChUK (Institut für Künstlerische Kultur) und der RAChN/GAChN (Russische/Staatliche Akademie für Künstlerische Wissenschaften) in Moskau, unter anderem von Kandinsky und Popova und von den am GINChUK (Staatlichen Institut für Künstlerische Kultur) in Leningrad tätigen Künstlern wie Tatlin, Malevič und Matjušin.[9] Dass man sich bei VNIITĖ mit diesen Künstlern und Institutionen beschäftigen konnte, die bereits Anfang der 1930er Jahre verboten und aufgelöst worden waren, erklärt sich zum Teil daraus, dass VNIITĖ in vielerlei Hinsicht ein geschlossenes Institut war, das nur eine kleine Elite hineinließ. Hier kamen unterschiedliche Menschen zusammen: Jurij Borisovič Soloviev (1920–2013), der Gründungsdirektor, kam aus einer Familie aus Angehörigen der prestigereichen Akademie für Luftfahrt.[10] Grigorij Nikolaevič List (1901–1993) war ein mit dem Stalinpreis ausgezeichneter Physiker, der gerade aus dem Gulag Šaraška entlassen worden war (einem der geheimen Arbeitslager, von denen in Solšenicyns *Der erste Kreis der Hölle* von 1968 die Rede ist). Aleksej Kozlov (geb. 1935), besaß ein Diplom in Architektur, schrieb am VNIITĖ eine Doktor-

---

9 In den 1920ern Jahren gab es ein großes Interesse die Kunst »wissenschaftlicher« zu machen. Kennzeichnend für die Avantgarde der 1920er Jahre war ihr Streben nach Interdisziplinarität – mit all den Problemen, die dies mit sich führte. Hier befand sich die Forschung ganz am Anfang. Siehe Tillberg, Margareta, »Farbe als Erfahrung. Experiment und praktische Anwendung in Kunst und Wissenschaft an der Moskauer GAKhN und Leningrader GINChUK«, in: Georg Witte/Brigitte Obermayr/Aage Hansen-Löve (Hg.), *Form und Wirkung. Phänomenologische und empirische Kunstwissenschaft in der Sowjetunion der 1920er Jahre*, hg. von, München 2013, S. 209–222; und Dies., *Coloured Universe and the Russian Avantgarde*, Stockholm 2003.

10 In seiner Kindheit war er mit Stalins Kindern Vassilij und Svetlana befreundet. Er entwarf das Dritte-Klasse-Abteil für die Eisenbahn, das heute noch im Gebrauch ist.

arbeit über die sowjetische Uhrenindustrie und wurde dann ein berühmter Jazzsaxophonist und Komponist.

Standardisierung: Über die Norm, die nicht für alle passt

Die Flugindustrie war das optimale Vorbild für eine moderne Produktion und machte das Rückgrat der gesamten sowjetischen Industrie aus. Der Flug diente als Metapher und Modell der technischen Ästhetik bzw. des sowjetischen ergonomischen Designs. Die Flugzeugkabinen stellten das Ideal für viele unterschiedliche Arbeitsplätze vor, nicht nur für die bereits erwähnten Raumschiffe.[11] Die Erfahrungen aus der multifunktionalen Kabine oder der Weltraumkapsel, in der alles auf Reduktion und Funktionalität ausgerichtet war, wurden auch auf andere Bereiche übertragen. Die Flugzeuge wurden als Modelllösungen für eine Reihe technischer Probleme gesehen, da in der Flugkabine mehrere Funktionen wie Steuern, Schießen und Bombenwerfen auf einer begrenzten Fläche bedient werden mussten. Die Armaturen eines Flugzeugs oder das Steuerrad des Traktors auf dem Acker – viele der gesuchten Lösungen wurden als vergleichbar erachtet. Die Erfahrungen, die Piloten während ihrer Langstreckenflüge machten, schienen nicht nur auf Raumfahrten und U-Boote mit ebenso begrenztem Sauerstoffzugang übertragbar zu sein, sondern auch auf häusliche Bereiche, wie zum Beispiel die *chruščevka*, die Massenbehausungen, die während Nikita Chruščevs Regierungszeit initiiert wurden und die mit kleinen, kompakten Küchen ausgerüstet waren, in denen nur das Notwendigste vorhanden war.

Der Maschinenprototyp für Flugzeugcockpits diente als Prototyp auch für Steuerkabinen auf Flussbarkassen, für Kontrollräume in Fabriken, aber letztendlich auch für die Arbeitssituation in Büros oder in Küchen. Aber wo stoßen Mensch und Maschine an die Grenzen des Möglichen? Wie weit konnte der menschliche Körper belastet werden (Abb. 2)?

---

11 Auch heute ist die Raumfahrtbranche hochaktuell, wenn es darum geht, Weltraumtechnik zu identifizieren und auf die Industrie zu übertragen. Siehe z.B. European Space Agency – ESA Technology Transfer Network.

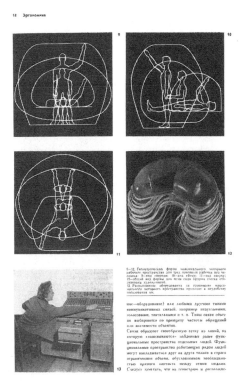

Abb. 2: Die Frau, die sich reckt (Illustration »Arbeitspositionen«), TĖ 1969.

In den ergonomischen Versuchslaboren von VNIITĖ wurden verschiedene Situationen simuliert, um das Auftreten von möglichen Problemen erkennen zu können und schlussendlich die Technik benutzerfreundlicher zu machen. In Testsimulatoren, die unterschiedliche Sinnesfunktionen in sowohl statischen als auch in dynamischen Situationen systematisch aufzeichneten, wurden Extremsituationen geprüft. Seh- und Hörvermögen, Tastsinn und Motorik wurden in verschiedenen Tests an neurologische Prozesse zurückgebunden.

Je begrenzter die Technologie war, desto stärker wurde der Mensch an seine äußere Grenze gedrängt. Für Technokraten außerhalb des Institutes war es oft einfacher, die Fehlerquelle im Menschen zu sehen, als die Verantwortung für die begrenzte Technik zu übernehmen. In diesem Punkt vertraten aber die Leiter der ergonomischen Abteilung bei VNIITĖ, die Psychologen Vladimir Munipov und Vladimir Zinčenko, eine eindeutige

Position: »Es geht vor allem um die Idee, *den Menschen* mithilfe der Maschine *zu bedienen*«, stellten sie in einem Artikel über die »ergonomischen Aspekte der Automatisierung in der Industrie« fest.[12] In dem Artikel betonten sie, wie wichtig es sei, die positiven Aspekte und die Möglichkeiten des Menschen als aktives Subjekt der Arbeit zu sehen und nicht nur den Mangel hervorzuheben, wie es in den Diskussionen über den menschlichen Faktor sonst üblich war.[13]

Damit die bei VNIITĖ entwickelten Ideen in die Praxis umgesetzt werden konnten, war eine gewisse Kalibrierung der Balance zwischen Mensch und Maschine erforderlich, was aber nicht mit der Hetze der Massenproduktion vereinbar war. Außer der Bedeutung eines ästhetisch ansprechenden Milieus sowie der Möglichkeit, sich während eines anstrengenden Arbeitstages weit weg von Zuhause auszuruhen zu können, wurde daher am VNIITĖ die Notwendigkeit einer differenzierten Sichtweise bezüglich der Standardisierung hervorgehoben.

Im Westen hatte der Ostblock wegen seiner Technokratie und umfassenden empfindungslosen Standardisierung mit Recht einen schlechten Ruf. Aber, war die Standardisierung *nur* schlecht? Die folgenden Beispiele aus der Entwicklung der sowjetischen Flugindustrie zeigen, wie die Standardisierung, *falls sie in der Praxis umgesetzt worden wäre*, Katastrophen beheben könnte.

Über Standardisierung und Stress bei Piloten

In einer Sonderausgabe der *Technischen Ästhetik* aus dem Jahr 1969 zur Ergonomie gingen die Psychologin N. Zavalova und der Medizinwissenschaftler V. Ponomarenko in ihrem Artikel »Wie Stress die Aktivität der Operateure beeinflusst« auf die Funktionsweisen von Messinstrumenten eines Flugzeugs ein. Eine Abbildung veranschaulichte diese Argumentation

---

12 Zincenko/Munipov, »Ergonomičeskie aspekty avtomatizacii proizvodstva«, in: TĖ, H. 1 (1976), S. 5.
13 Für eine Diskussion über die menschlichen Möglichkeiten, die der Maschine fehlen siehe: Tillberg, Margareta, »Litteraturen är tankebärande, men inte konsten'. Om synen på konstens epistemologiska värde inom Vetenskapen«, in: Peter Gillgren (Hg.), *Det åskådliga och det bottenlösa. Tankar om konst och humaniora tillägnade Margaretha Rossholm Lagerlöf*, Stockholm 2010, S. 247–254.

(Abb. 3):[14] Die Abbildung stellt die Messinstrumente eines Flugzeugs während Start und Landung dar. Die Gradierung der Zahlen, die Bewegung der Pfeile und die Position des Flugzeuges widersprechen sich (siehe die Positionen 4 und 5 auf der Abbildung):

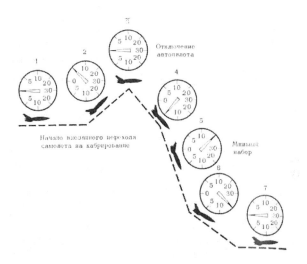

Abb. 3: Illustration »Messinstrumente eines Flugzeugs«, TÈ 1969.

Dies erzeuge Stress, meinen die Autoren des Artikels. Die Abbildungen lassen auf drei verschiedene Probleme schließen, die jedes für sich sehr groß und die alle zusammengenommen noch komplexer sind, was aber in dem Artikel nicht mal angedeutet wird. Dazu muss noch gesagt werden: Die Artikelverfasser waren nicht VNIITÈ-Angestellte, sondern externe Experten. Das erste Problem ist die mangelhafte Folgerichtigkeit und Zusammenhanglosigkeit der angezeigten Informationen der Messinstrumente, das zweite betrifft die Frage, inwieweit die Piloten richtig für den Umgang mit den Instrumenten ausgebildet sind, und das dritte die Frage, ob es die Technik ist, die falsch konstruiert ist, oder ob der Mangel bei den Piloten liegt. Die Instrumente, die im Artikel gezeigt werden, sind jedoch keinem spezifischen Flugzeug zuzuordnen und im Text geht es nicht nur um Flugpiloten, sondern um Maschinisten (*operatory*) jeglicher Art. Chefmaschinis-

---

14 Zavalov/Ponomarenko, »Vlijanie stressa na charakteristiki dejatel'nosti operatora«, in: TÈ, H. 7 (1969), S. 5–7.

ten in Elektrizitätswerken oder Piloten der Flugabwehr: Die Prinzipien ihrer Arbeit wurden für die gleichen gehalten. Die Artikelverfasser sind der Ansicht, dass immer der Pilot, der Maschinist oder der Betriebschef (positionsunabhängig) das schwache Glied in der Mensch-Maschine-Konstellation ausmache.

Um ihre Argumente zu untermauern, stützen sich die Artikelverfasser auf empirische Testergebnisse des Militärs. In den Ausbildungen des Militärs gab es jedoch nur zwei Typen von Testpersonen, und auch in der hier herangezogenen Untersuchung von Stresssimulationen wurden die Versuchspersonen auf dieselben Kategorien reduziert, auf »erfahrene Soldaten« oder »unerfahrene Soldaten«.[15] Die Generalisierungen im Artikel »Wie Stress die Aktivität der Operateure beeinflusst« sind problematisch. Sie hätten, meines Erachtens nach, vermieden werden können, wenn man die unterschiedlichen Reaktionsmuster der Testpersonen in einem größeren Zusammenhang betrachtet hätte. Aber statt ein Gesamtbild zu zeichnen, wählten Zavalova und Ponomarenko eine Ad-hoc-Lösung und den einfachsten Weg aus der komplexen Problematik (jedenfalls wenn man sich an das festgelegte Artikelformat richtet und den Zwang, schnell eine Publikation zu liefern, und nicht an die Wirklichkeit, in der die nicht durchdachte Sichtweise zu Katastrophen führt): Der Artikel verfehlte mit seinen begrenzten Ausblicken die Verantwortungsproblematik, die einen weiteren Horizont erfordert.

Die Abbildung in dem Artikel zeigt den eingeschalteten Autopiloten als Retter in der Not (siehe Position 3 auf der Abbildung). Die Maschine ist in diesem Fall als der universale Problemlöser dargestellt. Damit war jedoch nicht die wirkliche Kernproblematik der Maschinen erfasst, und zwar in der mangelnden Standardisierung der Messinstrumente in verschiedenen Flugzeugmodellen (die ja auch nur einen der drei Problemkomplexe, die vorher genannt wurden, ausmacht). Denn wie der Pilot in einer Stresssituation reagiert, hängt wesentlich davon ab, welchen Flugzeugtypus er gewohnt ist. In einigen Flugzeugen ist der Horizont der Armaturenindikatoren beweglich, während der Horizont der Armaturen in anderen Flugzeugen die feste Konstante ist und die Position des Flugzeuges sich bewegt. Was aus solch einem Problem entstehen kann, lässt sich leicht vorstellen. Die »Lösung«? Man findet eine Person, die als Sündenbock dienen muss. Das war die einfachste Konsequenz, wenn der menschliche Faktor als Ursache des Problems gesehen wurde, wie es in der sowjetischen Industrie üblich war.

---

15 Zavalova/Ponomarenko, Vlijanie stressa [wie Anm. 14], S. 5.

Bei der sowjetischen Luftwaffe herrschte, wie in allen Unternehmen in der Sowjetunion, »sozialistischer Wettbewerb«. Das hieß, dass die verschiedenen Flugunternehmen bezüglich der Standardisierungen der Flugzeugmodelle nicht kooperierten (ein Problem, das VNIITĖ anmerkte). Die nicht vorhandene Standardisierung in Bereichen, in denen sie nicht nur berechtigt, sondern notwendig wäre, ist für viele Unfälle verantwortlich. »Es geht um einen technischen Fehler und einen Fehler der Besatzung«, lautet die Nichtantwort der russischen Nachrichtenagentur Itar-Tass auf die Frage nach den Ursachen der Flugkatastrophe am 26. März 2012, bei der 43 Spieler der Eishockeymannschaft *Lokomotiv Jaroslavl*, einem der beliebtesten Eishockeyvereine Russlands, umkamen.[16] Mit anderen Worten: Das Problem der mangelnden Standardisierung des Flugzeugcockpits, das zu umfassenden Katastrophen führt, ist heute immer noch vorhanden. Wäre die Arbeit von VNIITĖ ernster genommen und in die Industrie implementiert worden, hätten viele Unfälle vermieden werden können.[17]

Die Fliegerhelden und der Traum von der schönsten Maschine

Die Voraussetzung der Arbeit von VNIITĖ war ein ganz neues Verständnis der Ingenieursrolle. Vor VNIITĖ gab es keine Produktgestalter in der sowjetischen Industrieproduktion. Vor VNIITĖ gab es nur Ingenieure. Ab der Gründung von VNIITĖ aber musste im Verhältnis zum Ingenieur dem Produktgestalter, dem sogenannten »Künstler-Konstrukteur«, Platz eingeräumt werden, sonst wäre das am VNIITĖ angedachte Konzept der technischen Ästhetik nicht in der Praxis umsetzbar. Anders als bei der Perspektive des Ingenieurs, die einseitig auf die Funktionalität der Maschine konzentriert war, richtete der Designer den Fokus von der isolierten Technik auf die *Interaktion* zwischen dem Benutzer und der Technik.

---

16 Der Unfall hat viel Aufmerksamkeit in Schweden bekommen, da der Goalkeeper einer von den besten Eishockeyspieler Schwedens war. Siehe z. B. Blomgren, Jan, »MJak står för Jakovlev - flygkonstruktören Svenska Dagbladet, ätt som möjligt - principerna var de samma.liserad sammanställningålvakten Stefan Liv död i rysk flygolycka«, in: *Svenska Dagbladet*, 26. März 2012.

17 Die Konsequenzen von Nichtimplementierung von Standards in Kontrollräumen wird auch diskutiert in: Tillberg, Margareta, »Atomdesign: Die Kontrollräume von Tschernobyl«, in: Charlotte Bigg/Jochen Hennig (Hg.), *Atombilder. Ikonografien des Atoms in Wissenschaft und Öffentlichkeit des 20. Jahrhunderts*, Göttingen 2009, S. 186–196.

Wie sah der ideale Künstler-Konstrukteur aus? Und wo war er zu finden? (Der Held der stahlbasierten Industrie war mit wenigen Ausnahmen ein Mann.) Abbildung 4 zeigt Oleg Konstantinovič Antonov (1906–1984), einen der bekanntesten Flugzeugingenieure der Sowjetunion. Antonov war jedoch nicht nur irgendein Chefkonstrukteur (der an sich schon sehr großen Einfluss hatte und sich in der Fabrikshierarchie direkt unter dem Vorsitzenden der Fabrik befand, oft mit exekutivem Einfluss), sondern stand, ausgestattet mit dem Titel »Generalkonstrukteur«, auch an der Spitze der militärischen Hierarchie. Als Flugzeugingenieur verkörperte er in ein und derselben Person den kreativen Künstler und den rationalen Ingenieur. Allerdings war Antonov nicht ausgebildeter *Künstler*-Konstrukteur, sondern nur Konstrukteur. Aber nicht irgendeiner. Antonov diente als Vorbild (Abb. 4). Dank der Devise »Schöne Flugzeuge fliegen am besten«, die er geprägt hatte, galt er allgemein als Freund der Ästhetik.[18] Als der Jubiläumsbeitrag anlässlich des 70. Geburtstags Antonovs in der Januarausgabe der *Technischen Ästhetik* 1976 veröffentlicht wurde, aus der das Bild entnommen ist, gehörte er praktisch von Anfang an zur Redaktion der Zeitschrift und blieb bis zu seinem Tod Redaktionsmitglied.

Abb. 4: Der Flugzeugkonstrukteur Oleg Antonov, TÈ 1976.

---

18 Sämtliche folgende Zitate von Antonov sind aus: Silvestrova, Svetlana, »Olegy Konstantinoviču Antonovy – 70 let!«, in: *TÈ*, H.1 (1976), S. 13–16.

Oleg Antonov war einer der bekanntesten und angesehensten Designingenieure der Sowjetunion, aber dennoch wäre es undenkbar, dass er, wie etwa der französisch-amerikanische Designer Raymond Loewy, auf der Titelseite einer so beliebten Zeitschrift wie dem *Time Magazine* abgebildet werden konnte (so wie es bei Loewy der Fall war, als dieser bei dem amerikanischen Raumfahrtprogramm NASA arbeitete). Während der Fortschrittstraum der Sowjetbürger durch die Aktivität im Himmel repräsentiert wurde, zeigten die Medien nur die Kosmonauten, die Raumschiffpiloten. Die Ingenieure der Raumfahrtindustrie waren hingegen in der Regel völlig unbekannt in der Öffentlichkeit.[19] Bei der Flugzeugindustrie war es anders. Hier waren sowohl die Gesichter der Piloten als auch die der Ingenieure allseits bekannt. Die Flugzeugindustrie stellte daher eine Ausnahme der stark militarisierten Industrie in der Sowjetunion dar, deren Produktion zum größten Teil in geheimen Fabriken stattfand. In einigen Fällen waren sogar ganze Städte so geheim, dass sie nicht mal einen Namen hatten und nur durch Nummern bezeichnet wurden.

Die Flugindustrie war aus Tradition eine Nachwuchsbranche für die besten Ingenieure. Darüber hinaus symbolisierte die Flugtechnologie die Zukunft.[20] In der Sowjetunion gab es mehrere Experimentierbüros für Flugzeuge, die nach ihren Heldeningenieuren benannt waren. Die namensgebenden Ingenieure schienen somit gottgleich, und die Flugzeuge waren wie ihre Kinder. Das Bild zeigt Oleg Antonov zusammen mit dem Flugzeugmodell eines *An*tonov-Flugzeugs, der An-22 aus dem Jahr 1965. An-22 war eines der Flugzeuge, das von dem Flugzeugtyp ersetzt wurde, in dem die Jaroslavler Eishockeymannschaft im Jahr 2012 verunglückte, und zwar der Jak-42, benannt nach dem Flugzeugskonstrukteur Alexandr *Jak*ovlev. Das in den 1970er Jahren entwickelte Jak-Flugzeug wurde von der staatlichen Fluglinie der Sowjetunion, Aeroflot, im Jahr 1980 in Verkehr genommen und ersetzte damit Antonovs An-22 und An-24, die seit Jahrzehnten in der Fünfzig-Passagiere-Kategorie als Standardflugzeuge für Aeroflot gedient hatten. Flugzeuge vom Typus Jak-42 konkurrierten ihrerseits mit Tu-134 (Andrej *Tu*polev) und Il-18 (Sergej I*lj*usjin). Antonov war ein »*doer*«, ein »Macher«, wie man heute sagen würde, der mehrere unter-

---

[19] Siehe zum Beispiel Boym, Svetlana, »Kosmos: Remembrances of the Future« in: *Kosmos: a Portrait of the Russian Space Age. Photographies by Adam Bartos*, New York 2001.

[20] Für eine gute und tief greifende Übersicht über das Flugwesen und die Flugtechnologie siehe: Palmer, Scott W., *Dictatorship of the Air. Aviation Culture and the Fate of Modern Russia*, New York 2006.

schiedliche Flugzeugstypen entwickelte, so auch das kleine, robuste Antonov-2 für zehn Passagiere, das sowohl als Frachtflugzeug als auch für den Personenverkehr genutzt wurde und entweder mit Rädern oder mit Schlittenschienen versehen werden konnte: Ein Freund bei jeder Witterung und unersetzlich für die staatliche Fluggesellschaft Aeroflot, die eine Monopolstellung im Land genoss.

Auf dem Bild steht der Flugkonstrukteur Antonov hinter der Antonov-22, dem von ihm entwickelte Flugzeug, das seinen Namen trägt. Da das Flugzeug nur im Modell gezeigt ist und im Hintergrund auf einer Karte des Flugnetzes die Welt in kleinem Format erscheint, beherrscht der Ingenieur von seiner Größe her, so suggeriert die Abbildung, die ganze Welt. Links auf der Karte erahnt man das Kaspische Meer. Rechts auf der Karte erstrecken sich die Weiten Sibiriens. Wie eine Spinne sitzt Moskau in der Mitte des verdichteten Flugnetzes. Die Flugstrecken des Antonov-Flugzeugs sind mit schwarzen Linien markiert. Der General ist einfach gekleidet in einem schlichten schwarzen Anzug, einem weißen Hemd und einer modischen schmalen Krawatte. Die diskrete Medaille in der Nähe seines Herzes ist der Ordensstern, der einen sozialistischen Arbeiterhelden auszeichnet. Die Fahne, die wie wir wissen rot-gelb ist, (näher an seinem Hals und damit in der Nähe seiner Stimme) zeigt, dass er ein Abgeordneter des Obersten Sowjets ist (ähnlich wie ein Parlamentsabgeordneter), des obersten Organs, das vom Volk gewählt wurde: Kurz gesagt, ein Repräsentant der Stimme des Volkes.

»In den früheren 1960er Jahren verstanden wir, dass das Wohlbefinden wichtig ist«, sagte Oleg Antonov im Interview vor seinem 70. Geburtstag und zeigte sich damit als einer der Machthaber, der eine neue Zeit befürwortete.[21] Jetzt waren somit auch die führenden Köpfe der Industrie der Ansicht, dass nicht nur die Maschinen zählen sollten, sondern dass auch die Benutzerperspektive wichtig sei. Antonov repräsentierte als Flugzeugbauer nicht nur die Spitzenleistungen der Schwerindustrie (sic!), der für sowjetische Verhältnisse etwas so Ungewöhnliches wie hochqualitative und exportfähige Produktion gelungen war; er stand auch, und das ist, was uns hier interessiert, für ein neues und modernes Menschenbild. Er ging auch auf Details wie Schaltfelder ein, die die Schnittstelle zwischen Piloten und den Armaturen bilden.[22] Im Vergleich zu den 1930er Jahren, als

---

21 Silvestrova, Olegy [wie Anm. 18], S. 13–16.
22 Angaben bezüglich der Arbeitsverhältnisse des Dienstpersonals der Flugzeuge sind im Artikel nicht vorhanden, siehe TĖ, H. 1 (1976), S. 13–16.

Frostverletzungen nach langen Flügen als Schwäche der Piloten bezeichnet wurden, stellte dies einen einschneidenden Paradigmenwechsel dar. Sollte der Kontakt zwischen der Hand, den Armaturen und den Lenkrädern, zwischen den Augen und der Kontrolltafel sowie zwischen dem Rücken und der Sitzlehne nun, dank der Voraussicht Antonovs, endlich von menschlichen Maßstäben statt von den begrenzten Bedingungen der Maschinen ausgehen? Wie sah die Lösung des Generals in ziviler Kleidung aus?

Den Flughelden gelang es, mathematische Schönheit sowohl mit einem industriellen Zielvorhaben als auch mit der technischen Funktion zu verbinden. Die Flugzeuge repräsentierten die höchstmögliche Schönheit für die Konstrukteure, sie waren gleichzeitig auch materialisierter Beweis für mathematische Ideale: »Das Auge der Konstrukteure ist so gut trainiert, dass wir vorweg das Ergebnis voraussehen und verstehen können: Ein schönes Flugzeug fliegt gut, eins das nicht schön ist, fliegt nicht gut«, fasste es Antonov zusammen. Er lässt uns ahnen: Der Flugzeugkonstrukteur konnte die Zukunft in die Luft zeichnen, und das nicht nur im Rahmen der Flugindustrie: Hier schien sich auch das Potenzial zu ergeben, andere Bereiche der Zukunft skizzieren zu können, zumal er ja auch die Stimme des Volkes im höchsten Sowjet war.

Wie geht das gefeierte Geburtstagsinterview weiter? Für den zukunftsblickenden Flugkonstrukteur Oleg Antonov war die Antwort einfach: »Das Schöne (*krasivoe*) – ist die ökonomischste Lösung jedes Problems.«[23]

Schönheit und menschliche Maßstäbe: Die Wirklichkeit – Freund oder Feind?

Der Diskurs bezüglich der Vorstellung von Arbeit innerhalb der Industrieproduktion des militärindustriellen Komplexes ist bisher von der historischen Forschung nicht thematisiert worden. Dieser Artikel beleuchtete, ohne dabei das Regime verteidigen zu wollen, dass es trotz allem Bemühungen gab, Alternativen zu formulieren.

Obwohl die angedachten Alternativen, die VNIITĖ vorgeschlagen haben, nie umgesetzt wurden, oder jedenfalls nicht in dem Umfang, der für

---

23 Silvestrova, Olegy [wie Anm. 18].

grundlegende Veränderungen notwendig gewesen wäre, war das Ziel dieses Aufsatzes, das Verständnis der Bewertung von Arbeit innerhalb des militärindustriellen Komplexes (wo der größte Teil der sowjetischen Industrieproduktion trotz der langsamen Entwicklung zur zunehmenden Konsumindustrie stattfand) zu differenzieren. Betrachtet wurde, wie die Beziehung des Menschen zur Maschine diskutiert wurde.

Als die Industrie im technisch-wissenschaftlichen Zeitalter der 1960er Jahre auf eine neue Art und mit einem größeren Anteil an Automatisierung und Fließbandarbeit gestaltet werden sollte, wurde die Frage nach der Rolle des Menschen im System akut. Arbeitstechnisch ging es darum, welche Arbeitsmomente dem Menschen mit seinen spezifischen Eigenschaften vorbehalten werden sollten und was die Maschinen ausführen konnten. Der menschliche Körper wurde in den Vordergrund gestellt. Empfindlich und erschöpft, aber auch voller Fantasie und Kreativität. Wenn der Mensch als Wert neu verhandelt wurde, was war der Wert des menschlichen Körpers und seiner Potenziale? Das Ziel der technischen Ästhetikforschung, die bei VNIITĖ betrieben wurde, war, die technische Rationalität und das mathematische Schönheitsideal mit individuellen Maßstäben und Sinneserfahrungen unterschiedlicher Menschenkörper zu vereinigen. Auf die traditionsreiche Frage »Wer ist der Schuldige?« wurde nicht Bestrafung als Antwort gegeben, sondern man strebte stattdessen im Rahmen der technischen Ästhetik allgemein und der Ergonomie im Besonderen nach der Aufwertung des Menschen im Verhältnis zur Maschine. In der Zeitschrift *Technische Ästhetik* wurde die Bedeutung des Glaubens an den Menschen Artikel für Artikel hervorgehoben.

Der russische Diskurs der technischen Ästhetik in der Sowjetunion liefert einmalige Einsichten in die Vorstellungen der technischen Elite über die »Kultur der Arbeit«, die auch deren gesellschaftliche Funktion und Stellung in der Zeit vor der Perestroika begründete. Der Diskurs bezüglich der technisch-ästhetischen Sichtweise auf die Kultur der Arbeit war sowohl facettenreich als auch in weiten Teilen kontrovers. Die Ergebnisse, die VNIITĖ lieferte, waren unbequem, weil sie große, grundlegende Veränderungen einforderten.

Das Ziel dieses kurzen Artikels war nicht, umfassende Antworten auf die Frage nach Erschöpfung und Arbeit im sowjetischen industriellen System zu geben (oder gar anzudeuten), sondern eher Brüche und Widersprüche zu skizzieren. Auch wenn sie nicht zu vollständigen Lösungen kam, so diskutierte die technische Elite unterschiedliche Facetten und Welten im sowjetischen Arbeitssystem. Am VNIITĖ gab es Platz für eine Diskussion, die 1964 bis 1992 in der Zeitschrift *Technische Ästhetik* öffentlich wurde: Ganz offiziell wurde ein Diskurs, der nicht ganz der offiziellen Norm entsprach, in einer massenverbreiteten Zeitschrift veröffentlicht. Und das im Kalten Krieg!

Der Abstand zwischen Ideal und Wirklichkeit blieb nichtsdestotrotz groß. Wenn eine der dehnbaren Komponenten in dem Versuch, diese Kluft zu überwinden, der menschliche Körper war, so war die andere – Schönheit. Schönheit aber konnte vieles bedeuten. Nur für den Fliegerhelden Antonov war die Antwort einfach: Schönheit sei dasselbe wie Ökonomie, am ehesten im Sinne von »nicht verschwenden« etwa von Baumaterial. Aber was und für wen konnte überhaupt verschwendet werden? Die physische Erschöpfung befand sich eindeutig an anderen Orten als in den Rechnungen der Planer. In der Welt der Konstrukteure war Schönheit dasselbe wie reduzierte Formeln. Diese Ideale der Mathematik passten aber nicht immer, wenn man sie in eine physisch materialisierte Wirklichkeit übersetzte. Standardisierung beispielsweise war in einigen Fällen notwendig, in anderen Situationen gereichte sie zu etwas weniger Wünschenswertem. Nur *eine* Antwort und nur *eine* Standardlösung waren nicht ausreichend. Unterschiedliche Situationen forderten unterschiedliche Lösungen. Die etablierte Sichtweise der Konstrukteure war nicht mit den physischen Maßstäben des Menschen vereinbar, die den Teil der begrenzten Bedingungen der Wirklichkeit ausmachte, zu dem die Ergonomie sich zu verhalten hatte. Die Frauen zum Beispiel, die in der Tat einen großen Teil der Alltagsarbeit erledigten, wie passten sie zu der Arbeitsnorm? Konkreter gesagt: Wurde etwas an dem Arbeitsplatz geändert, falls der Tisch für jemanden, der 184 Zentimeter groß war, gebaut wurde, der Arbeiter aber nur 163 Zentimeter groß war? Oder anders gesagt: Wie weit musste sich der Arbeiter recken, um seine Aufgaben erledigen zu können? Wer sollte sich anpassen – der Arbeiter oder der Tisch? Sollte sich der Mensch verzerren müssen oder gäbe es die Möglichkeit, das menschengemachte Objekt neu zu gestalten?

Im Bereich der sowjetischen Produktgestaltung begegneten sich zwei völlig unterschiedliche Welten. Diese zwei Welten, die zwar vom Gegenstand der Auseinandersetzung her nah beieinander lagen, die aber trotzdem in gegensätzlichen subjektiven Ökosystemen zu Hause waren, um eine

Denkfigur von Jakob von Uexkülls Umweltlehre zu benutzen.[24] Der Begriff für das, was wir heute Design und Designer nennen, besteht im russischen Diskurs aus zwei zusammengesetzten Wörtern (Technik und Ästhetik), die verdeutlichen, um welche Problembereiche es im Design eigentlich geht. Die Kluft zwischen den unterschiedlichen Diskursen und darauf aufbauenden Weltbildern, die mit den Wörtern Technik und Design beschrieben werden, ist milde gesagt groß. Die Forderungen, die an VNIITĖ und in den dortigen Forschungslaboren gestellt wurden, waren enorm, ebenso wie die Forderungen an die künstlerischen Konstrukteure und an die Menschen, die trotz der fehlkonstruierten Maschinen und armseligen Hilfsmittel arbeiten und produzieren mussten.

Die Vision der technischen Ästhetik sah vor, ein neues, ergonomisches Gesamtkunstwerk in Form einer neuen Mensch-Maschine zu bauen, die den Traum von der Kunst für die Allgemeinheit materialisieren sollte (um vor dem endgültigen Übergang zum Kommunismus eine menschenwürdigere Umgebung zu schaffen). Die technische Ästhetik, die am VNIITĖ vertreten wurde, versuchte, die materialistischen Produktionsideale mit den menschlichen Maßen zu vereinen, und drohte dabei in der Praxis an den Fließbändern der Fabriken zu scheitern. Die technische Ästhetik stand auf der Seite der Arbeiterinnen und Arbeiter, aber wie groß waren die Möglichkeiten, die Arbeitssituationen durch den Diskurs zu verändern? Bezüglich des Ziels der Produktivitätssteigerung durch die Industrialisierung und der Frage, wie sie durchgeführt werden sollte, blieb zwischen der arbeitenden Hand und der Vision der sowjetischen Funktionäre eine gigantische Differenz.

Aus dem Schwedischen von Kerstin Danielsson, Redaktion Alexandra Köhring

---

24 Ähnlich wie unterschiedliche Tierarten, die in ihrem eigenen Weltbild gefangen sind, sollte die Technik mit der Ästhetik verheiratet werden und die Kunst mit der Konstruktion, siehe die Vorstellungen vom Lebendigen bei Jakob von Uexküll (*Umwelt und Innenwelt der Tiere,* Berlin 1909).

Metamorphose eines Helden oder was geschah mit Neznajka in der Sonnenstadt?

Marina Dmitrieva

Neznajka (Der Weißnichts)[1], ein tollpatschiger, argloser aber sympathischer Störenfried in einem Märchenland der Knirpse, ist einer der Lieblingshelden der russisch-sowjetischen Kinderwelt. Ihr Schöpfer, Nikolai Nikolaevič Nosov, war zur Zeit der Entstehung des ersten Buches der Neznajka-Trilogie, *Neznajka in der Blumenstadt* (1953/54), Laureat der Stalin-Prämie für Literatur.[2] Das zweite Buch über die Abenteuer Neznaj-kas und seiner Freunde, *Neznajka in der Sonnenstadt,* erschien 1958, in der Tauwetterzeit. Das letzte Buch, *Neznajka auf dem Mond,* wurde nach dem Ende der Chruščov-Zeit, 1967, veröffentlicht. Der Erfolg dieser Bücher, insbesondere des ersten, wird vor allem durch ihre klare, aber nicht vereinfachte Sprache und die knappen, witzigen Dialoge erklärt. Darin spielte die Erfahrung Nosovs als Filmemacher gewiss eine Rolle. Hinzu kommen die Illustrationen Aleksej Laptevs, die die plastisch beschriebenen Figuren prägend visualisiert haben (Abb. 1). Die gute Kenntnis der Kinderpsychologie jenseits des vorgegebenen Rahmens der zeitgenössischen Pädagogik hat Nosov schon in seinem mit der Stalinprämie ausgezeichneten Buch *Viktor Maleev in der Schule und zu Hause* gezeigt, in dem es um die Erziehung eines Individuums geht, das wegen der Schwäche seines Charakters Fehler be-

---

1 In der Übersetzung von Lieselotte Remané, erschienen in der DDR, heißt er Nimmerklug. Siehe: Nossow, Nikolaj N., *Nimmerklug in Knirpsenland,* Berlin 1956; Ders., Nimmerklug in Sonnenstadt, Berlin 1960.

2 Nikolaj N. Nosov (1908–1976) hat von 1927 bis 1932 am »Ukrainischen Bauhaus«, dem Kiever Kunstinstitut, studiert (wo zu dieser Zeit Kazimir Malevič und Vladimir Tatlin Professuren innehatten) und hat nach dem zusätzlichen Abschluss des Moskauer Instituts für Kinematografie als Regisseur von populärwissenschaftlichen Filmen gearbeitet. Für sein Kinderbuch *Vitja Maleev v škole i doma (Viktor Maleev in der Schule und zu Hause)* (1952) hat er eine Stalinprämie bekommen. Obwohl er auch Bücher für Erwachsene geschrieben hat, wird sein Name meistens mit den Neznajka-Büchern verbunden.

geht und aus dem Kollektiv ausbricht – dieselbe Struktur, die den Neznajka-Büchern zugrunde liegt.

Abb. 1: Umschlaggestaltung Neznajka in der Sonnenstadt, 1959.

Die Knirpse, allgemein genannt »korotyšy« oder nach ihrem Geschlecht »Jüngelchen« (»malyšy« und »malyški«), welche das Zauberland bevölkern, sind keine schablonenhaften Figuren, dargestellt mit moralisierendem Impetus, sondern echte Kinder, die Erwachsene nur spielen, aber ihr kindliches Benehmen teilweise behalten dürfen. Dadurch ergibt sich eine gewisse Diskrepanz zwischen ihrem Kinder- und Erwachsenendasein, dessen Grenzen nicht klar definiert sind. Auf die symbolische Liminalität der Figuren der Knirpse – weder Kinder noch Erwachsene, weder wirkliche Menschen noch Märchengestalten – hat Sergej Ušakin treffend hingewiesen.[3] Die Welt dieser hybriden Wesen bietet, nach Ušakin, eine Projek-

---

3 Ušakin, Sergej, »My v gorod izumrudnyj idem dorogoj trudnoj. Malen'kie radosti veselych čelovečkov«, in: Ilja Kukulin/Mark Lipoveckij/Maria Majofis (Hg.), *Veselye čelovečki: Kul'turnye geroi sovetskogo detstva*, Moskau 2008, S. 9–60, hier S. 23. Der Schwellenbegriff als symbolische Aktion, den Ušakin verwendet, ist aus der Anthropologie entnommen und bezieht sich auf: Turner, Victor, *Dramas, Fields, and Metaphors: Symbolic Action in Human Society*, Ithaca 1974.

tionsfläche für Kinder – und Erwachsene –, ihre Freiheitsräume zu erproben, demonstriert zugleich auch die Instabilität der nicht klar erfassbaren symbolischen Ordnung im Übergang einer Schwelle von der Kinderwelt zur Realität der Erwachsenen.[4]

Im ersten Buch, entstanden in der stalinistischen Nachkriegszeit, erkennt man Elemente eines Eskapismus in eine heile Welt, weg von alltäglichen Problemen sowjetischer Realität. Erzählt wird ein Märchenland, dessen Bewohner so klein waren, dass ihnen eine große Gurke als ein bequemer Sitz dienen und die Gurkenblätter sie vor Sonnenstrahlen beschützen konnten, wo Nüsse und Pilze mit Sägen geerntet werden und Autos mit Sirupwasser fahren. Es gibt kein Älterwerden und keine Jahreszeiten. Die Gemeinschaft der Knirpse zeigt einen repräsentativen Querschnitt durch die sowjetische Gesellschaft: Dort gibt es Ingenieure, Ärzte, Arbeiter, Poeten, Musiker und sogar Philosophen. Die *korotyši* haben keine persönlichen Namen – ihre Namen beziehen sich auf ihre Charaktereigenschaften oder Berufe: *Packulja* (der Schmutzfink), *Znajka* (der Alleisweiß), die unzertrennlichen *Vintik* und *Špuntik* (Schraube und Spule – die Mechaniker) usw. Konflikte entstehen durch die Absonderung eines Individuums, Neznajka, vom Kollektiv. Dies geschieht durch sein Benehmen und sogar seine Kleidung. Er trägt zum Beispiel keine funktionale Kleidung wie andere Knirpse (die Mechaniker sind in robuste Lederjacken mit vielen Taschen für Instrumente gekleidet; der Arzt, Doktor Pil'ul'kin, in einen weißen Kittel usw.), sondern ein zweckentfremdetes buntes Kostüm – gelbe Hosen, einen blauen Hut mit einer großen Krempe und eine orangenfarbene Bluse mit grüner Krawatte und versucht schräge Töne auf der Tuba und nicht der Balalaika oder Geige, wie die anderen Knirpse, zu produzieren. Darin erkennt man eine Andeutung auf die aktuellen Stiljagi-Diskurse der Nachkriegszeit.[5] Das ist fast der einzige Verweis auf die sowjetische Realität. Der Störenfried wird aber umerzogen und wieder in die Gemeinschaft eingegliedert.

Entgegen diesem statischen Bild der Blumenstadt als einem idyllischen, nicht genauer spezifizierten Ort für ein pädagogisches Experiment, kommt es in späteren Büchern zunehmend zur dynamischen Auseinandersetzung mit aktuellen gesellschaftlichen Diskursen. Das zweite Buch der Trilogie,

---

4 Ušakin, My v gorod [wie Anm. 3], S. 34.
5 Dmitrieva, Marina, »Jazz and Dress. Stiliagi in Soviet Russia and Beyond«, in: Gertrud Pickhan/Rüdiger Ritter (Hg.), *Jazz Behind the Iron Curtain*, Frankfurt/M. 2010, S. 239–255.

Neznajka in der Sonnenstadt, mit dem ich mich im Folgenden beschäftigen werde, setzt sich kritisch mit der Idee der Zukunftsutopie auseinander. *Neznajka auf dem Mond* ist eine Antwort auf den Amerikanismus- bzw. Antiamerikanismus-Diskurs der 1960er Jahre. Nach Ansicht Ilja Kukulins weist die Trilogie eine zunehmende »Ideologisierung« auf, weil der Autor zunehmend die damals geltenden offiziellen Diskurse einfließen ließ.[6] In *Neznajka in der Sonnenstadt* findet, nach meiner Ansicht, eher eine komplexe Auseinandersetzung mit der neuen Realität sowie eine subversive Gesellschaftskritik, die als Subtext zu lesen ist, statt. Beides ist mit der neuen Positionierung des Helden in der Zeit des Tauwetters verbunden. In diesem Teil der Trilogie findet eine Reflexion über die Rolle des Individuums in der sich im Wandel befindenden Gesellschaft statt.

Der Plot und das Konzept

Von einem Zauberer bekommt Neznajka einen Zauberstab, sprich eine eigene Verantwortung und neue Handlungsmotivation, und erhält dadurch Zauberkräfte, die er allerdings verlieren würde, wenn er schlechte Taten beginge. Ohne eigene Mühe bekommt er wundersame Fähigkeiten, zum Beispiel ein Auto fahren bzw. fliegen zu können, und gelangt dadurch zusammen mit Freunden – *Knopočka* (das Knöpfchen) und *Pačkulja Pestren'kij* (der bunte Schmutzfink) – in die Sonnenstadt. Die Sonnenstadt ist ein sehr gut organisiertes, komplexes gesellschaftliches System und ein technisches Paradies, ein Modell der Gesellschaft der Zukunft. Neznajka zeigt sich seiner Zauberkraft nicht gewachsen und bringt allein durch sein unreflektiertes Handeln das perfekte Sozialsystem zum Kippen. Aus Versehen verwandelt er die drei Esel im Zoo in Menschen, die dann allerlei Unheil anrichten, indem sie die Kultur der *Vetrogonen* (Windjäger) und fremde Unsitten in die Stadt bringen.

Wie ich im Folgenden zeigen möchte, bildet der Topos der Metamorphose ein Schlüsselmotiv der Handlung. Durch körperliche Metamorphose der drei Esel in Menschen geschieht eine Kontaminierung der Stadtbevölkerung mit der fremdartigen Kultur und damit eine entscheidende Veränderung ihres Wesens. Es findet eine moralische Verwandlung Neznajkas

---

6 Kukulin, Ilja, »Igra v satiru, ili neverojatnye priključenija bezrabotnych meksikancev na Lune«, in: Ders. u.a., *Veselye čelovečki* [wie Anm. 3], S. 224–240.

von einer aus dem Buch *Neznajka in der Blumenstadt* bekannten Figur eines ahnungslosen kindischen Unruhestifters in einen durch ständig geführte innere Dialoge mit seinem Gewissen beunruhigten, zögerlichen Heranwachsenden statt. Und schließlich befindet sich die Stadt selbst im Zustand des instabilen Wandels – was das einfache Eindringen zerstörerischer Elemente und das Zusammenbrechen des gesamten Konstrukts erleichtert.

Wie liest man ein Kinderbuch?

Die sowjetische Kinderliteratur wird zu oft überwiegend als Mittel der pädagogischen Erziehung und der Propaganda gesehen.[7] Durch den in der letzten Zeit entstandenen differenzierten Zugang zu den populärkulturellen Phänomenen des sowjetischen Alltags wird die Kinderwelt der Literatur als ein Experimentierfeld verstanden, in dem strukturelle Ambivalenzen zum Ausdruck kommen.[8] Im Spätsozialismus bot die Kinderliteratur für Autoren und Kinderbuchillustratoren wie Genrich Sapgir, Oleg Grigor'ev, Ilja Kabakov oder Eduard Gorochovskij Raum für subversiven Humor und surrealistische Fantasien. Konfliktpotenzial entsteht in der Kinderliteratur durch die Kontaminierung der imaginären Märchenwelt mit der Welt der Erwachsenen, Vermischung von Strukturen und Überschreitung der Grenzen.

Die Besonderheit der Literatur für Kinder ist, dass sie für das Vorlesen durch die Erwachsenen und somit zugleich für beide Zielgruppen bestimmt ist. Dies trifft nicht nur für sowjetische Literatur zu. Auch Klassiker der Weltliteratur für Kinder, wie etwa *Alice in Wonderland* oder *Pippi Langstrumpf*, erfüllen diese doppelte Aufgabe – die Kinder zu erziehen, ohne die moralische Komponente aufzudrängen, und die Erwachsenen zu unterhalten, indem man ihnen Rätsel stellt, gesellschaftskritische Andeutungen einbaut usw.[9] Die Popularität der Bücher von Nosov wird dadurch erklärt,

---

7 Kelly, Catriona, *Children's World: Growing Up in Russia, 1890–1991*, London/New Haven 2007.

8 Ušakin, My v gorod [wie Anm. 3]; Gölz, Christine, »Und wenn sie nicht gestorben sind ... – Von Wiedergängern der sowjetischen Kindheit«, in: Galina Nikiporets-Takigawa (Hg.), *Integrum: Točnye metody i gumanitarnye nauki*, Moskau 2006, S. 364–382; Balina, Marina/Larissa Rudova, *Russian Children's Literature and Culture*, London 2013.

9 Lesnik-Oberstein, Karin, *Children's Literature: Criticism and the Fictional Child*, Oxford, New York 1994.

dass sie für Erwachsene und Kinder gleichwohl interessant sein konnten – wie *Harry-Potter*-Bücher es heute auch sind. In diesem Fall funktionierte dies durch das Einsetzen bestimmter intertextueller Hinweise und das Einschalten des geläufigen Verfahrens des Lesens zwischen den Zeilen. So konnte das bekannte Versmärchen Kornej Čukovskijs *Tarakanišče* (Die Kakerlake) als eine Vorahnung Stalins mit seinem ikonenhaften Schnurrbart gelesen werden, obwohl es 1921, also noch vor dem autoritären Auftritt Stalins auf der politischen Szene, geschrieben wurde. Die orientalisch klingenden magischen Formeln des Dschinns im populären Kinderbuch *Starik Chottabych* (Der Greis Chottabych) von Lazar' Lagin (1938) wurden von manchen Lesern als melodische und wörtliche Zitate aus hebräischen Gebeten erkannt, welche dem Autor aus seiner Kindheit vertraut waren. Diese Art der Lektüre musste nicht unbedingt der Intention des Autors entsprechen, konnte sich aber aus der Vorbildung der sowjetischen Leser generieren.

Der Kinderliteratur in der Sowjetunion war es erlaubt, im Gegensatz zur Literatur für Erwachsene, das Fremde, Exotische in die Sujets einzuführen bzw. sich des Fremden problemlos zu bedienen. So sind die bekanntesten Bücher aus dem goldenen Fundus der Kinderliteratur veränderte Variationen ausländischer Vorbilder. Das Märchen *Zolotoj ključik ili priključenija Buratino* (Buratino oder das goldene Schlüsselchen) von Aleksej Tolstoj (1931) bediente sich der Vorlage von Collodi's *Pinocchio* von 1883. *Volšebnik izumrudnogo goroda* (Der Zauberer der Smaragdenstadt) von Aleksandr Volkov (1939) verwendete die Novelle *Der Zauberer von Oz* von Lyman Frank Baum von 1900. Ihre Autoren transponierten die Vorlage, um sie dem sowjetischen Leser verständlich zu machen, wie die Hollywood-Schreiber aus einem Roman ein Buch zum Film machen. Zugleich erlaubt die dort gebliebene Fremdheit eine Freiheit, sich außerhalb der rigiden sowjetischen Realität zu bewegen, ohne sich dafür Kritik einzufangen. Nosov hat sich an der vorrevolutionären Autorin seiner Kindheit, Anna Chvol'son, orientiert, die eine Elfenwelt beschrieb und auch die Namen Neznajka und Znajka erfand. Bei Nosov geschah diese Anleihe allerdings unter völliger Veränderung der Charaktere.[10]

Für die Welt der Knirpse oder Elfen gibt es weitere bekannte Vorbilder. Unter ihnen ist das populäre Märchen von Vladimir Odojevskij *Gorodok v tabakerke* (Das Städtchen in der Tabakdose) von 1834, das am

---

10 Zagidullina, Marina, »Vremja kolokol'čikov, ili 'Revizor' v 'Neznajke'«, in: *NLO*, Nr. 76 (2005), 3.4.2013, *http://magazines.russ.ru/nlo/2005/76/za17-pr.html*.

nächsten liegende Beispiel. Die Bewohner dieses Städtchen, das dem Knaben Mischa im Schlaf erschien – Glöckchenjungen und Hammeronkel –, sind Teile einer komplexen mechanischen Struktur der Subordination und hierarchischen Ordnung. Auch die Geschichte vom Nussknacker, die nicht nur als Ballett von Tschaikowski sondern auch als ein populäres Kinderbuch *Nussknacker und Mausekönig* von E.T.A. Hoffmann in Russland bekannt war, steht als mögliche Orientierung da. Dort kommt das Böse, aber auch die Rettung, von außen ins Zauberland, aus der realen Welt. Odojevskij beschreibt dagegen die Gefahr einer totalen Organisation für das menschliche Individuum, die als immanenter Fehler im System selbst beinhaltet ist.

Dank der Entlehnung fremder Sujets und Figuren war es dem Autor Nosov auch möglich gewesen, einen Antihelden und nicht den schablonenhaften positiven Helden des Sozrealismus zu beschreiben. Diese Figur wird schließlich bestraft, durch das Kollektiv ausgelacht und zurechtgewiesen, durfte sich aber als Clown solche Freiheiten erlauben, die ein positiv konnotierter Darsteller nicht tragen konnte. Dadurch entstand auch eine Komik, die sie zu einem beliebten Helden der Kinder macht. Auch die Hauptfiguren einer Erzählung, wie etwa Buratino oder Neznajka, können negative Charaktereigenschaften haben. Sie mussten aber ein Potenzial zur Veränderung zeigen (Vermenschlichung der Holzfigur, Erziehung Neznajkas usw.).

Eine weitere Eigenschaft, die insbesondere für Nosov zutrifft, ist die Intertextualität mit bekannten Schelmenromanen. Neznajka ist ein Hochstapler, der sich als etwas anderes als er selbst ausgibt. Die gut erkennbaren Hinweise auf Ikonen der russischen Literatur – von Gogols Chlestakov bis Il'fs und Petrovs Ostap Bender – gelten als kulturelle Erkennungszeichen für bekannte Charaktere und werden vom erwachsenen Leser sofort erkannt. Es ist auch ein Travelogue – wie die meisten Beschreibungen der Zauberwelten, die durch einen Eindringling oder einen Fremden entdeckt oder gesehen werden. Als klassisch gebildeter Mensch bedient sich Nosov auch antiker Erzählmuster. Den Schlüsselmoment im Plot bildet, wie ich schon erwähnte, eine Metamorphose, welche auf verschiedenen Ebenen stattfindet – als körperliche und seelische Veränderung. Als erkennbarer Wink für einen anspruchsvollen Leser wird die Verwandlung der Esel in Menschen und umgekehrt gezeigt – was als eine Andeutung auf Apuleius *Metamorphosen, oder der Goldene Esel* zu lesen ist. Allerdings geschieht diese Umgestaltung, ähnlich wie in Michail Bulgakovs *Sobačje serdce* (Hundeherz),[11] mit umgekehrtem moralischem Impetus: Nicht das humanisierte Tier, sondern ein animalischer Mensch entsteht aus der Metamorphose.

Die Sonnenstadt

Die Beschreibung der Sonnenstadt entspricht den tradierten Vorstellungen vom Kommunismus. Schon der Name der Stadt bezieht sich – im Vergleich zu anderen Städten des Zauberlandes wie etwa *Blumenstadt*, *Grüne Stadt* und sogar *Schlangenstadt* (Zmejovka, ein Ort der Legenden, wo einst ein Drache lebte) – auf einen der Schlüsseltexte des »wissenschaftlichen Kommunismus«, der Beschreibung der Sonnenstadt von Tommaso Campanella. Auch in den Augen der Knirpse ist es die Stadt der Zukunft. Obwohl sie als Hauptstadt in der Topografie des Zauberlandes gilt, ist sie nur durch ein Wunder zu erreichen. Dort scheint immer die Sonne, weil die Wolken für den Regen über die Felder umgeleitet werden. Die Bewohner sind hoch qualifizierte Spezialisten – Ingenieure, Erfinder, Modedesigner, Architekten. Dank ihrer technischen Innovationen und ihrem Organisationstalent funktioniert der gesamte Staatsorganismus. Es gibt keine hierarchische Struktur. Die Maschinen übernehmen unangenehme und schwierige Aufgaben. Die landwirtschaftlichen Arbeiten werden mithilfe von ferngesteuerten »Radiokombajnen« erledigt; der Müll wird von großen Staubsaugern von den Straßen eingesammelt. Die Menschen haben somit viel Freizeit, die sie für Schachspielen, Theateraufführungen oder Spaziergänge im »Park für Kultur« nutzen. Sie sind Gemeinschaftswesen und, obwohl sie über private Räume verfügen, wo auch Fernsehgeräte stehen, möchten sie lieber Schach auf Bürgersteigen spielen oder ins Kino gehen, oder, ganz kindisch, über die speziell eingerichteten Rutschen die mehrstöckigen Gebäude herunterflitzen (nach oben werden sie mit Rolltreppen transportiert). Das Essen wird in Kantinen zubereitet, die in jedem Haus eingerichtet werden, und auf Wunsch über spezielle Aufzüge in die Wohnungen befördert. Die Ästhetik nimmt einen wichtigen Platz in dieser technisierten Welt ein. Alle Innovationen werden auf den *Chudsovjets* (künstlerische Komitees) besprochen. Kleider aus Pusteblumen werden in

---

11 Bulgakovs *Sobače serdce* wurde 1925 geschrieben, wurde allerdings nur als Sam- oder Tamizdat verbreitet. Es ist nicht bekannt, ob es Nosov gelesen hat. Dies gilt auch für Evgenij Zamjatins Antiutopie *My (Wir)* von 1920.

einem Designerbüro entworfen; die Möbel werden aus neuen Plastikmaterialien produziert. Die Häuser werden mit fluoreszierender Farbe gestrichen, was sie nachts leuchten und die Laternen ersetzen lässt. Die Sonnenstadt ist eine wissenschaftlich-technische und zugleich eine ästhetische Utopie. Das Hotel, in dem Neznajka als »Autofahrer Neznam Neznamovič Neznamov« (übersetzt etwa: Unbekannt zu Unbekannt) und *Packulja* als »Ausländer Packuale Pestrini« eingecheckt waren (nur *Knopočka* unter ihrem eigenen Namen)[12], braucht kein Personal. Die Gäste werden ausschließlich von Automaten bedient. Die Empfangsdame erscheint nur auf dem großen Fernsehbildschirm und scheint trotzdem alles über die Reisenden zu wissen. Die Miliz verfügt ebenfalls über eine totale Überwachungsmacht, was nicht verhindert, dass sie die Kontrolle über die Stadt verlieren. Gleichzeitig werden Menschen (oder Knirpse) in dieser hoch entwickelten Gesellschaft, die mit schwindelerregender Intensität immer neue Innovationen einführt, vor schwierige Aufgaben gestellt, diese an- und aufzunehmen. Als Metapher können drehende Häuser des Architekten Vertibutylkin verstanden werden: Als Einwohner wisse man schließlich nicht mehr, von welcher Seite die Sonne auf- und wo sie untergeht. Wenn die gewohnten Strukturen verändert werden, so kann dies auch zum Verlust der Orientierung führen.

Diese vollkommene und komplexe Welt wird von den Protagonisten als Gegensatz zu ihrer Heimat – der Blumenstadt – empfunden. Zu Hause gibt es nämlich keine schönen Wohnblöcke, sondern lediglich kleine Einzelhäuser. Alles muss hart erarbeitet werden – riesige Erdbeeren, Gurken und Pilze müssen von Knirpsenhänden gepflanzt und gepflückt werden. Das Wirtschaftsleben funktioniert nur durch den Tausch von Naturalien: Landwirtschaftliche Produkte werden gegen Konfektion getauscht. Dabei kann es vorkommen, dass es eine Ungleichheit von Angebot und Nachfrage gibt: Die Schneider produzieren zu viele Hosen, bekommen aber dafür nicht genügend Gurken. Es müssen also dann Hosen gegen Hosen getauscht werden. Auf diese humorvolle Weise wird subversiv Regimekritik im Hinblick auf die sozialistische Mangelwirtschaft geübt.

---

12 Verweis auf den Automobil-Travelogue von Il'fs und Petrovs *Das goldene Kalb* (1931) sowie den »Ausländer Ivan Fedorov« in Gogols *Die toten Seelen*.

Interferenzen mit der Realität

Die Sonnenstadt erlebt gerade eine bauliche Wende – von der Architektur der Vergangenheit, in der man mühelos die »Architekturexzesse« (*architekturnye izlišestva*) der stalinistischen Periode erkennt, zum neuen Modernismus. Dies wird den Besuchern aus der Blumenstadt anschaulich erklärt. Der Führer Kubik (Würfel oder Kubus) zeigt ihnen den Unterschied zwischen Alt und Neu.

»Und jetzt: [...] werden wir nun Gebäude sehen, die unter Denkmalschutz stehen. [...] Die Reisenden kamen in ein Stadtviertel, das aus Häusern mit Säulen bestand. Hier gab es gerade und krumme Säulen, gedrehte, gewundene, spiralenförmige, schiefe, plattgequetschte, ausgebeulte Säulen und solche, die man gar nicht näher beschreiben kann [...] Einige Häuser hatten ihre Säulen nicht unten, wie es sich gehört, sondern oben auf dem Dach. Bei anderen berührten die Säulen zwar den Boden, aber dafür standen die Häuser hoch über den Säulen [...]›Gucken Sie sich diese schiefen Häuser nicht so genau an‹, sagte Würfel. ›Bei uns herrschte früher die Mode, Häuser zu errichten, die keinem anderen glichen. Dabei entstand dieser Unsinn. Nehmen Sie zum Beispiel das Haus da. Fenster und Türen, Mauern und Deckenwände sind schief. Versuchen Sie einmal, eine Woche in solchem Haus zu wohnen, dann werden Sie merken, wie schnell sich Ihr Charakter verändert. Sie werden böse, mürrisch und reizbar [...] Wir wollten sie schon abreißen, aber dann beschlossen wir, sie stehenzulassen, damit niemals wieder jemand auf den Gedanken kommt, so was zu bauen.‹

›Hat das geholfen?‹, fragte Nimmerklug.

›Ja!‹ Würfel nickte. ›Aber nicht lange. Ein paar Architekten konnten nicht gleich von ihren Gewohnheiten lassen. [...] Doch dann erfand der Architekt Kürbis eine Anzahl neuer Baustoffe, wie Schaumgummi, aus dem man transportable, zusammenlegbare Häuser errichten kann; wasserfeste Pappe, die weder Kälte, Hitze, Regen oder Wind durchlässt; künstliche Knetgummi für Stuckverzierungen an den Mauern, Schaumstoff, der im Wasser nicht verbrennt und auf dem Feuer schwimmt [...] Oh, Verzeihung, ich wollte sagen, der auf dem Wasser schwimmt und im Feuer nicht verbrennt. Außerdem erfand er das Erbsenwunder. Dieses Baumaterial wird aus gepressten Erbsenschoten hergestellt und ist ebenfalls witterungsbeständig.‹«[13]

---

13 Hier und ferner Übersetzung aus: Nossow, *Nimmerklug in Sonnenstadt* [wie Anm. 1], S. 115–117.

Abb. 2: Illustration »Architektur von gestern«.

Die Stadtbeschreibung reflektiert den aktuellen Diskurs sowjetischer Architektur der späten 1950er Jahre, wie etwa die Suche nach neuen Materialien und Techniken des Massenbaus für die Bevölkerung, der einzelne herausragende Gebäude für die stalinistische Elite ersetzen sollten

Für Modernität stehen zwei Architekten: Arbusik (Kürbis) und Vertibutylkin (Flaschendreher). Nicht selten zeigt die Modernität skurrile Züge – so eifrig versuchen die Architekten, ihre Innovationen durchzusetzen (Abb. 2). Dort entstehen Häuser, die aus übereinanderstehenden Halbkugeln bestehen oder wie Musikinstrumente – Klavier, Ziehharmonika oder Trommel – aussehen. Ein Haus hängt sogar an einem riesengroßen Luftballon in der Luft. Während Vertibutylkin als Formalist zu identifizieren ist, wird Arbusik als Funktionalist gezeigt, welcher mit neuen Materialien arbeitet, die, wie die besagten »Erbsenwunder«, ökonomisch und polyfunktional sind. Die Sonnenstadt befindet sich auch im Zustand der Veränderung – von der stalinistischen Prunkstadt in die Metropole der sowjetischen Spätmoderne.

Kritische Besprechungen sind wichtige Elemente des Lebens in der Sonnenstadt. Sie sind ein Vehikel des Fortschritts, dadurch werden Innovationen angenommen oder abgelehnt. Bei einer Besprechung werden drehende Häuser von Vertibutylkin als nicht funktional kritisiert. Das ist aber eine produktive und nicht lebensbedrohliche Kritik – Zeichen einer neuen Welteinstellung der Tauwetterzeit. Auch die Miliz, obwohl sie über ein Überwachungssystem verfügt, verzichtet auf Strafvollzug und ähnliche strenge Strafen, die man früher gebraucht hatte. Stattdessen gibt es suggestive Umerziehungsmaßnahmen durch Überzeugungsarbeit. Auch weitere Realien der neuen Weltordnung werden von erwachsenen Lesern mit Schmunzeln erkannt: In der Beschreibung einer Theateraufführung sieht man das erst 1954 eröffnete und sofort populär gewordene Theater der Estrade; im Designerbüro das gerade eingeführte *Dom modelej* (Haus der Mode); im Wissenschaftlichen Städtchen das *Akademgorodok* (das Akademische Städtchen), eine erst 1957 gegründete Siedlung für Wissenschaftler in Novosibirsk. Die Bewohner der Sonnenstadt sind – entsprechend der Wende zum Komfort in der nachstalinistischen Gesellschaft – sehr am Konsum interessiert[14] und machen alle Modetrends eifrig mit, was ihnen allerdings zum Verhängnis wird. Plötzlich wollen alle gelbe Hosen, wie Neznajka, oder Baskenmützen mit Quast, wie die Vetrogonen, tragen. Dies führt unausweichlich zur Übernahme der schlechten Sitten.

In den aus den drei Eseln in Menschen verwandelten Vetrogonen erkennt man mühelos fremdartige Elemente, die in der Nachkriegszeit in Mode (Stiljagi) und Musik (Jazz) in Erscheinung getreten waren und während des Internationalen Jugendfestivals von 1957 in Moskau die Stadt buchstäblich eroberten. Der von Zeitzeugen beschriebene außerordentliche Zustand, in den die sozialistische Hauptstadt versetzt wurde, diente als Vorlage für die Beschreibung des Trubels in der Kapitale des Knirpsenlandes.[15] Wie die verwirrten Moskoviter, fangen die vormals braven Bewohner der Sonnenstadt sofort an, den Kleidungsstil der Vetrogonen, ihr aggressives Benehmen, ihre Musik affig nachzuahmen. »Das kakophonische Orchester« (Abb. 3) ersetzte die gewohnten melodischen Klänge, die in Parks vormals zu hören waren.

---

14 Zu Mode und Konsum im Sozialismus siehe Crowley, David/Reid, Susan E. (Hg.), *Pleasures in Socialism: Leisure and Luxury in the Eastern Bloc*, Evanston, Ill. 2010.
15 S. Kozlov, Alexei, *Kozel na sakse«: i tak vsju žizn'*, Moskau 1998.

Abb. 3: Illustration »Das kakophonische Orchester«.

Die Presse der Sonnenstadt erkannte sofort, dass es sich im Grunde um zwei Typen von Vetrogonen handelte: Die ersten, die Fremden, waren die Bösen. Die zweiten, die Einheimischen, einfach schwache Charaktere, die sich leicht beeinflussen ließen und die man durch Strafen oder andere erzieherische, aber strenge Maßnahmen zur Vernunft bringen sollte. Somit war der Staat »gezwungen«, einzugreifen, um die gefährliche Störung im sich vormals selbst regulierenden System zu korrigieren.[16] Die Metamorphose der drei Esel ist nicht nur wahrscheinlich die erste Darstellung der Stiljagi-Bewegung in der sowjetischen Literatur, sie demonstriert auch Mechanismen der Disziplinierung der sowjetischen Gesellschaft der Tauwetterzeit.

Kybernetik – die Wissenschaft der Zukunft

In der technischen Utopie der Sonnenstadt herrscht eine vollkommene Symbiose der Menschen und der von ihnen gesteuerten Maschinen. Die Maschinen sind so komplex, dass sie eine Fähigkeit zur weiteren Entwicklung haben und lernfähig sind. So haben die Schachautomaten im Park der Kultur menschliche Züge:

---

16 Zur Züchtigung der entfesselten Jugend während des Jugendfestivals siehe Roth-Ey, Kristin, »Loose Girls on the Loose? Sex, Propaganda and the 1957 Youth Festival«, in: Melanie Illic/Susan E. Reid/Lynne Attwood (Hg.), *Women in the Khrushchev Era,* Basingstoke, Hampshire 2004, S. 75–95.

»Ein Automat runzelte die Stirn, bevor er einen Zug machte, zupfte sich an der Nase, nahm die Figur unentschlossen vom Brett, behielt sie eine Weile in der Hand, als überlegte er, wohin er sie stellen sollte, machte dann einen Zug, stellte die Figur hastig wieder auf ihren Platz und tat, als denke er nach. Bevor ein anderer Automat einen Zug tat, zog er ein jämmerliches Gesicht, blinzelte, räusperte sich, schüttelte den Kopf und zuckte die Schultern. Ein anderer gab alle möglichen Redensarten von sich, zum Beispiel: ›Ach, darauf wollen Sie hinaus? Bitte, ich sehe schon.‹ Oder: ›Wir werden Ihnen mal zeigen, wie man Schach spielt!‹ Oder: ›Jetzt kriegen Sie eins auf den Deckel!‹«[17]

Sie haben sogar, genauso wie die Bewohner der Stadt, einen Namen und heißen *Ekscentrika, Cirkulina, Rondoza* oder *Koncentrina*. Ein kleiner automatischer Staubsauger, der plötzlich ins Hotelzimmer von Neznajka und seiner Freunde einrollt, trägt den Namen *Kibernetika* (Abb. 4).

Abb. 4: Illustration »Der Staubsauger Kybernetik«.

Durch diesen subtilen Hinweis wird der wissende Zeitgenosse sofort an die Themen herangeführt, die nicht weniger als andere ideologische Diskurse ein Zeichen des Systemwechsels waren – die Diskussionen um die Kybernetik. Während noch im philosophischen Wörterbuch von 1954 die Kybernetik als menschenverachtende »bourgeoise Pseudowissenschaft« gebrandmarkt wurde, erschien schon ein Jahr später in der Zeitschrift *Voprosy filosofii* (Zeitschrift für Philosophie) eine Publikation der führenden Mathematiker, in der das Potenzial der Kybernetik als einer universellen, Biologie, Philosophie und Mathematik gleichwohl betreffenden Wissenschaft präsentiert wird, in der es um das Funktionieren von Organismen und

---

17 Nossow, *Nimmerklug* [wie Anm. 1], S. 95.

Maschinen als ein System gehen sollte.[18] Das Buch Norbert Wieners *Cybernetics or Control and Communication in the Animal and the Machine* (1948), das bisher im Giftschrank eingeschlossen war, erschien 1958 in der russischen Übersetzung und mit einem positiven, obwohl mit kritischen Elementen versehenen Vorwort des tschechischen Philosophen Ernest Kol'man, der zu dieser Zeit in der Sowjetunion lebte. Die philosophischen Grundlagen der Informationstheorie und der Einsatz der Rechenmaschinen in der technokratischen Gesellschaft wurden in Instituten der Akademie der Wissenschaft sowie im Militärsektor erforscht und erprobt. Hier sieht man auch einen, der Zeit eigenen naiven Glauben an die besondere Rolle der Wissenschaft und der Wissenschaftler in der Reformierung der Gesellschaft.[19]

Das Gewissen

Ein wichtiges Motiv des Neznajka-Buches ist das Erwachen des Gewissens. Der stabile, arglose und ständig gut gelaunte Weißnichts, der bisher immer unverändert aus jeder Bredouille herauskam, erlebte etwas Außergewöhnliches: Sein Gewissen weckt ihn eines Nachts auf, um einen Dialog mit ihm anzufangen, und verändert sein gesamtes Wesen.

»›Wer bist du, dass man nichts vor dir verbergen kann?‹, fragte Nimmerklug.
Die Stimme klang wieder spöttisch. ›Erkennst du mich nicht? Ich bin dein Gewissen.‹ […]
›Hör mal‹, sagte Nimmerklug, ›Wo hast du denn die ganze Zeit gesteckt? Warum hast du vorher geschwiegen? Hockst da verborgen und schweigst so lange, bis ich etwas Falsches getan habe, und damit quälst du mich!‹
›Ich bin nicht so schuldig, wie du glaubst‹, rechtfertigte sich das Gewissen. ›Es kommt daher, dass ich bisher noch zu klein, zu ungefestigt bin und eine zu schwache Stimme habe. Außerdem ist es ringsum oft zu laut. Besonders tagsüber. Die Autos und Autobusse machen Krach, von allen Seiten dringen Gespräche und

---

18 Zur Geschichte der Kybernetik in der Sowjetunion in Zeugnissen und Dokumenten: Pospelov, D.A./Ja, I. Fet (Hg.), *Očerki istorii informatiki v Rossii*, Novosibirsk 1998. Siehe auch: Gerovitch, Slava, *From Newspeak to Cyberspeak: A History of Soviet Cybernetics*, Cambridge, Mass./London 2002.
19 Siehe dazu: Vajl', Petr/Genis, Aleksandr, *60-e. Mir sovetskogo čeloveka*, Moskau 1998, 1. Aufl., New York 1988, S. 104–105.

Musik auf mich ein. Deshalb unterhalte ich mich mit dir am liebsten des Nachts, wenn es draußen still ist und nichts meine Stimme erstickt.«[20]

Durch diesen Kampf mit sich selbst, bzw. mit seinem Doppelgänger, geschieht eine Verwandlung Neznajkas vom ewigen Kind in einen Heranwachsenden, vom Sonnyboy in eine mit seinem Gewissen hadernde, unschlüssige Person, die ehrlich nach einer richtigen Entscheidung sucht, diese aber nie finden kann.

Die perfekt organisierte Stadt scheitert an der menschlichen Schwäche. Es braucht eine Intervention von außen – einen Zauberer, der allein, und nicht der durch das Ringen mit dem Gewissen ermüdete Held, begangene Fehler beheben kann. Die Protagonisten kehren schließlich aus der Sonnenstadt in ihre alte, unvollkommene Welt der Blumenstadt zurück, wo sie auch hingehören. Was aus der angeschlagenen Sonnenstadt schließlich wird, bleibt ungeklärt.

Einige Schlussbemerkungen

Das Buch Nosovs ist eine Antwort auf viele Erwartungen und Hoffnungen der Tauwetterzeit. Gleichzeitig stellt der Autor die Realisierbarkeit der Idee des Funktionierens eines solchen komplexen gesellschaftlich-technischen Systems sowie der Symbiose von Mensch und Maschine und somit die Vision einer vollkommenen Gesellschaft der Zukunft infrage. Diese Skepsis ist erst ein paar Jahre vor der Behauptung Chruščevs über den Eintritt des Kommunismus in der nahen Zukunft ausgesprochen worden. Die Sonnenstadt ist eine Utopie, die Topoi des Sozialismus sowjetischen Modells aufnimmt und zugleich die Modernisierungshoffnungen der Tauwetterzeit widerspiegelt. Dabei wird die Fragilität eines mechanischen Systems, eines Städtchens in der Tabakdose, aufgezeigt, das durch einen Zufall in sich zusammenfallen und in einem unkontrollierten Chaos aufgehen kann. Der Mensch – so ist die Botschaft des Buches – ist noch nicht bereit, in diesem perfekten Organismus zu leben. So bringt Neznajka nicht durch bösen Willen, sondern allein durch seine menschliche Unvollkommenheit, das ganze System zum Kippen.

---

20 Nossow, *Nimmerklug* [wie Anm. 1], S. 73–75.

Die moralische Verwandlung von Neznajka personifiziert die schmerzhafte Umformung eines Gemeinschaftswesens in ein Individuum – in einen mündigen, aber schwachen und handlungsunfähigen Helden der Tauwetterzeit, der vor die Notwendigkeit gestellt wird, die Verantwortlichkeit für die Gesellschaft zu übernehmen, und an dieser Aufgabe scheitert.

Postsozialistische Helden

Auf der Suche nach einem neuen Helden(-Körper): *Pyl'* (Staub) – ein Experiment

Christine Gölz

Der Systemwechsel in Ost- und Mitteleuropa in den frühen 1990er Jahren war für viele Menschen, nicht zuletzt für die gerade ins Erwachsenenleben aufbrechende »Generation X«, mit großen Hoffnungen verbunden. An die Stelle der stark eingeschränkten individuellen Optionen im Staatssozialismus war damals unter neuen, kapitalistischen Vorzeichen eine scheinbar unbegrenzte Anzahl von Waren, Lebensentwürfen und Überzeugungen getreten. Die bislang nicht gekannten Wahlmöglichkeiten einer Konsumgesellschaft suggerierten, ein jeder könne sich jenseits von den heldischen Rollenmodellen der sozialistischen Kultur neu erfinden.[1] Auch einen sozialen Wandel zum Besseren schien diese neue Vielfalt damals zu versprechen, wie die slowenische Philosophin Renata Salecl rückblickend konstatiert: »At the end of the communism we had a feeling that sort of rights and choices were finally secured to us, and suddenly the possibility of a change might happen.«[2]

In ihrem zwei Jahrzehnte nach der Wende verfassten Essay *Choice* kommt Salecl allerdings zu einem anderen Schluss.[3] Sie sieht in den spätkapitalistischen Gesellschaften eine »Ideologie der Wahlmöglichkeit« am Werk, die die erhoffte Freiheit des »Sei du selbst!« pervertiere und sich als

---

1 Siehe hierzu zum Beispiel auch Zygmunt Bauman, der unterstreicht, dass die Freiheiten der postmodernen Konsumgesellschaft lediglich simulieren, der Ort menschlicher Selbstverortung und Identitätsbildung zu sein, da nur eine Minderheit überhaupt über die finanziellen Möglichkeiten verfüge, an den pluralen Lebens-, Existenz- und Handlungsmöglichkeiten teilzuhaben. Bauman, Zygmunt, »Politischer Körper und Staatskörper in der flüssig-modernen Konsumentengesellschaft«, in: Markus Schroer (Hg.), *Soziologie des Körpers*, Frankfurt/M. 2005, S. 189–214.
2 Siehe Salecl, Renata, »The Paradox of Choice« [Videolecture], http://youtu.be/E4_HGRjJs9A.
3 Salecl, Renata, *Choice*, London 2010.

terrorisierendes Instrument gegen das Individuum wende.[4] Der paradoxe Zwang des Wählens, der durch die Illusion ausgelöst wird, rational fundierte und somit scheinbar richtige Entscheidungen fällen zu können bzw. zu müssen, stellt in Salecls Augen eine Quelle individueller Verunsicherungen, von Ängsten und Schamgefühlen dar. Um sich dem möglichst wenig auszusetzen, herrsche eine Orientierung an dem vor, was die Mehrheit glaubt, wodurch Wandel, alternative Entwürfe und gesellschaftliches Engagement für Neues ausgeschlossen werden. Somit sei die »Wahl« gerade kein Freiheitsmoment, sondern »Tyrannei« und damit ein systeminhärentes Mittel zur Stabilisierung der spätkapitalistischen Ordnung: »But it also sort of in a way pacifies people; people are quite often frozen in some kind of state of indecisiveness when there are too many choices.«[5] Auf der Ebene des Einzelnen führe dieser Zwang zur richtigen Wahl oftmals zur Entscheidungslosigkeit und zum Stillstellen der individuellen Potenziale.

Der im Mittelpunkt der folgenden Ausführungen stehende experimentelle Film *Pyl'* (Staub)[6] aus dem Jahr 2005 handelt von einem solchen »stillgestellten« Menschen, von Alëša (Aleksej Podol'skij). Der Film erzählt die fantastische Geschichte eines apathischen jungen Vertreters der Generation X und seines Versuchs, sich in einen »neuen Helden« zu verwandeln. Alëša wird vom Geheimdienst FSB mit dem Appell an seine staatsbürgerliche Pflicht als Proband für ein geheimes medizinisches Experiment rekrutiert, was sein Leben radikal verändert. Denn die Prozedur ist nicht nebenwirkungsfrei, der unförmige Alëša meint nämlich, während des Experiments für einen Moment seiner Idealausführung begegnet zu sein. Der in der Folge langsam aus seiner Lethargie erwachende Protagonist will die wohlgeformte Körperhülle, die ihm die Staatsorgane auf der schwarzen Mattscheibe ihres Gesellschaftsexperiments anbieten, um jeden Preis besitzen. Dabei bleibt ihm verborgen, dass seinem Identifikationswunsch mit diesem virtuellen Heldenbild eine nur scheinbar freie Wahl zugrunde liegt, wurde er doch durch den Geheimdienst manipuliert und in einem Bilder generierenden Kasten bestrahlt, dessen Parallele zu anderen Flimmerkisten und ihren Bilderwelten im Film nicht zufällig ist. Als ungewollte Folge der

---

4 Siehe zu dieser Diagnose auch Ehrenberg, Alain, *Das erschöpfte Subjekt. Depression und Gesellschaft in der Gegenwart*, Frankfurt/M. 2004, und Han, Byung-Chul, *Müdigkeitsgesellschaft*, Berlin 2010.
5 Salecl, *Paradox* [wie Anm. 2].
6 *Pyl'* (intern. Verleihtitel: Dust), Russland 2005, Regie: Sergej Loban, Drehbuch: Marina Potapova, Darsteller: Aleksej Podol'skij, Pëtr Mamonov u.a., 107 Min.

Behandlung beginnt Alëša aufzubegehren, gegen die bevormundende Großmutter, den parasitären Freund, die Wissenschaftsmaschinerie und den FSB. Alëša verstößt gegen bislang von ihm unhinterfragte Regeln. Er setzt sich über ausdrückliche Verbote hinweg und erlebt seine eigene kleine Revolution. Er begibt sich auf die Suche nach sich selbst, genauer nach (s)einem Körper, und er beginnt, sozial zu agieren und mit anderen Menschen in Kontakt zu treten. Seine Suche lässt ihn nicht nur mit den Vertretern autoritärer Institutionen zusammenprallen, sondern führt auch durch unterschiedliche urbane Räume und bringt ihn in Kontakt mit verschiedenen sozialen Gruppen. So durchmisst Alëša den *sozialen Körper* der neuen russischen Gesellschaft um das Jahr 2000. Auf seinem Weg begegnen ihm Kleinkriminelle und Veteranen, Freizeitsportler und ehemalige Dissidenten, Partygänger und Menschenrechtler, Sektenanhänger und Migranten, Künstler und FSB-Schläger. Doch Alëša hat längst unter all den vorgestellten Handlungs- und Identitätsmustern seine Wahl getroffen – er will den virtuellen Idealkörper. Die Folgen dieser offensichtlich falschen Wahl sind dann allerdings tragisch. Das anfänglich ungeformte und völlig handlungsunfähige Subjekt ist zwar am Ende des Films nicht mehr länger im Angesicht der unterschiedlichen Wahloptionen »eingefroren«, und doch zerfällt es, wie der Filmtitel bereits vorgibt, zu Staub. Gemeinsam mit seinem Heldenbild verschwindet Alëša in der medialen Virtualität.

Alëša – ein (Noch-)Nichtheld der Zeit »zurück aus der Zukunft«[7]

Alëša entscheidet sich für den staatlicherseits lancierten Heldenkörper und handelt damit gewissermaßen nach altbewährtem »sowjetischem« Muster. Beim Versuch, im 20. Jahrhundert eine ideale kommunistische Gesellschaft zu errichten, hatten Heldennarrative und -bilder eine nicht unbedeutende Rolle übernommen. Das utopische Projekt eines Neuen Menschen lieferte gesellschaftliche Handlungs- und Orientierungsmuster, die in exemplarisch-singulären Heldenfiguren ihre Verdichtung fanden. Als Boten einer

---

7 Als »Helden der Zeit – ›zurück aus der Zukunft« bezeichnet Thomas Seeling die Protagonisten in den Fotoarbeiten von Sergej Bratkov, die auf mehrfache Weise Zeitgenossen der Filmfigur Alëša sind. Seeling, Thomas, »Heldenzeiten«, in: Ders. (Hg.), *Sergey Bratkov. Glory Days/Heldenzeiten. Works/Werke 1995–2007*, Zürich 2008, S. 52–53, hier S. 53.

leuchtenden Zukunft wurden diese Helden zu kulturellen Ikonen und damit zu Rollenvorbildern ihrer Zeit, sie verkörperten nicht nur stereotype hagiografische Heldennarrative, sondern auch typisierte Körperbilder. Die Etablierung und historisch-politische Funktionalisierung dieser Helden fand in den Künsten und deren Medien, nicht zuletzt im Film statt, doch auch Gebrauchstexte und Artefakte der sozialistischen Alltagskultur kolportierten diese Helden. An den sie generierenden Bildern und Diskursen lassen sich im Laufe des 20. Jahrhunderts die gesellschaftlichen Optimierungsversuche staatlicherseits ablesen, dort allerdings, wo die Helden auf die eine oder andere Weise infrage gestellt und dekonstruiert werden, auch Ermüdungs- und Krisenerscheinungen. Dies gilt erst recht für die Zeit nach dem Ende des utopischen Projekts. In den Zeiten der wirtschaftlichen Unsicherheit, Sinnkrise und Neuorientierung nach dem Zusammenbruch der Sowjetunion hatten die sowjetischen Helden, die ehemaligen Knotenpunkte einer sinnstiftenden Ordnung, als Vorbilder erst einmal ausgedient. Alëša, der seine Suche nach *role-models* und »Heldenkörper« auf *dem* Platz der Helden, im Moskauer »Siegespark« auf der Poklonnaja Gora beginnt, trifft dort nur noch auf deren »müde« Version: auf einen abgehalfterten Veteranen, der Pfandflaschen sammelt (00:34:43).

Man kann Alëša auch als Probanden in einem Filmexperiment verstehen, das ihn auf seine Tauglichkeit als politisch agierendes Subjekt hin testet. Der Film lässt ihn daher dieses Experiment als Leerstelle beginnen, denn schon in seiner körperlichen Erscheinung ist der Protagonist völlig unbestimmt. Als Sinnbild für fehlende Distinktion und (noch) Niemand-Sein, für seine Entscheidungslosigkeit und die nicht stattfindende Wahl steht eine Szene gleich zu Beginn des Films, in der sich Alëša im Secondhandladen zwischen den dort gebotenen Möglichkeiten verliert. Die schließlich erworbene erste Hülle für den noch ungeformten Heldenkörper, ein übergroßes und infantiles Katzen-T-Shirt, passt Alëša nicht nur deshalb so besonders gut, weil es »universell« und »unisex« und damit uneindeutig ist. Es ist zudem symptomatisch für seine unheldische Art, in der Welt zu sein, als einer, den die anderen formen: Nicht er hat das Shirt zu guter Letzt gewählt, sondern es wurde von der Großmutter für den willenlosen Enkel bestimmt (00:02:08; Abb. 1).

Abb. 1: Alëša im »universellen« Katzen-T-Shirt.

Die im Zentrum des Films stehende Figur ist in ihrer anfänglichen Erstarrung und schlussendlichen Verpulverisierung als endgültige Dekonstruktion eines der Helden aus dem kommunistischen Pantheon zu verstehen. Alëšas wenige Aktivitäten weisen sowjetisches Heldentum nur noch in geringen Spuren auf – seine monotone Arbeit in einer Spielzeugfabrik, in der er Plastikpistolen mit einem Gummiring zusammenbaut, ist eine schwache Anspielung auf den Mauser tragenden Revolutionshelden, und seine Freizeitbeschäftigung, Modellflugzeuge zusammenzukleben, ein allerletzter Abklatsch des Fliegermythos der Sowjetunion. Als unförmig, untätig und völlig unbestimmt charakterisiert, stellt dieser Vertreter der Generation »Zurück aus der Zukunft« allerdings keinen Antihelden dar, sondern einen noch unbestimmten Nichthelden (was ihm gerade jenseits der Leinwand zum Erfolg verholfen hat – doch dazu später). Alëša, der Nichtheld, erweist sich in der Handlung des Films als völlig ungeeignet, richtungsweisend zu sein. Dieses Unvermögen wird in einer kleinen Episode szenisch ausagiert, in der Alëša von einer Gruppe Kleinkrimineller aufgefordert wird, in einen gestohlenen Wagen einzusteigen und den Weg ins Zentrum zu zeigen. Doch der »durdello« (Dummschädel) verwirrt sich zwischen »nach links« und »nach rechts« und schlägt schließlich in seiner ganzen Hilflosigkeit vor, jemanden Dritten nach dem Weg zu fragen (00:13:12–00:15:29). Der unheldische Protagonist des Films hat fiktionsimmanent von Anfang an ein Problem: Um überhaupt ereignisrelevant und damit erzählt werden zu können, braucht es für ihn eine Form. Das Filmexperiment schickt seinen (Noch-) Nichthelden daher auch auf die Suche nach (Körper-)Formen, die ihm die sich neu ordnende, postsozialistische Gesellschaft zu bieten hat.

Drei Körper für den (Noch-)Nichthelden und die Körpersprache des Protests

Das in der Handlung vielfach ausgestaltete Motiv des »Körpers« als Ort »zentraler Selbsterfahrung« erweist sich in seiner Funktion als Schnittstelle zwischen Außen und Innen, zwischen Gesellschaft und Individuum für die Filmemacher als geradezu ideales Instrument, um den zur Entstehungszeit des Films aktuellen postsozialistischen Kontext in Bezug auf das Subjekt und *vice versa* zu analysieren.[8] Die Suche nach dem »eigenen« Körper, der richtigen Form, lässt drei »Körpermodelle« erkennen: den vom ideologischen System vorgegebenen Heldenkörper, der das Subjekt durch seine Virtualität auslöscht, die Fixierung auf den eigenen Körper und das letztlich in seiner Isolierung misslingende kleine Glück sowie die versuchte Integration in einen größeren, sozialen Körper.

Für die Handlungsentwicklung zentral ist das Konzept des (staatlich lancierten) Heldenkörpers. Während die Heldenkonzepte der Vergangenheit als ausrangiert vorgeführt werden, sind die als Identifikationsangebote des Postsozialismus vorgestellten durch Kommerzialisierung, ideologische Instrumentalisierung oder ludische Oberflächlichkeit ebenfalls korrumpiert. Der Heldenkörper der Wahl ist da keine Ausnahme, er vereint in sich Martialität und Glamour[9] – zwei Prinzipien, mit denen sich der »neoimperiale Stil« der russischen Nuller-Jahre samt ihren Idolen, von Vladimir Putin bis hin zur »russischen Paris Hilton« Ksenija Sobčak, gut beschreiben lassen. Der Wunschkörper erweist sich zu guter Letzt als reines Simu-

---

8 Vgl. hierzu Leonova, Evgenija, »Telo vo sne i najavu. Pyl', režisser Sergej Loban«, in: Iskusstvo kino, H. 2 (2006), o. S., *http://kinoart.ru/archive/2006/02/n2-article8*.
9 Vom Arzt über seine Erlebnisse während des Experiments befragt, nennt Alëša diese zwei Begriffe: »Stärke« und »Schönheit« (00:23:15).

lacrum, das den Protagonisten beim Versuch, sich mit diesem virtuellen Heldenkörper zu vereinen, einfach absorbiert.

Andere Wege zur Bewusstwerdung, zur Erweckung und Verwandlung in ein handelndes politisches Subjekt stellt der Film zwar als Alternativen vor, der Protagonist erlebt sie jedoch als nicht minder problematisch. Die Versuche, jenseits heldischer (Körper-)Muster für sich selbst eine individuelle Form zu finden, scheitern allesamt. Der Film erzählt von erfolglosen Körperübungen im Fitnessklub, von in Gewalt umschlagenden Tanzversuchen in der Klubszene und einem völlig missglückten Körpereinsatz beim Versuch eines amourösen Abenteuers. Aber auch die sozialen Körper, das dritte Konzept, das der Film vorstellt – eine Bande von jugendlichen Kleinkriminellen, die Anhänger einer amerikanischen Sekte, das Partyvolk »auf Droge« –, können dem Protagonisten keine Form und damit auch keine Identität geben.

Der Film präsentiert allerdings auch Körper, die anders sind als die herkömmlichen Heldenbilder und »fremder« als die eigene physische Hülle und die auf den ersten Blick für die Handlung marginal zu sein scheinen. Sie bleiben rätselhaft und in der Welt des Films unverständlich, somit stellen sie zuallererst eine neue, andere, noch nicht erlernte Bild- und Körpersprache aus. Zum einen ist das eine Gruppe gehörloser Jugendlicher, die der Protagonist beobachtet, deren Gebärden er aber nicht versteht. Anders als der Zuschauer dank Untertitel, weiß er nicht, dass die Jugendlichen in ihrer sichtbaren Körpersprache ethische Fragen, Ausschlussmechanismen einer sozialen Gruppe und das Unglück, die Sprache des Anderen nicht zu verstehen, kontrovers diskutieren. Die Gebärdensprache markiert eine sichtbar gemachte »Sprache des Protests«, wie die Filmemacher in einem Interview erklären:

»Früher hat man in den sowjetischen Schulen den Gehörlosen sogar die Gebärdensprache verboten. [...] Da aber für Gehörlose das laute Sprechen unnatürlich ist, haben sie trotzdem versucht, auf eine ihnen eher angemessene Art zu kommunizieren. Also mit den Händen. Das ist eine Sprache des Protestes, verstehst du? Das ist eine Sprache, die entstanden ist, damit isolierte Menschen, die eine gemeinsame Idee verbindet, zueinander finden.«[10]

Während die Gruppe der gebärdenden Jugendlichen in die Handlung eingebunden wird, trifft der nach seiner Form suchende Alëša eher nebenbei

---

10 Interview mit *Svoi 2000* vom 18. Januar 2006, zit. nach Eintrag zu *Svoi 2000* im Webzine *drugoi.rusart, http://drugoi-rusart.narod.ru/svoi2000.html* (Übersetzung der Autorin).

auch auf karnevaleske Masken, Gaukler und Tänzer, die der Film mit subjektiver Kamera und extremen *close ups* als unerklärlich und schockierend vorführt. Diese ominösen, maskierten, unheimlichen und in bunten Kollektiven auftretenden Körper der Andersheit etablieren im Film eine Option der fröhlichen Vielgestaltigkeit, die auf eine andere Sprache des Protests, neue Formen der kommunikativen Auseinandersetzung und auf gemeinschaftliche Praktiken einer gesellschaftlich intervenierenden Kunst setzt. Diese vielgesichtigen »Künstlerkörper« und ihre karnevalesken Aktionen erschüttern den Protagonisten zwar, doch kann er im Rahmen der Handlung ihre Bedeutung (noch) nicht verstehen. Eine mögliche Auflösung bieten erst der Abspann des Films, von dem noch die Rede sein wird, und der Entstehungskontext von *Pyl'*, auf den im Folgenden kurz eingegangen werden soll.

Pyl' – ein dreifaches Experiment

Der wie ein Homevideo daherkommende Film will mehr sein als ein alternativer Science-Fiction-Film oder ein Independent-Geheimdienst-Thriller. Nicht nur positioniert sich der als »Manifest«[11] des russischen Underground zu Beginn des neuen Jahrtausends geltende Film im Spannungsfeld von Kunst und Politik,[12] er diskutiert auch allegorisch mit seinen filmischen Mitteln die Möglichkeiten im Postsozialismus, ein selbstbestimmtes,

---

11 So annotierten zum Beispiel die *Sankt-Peterburgskie Vedomosti* und eine Reihe weiterer Feuilletons den Film; die Filmemacher selber sprechen davon, mit ihrem Film zwar nicht gezielt ein Manifest platzieren zu wollen, sehr wohl aber den Beweis zu erbringen, dass ein von jeglichen institutionellen und marktwirtschaftlichen Strukturen »unabhängiges Kino« möglich ist. In diesem Sinne sehen sie ihren Film auch als Produkt eines »Bewusstseins des Protests« und damit letztlich doch als Manifest. Vgl. Parcegova, Galina, »Pticy pojut pri pomošči pal'cev. Interv'ju s režisserom i scenaristom samogo jarkogo fil'ma goda ›Pyl‹ Sergeem Lobanom i Marinoj Potapovoj«, in: *ozon.gid*, fevral' 2006, o. S., http://www.ozon.ru/context/detail/id/2573801.

12 Zur aktuellen politischen Radikalisierung des künstlerischen und literarischen Felds in Russland siehe zum Beispiel die Untersuchungen der Züricher Forschergruppe von Sylvia Sasse, Matthias Meindl und Sandra Frimmel im Rahmen des Projekts *Literatur und Kunst vor Gericht*. Siehe insbesondere Frimmel, Sandra, »Von Perestroika bis Putin. Die russische Gegenwartskunst zwischen künstlerischer Autonomie und staatlicher Kontrolle«, in: Arina Kownera (Hg.), *Passion Bild. Russische Kunst seit 1970. Die Sammlung Arina Kowner*, Zürich 2010, S. 58–69.

politisch agierendes Subjekt zu sein. Nicht zuletzt kommentiert der Film in selbstreferenzieller Wendung die Funktion des Mediums Film, das als (TV-) Illusionsmaschine ununterbrochen virtuelle Bilder vom Subjekt generiert. Die Filmemacher identifizieren die eine Realität simulierende Welt des Fernsehens als den Ort, an der heutzutage Helden medial figuriert werden. *Pyl'* handelt nämlich nicht nur von einem quasi-wissenschaftlichen Experiment, sondern kann selbst als ein solches angesehen werden – und dies gleich auf zweifache Weise.

Zum einen platziert die Künstlergruppe *Svoi 2000* unter filmhistorischem Gesichtspunkt einen Gegenentwurf zum aktuellen russischen Mainstreamkino und seiner mit der heroischen Hollywoodästhetik durch Überbietung konkurrierenden Filmsprache. Völlig unabhängig von Produzenten und Filmförderern gedreht, stellt der Film unter Beweis, dass Kino auch ohne Budget, mit Laiendarstellern und einer simplen Digitalkamera möglich ist. In Anknüpfung an die Stilistik der Undergroundfilme der spätsozialistischen Gegenkultur, insbesondere dem »parallel'noe kino« von *Cinefantom*, erprobt der Film gleich Mehreres: Er verwendet eine alternative Filmästhetik, die das Amateurhafte gezielt einsetzt und dadurch dokumentarische Authentizität suggeriert, und er setzt die programmatische Behauptung der Künstlergruppe *Svoi 2000* um, ein jeder könne sich künstlerisch artikulieren.[13] Mit seiner besonderen stilistischen Qualität, die an sich schon eine politische Botschaft darstellt, eroberte *Pyl'* wider Erwarten nicht nur die Festivals, sondern auch den Verleih. Filmkritik und Zuschauern galt *Pyl'* als eines der wichtigsten Filmereignisse zu Beginn der Nuller-Jahre.[14] Man sah darin den möglichen Anfang einer »neuen Welle« im russischen Kino, die sich sowohl durch eine gesellschaftskritische Haltung der jungen Generation als auch durch den Einsatz der neuen, *demokratischen*

---

13 Auf diesen sozialen, antielitären Anspruch weist unter anderem das Credo der hinter dem Filmprojekt stehenden Gruppierung *Svoi 2000* hin: »Kunst kann man auch nackt im offenen All machen« (»Творить можно голым в открытом космосе!«; vgl. *drugoi.rusart* [wie Anm. 11]). Zwar projiziert dieser Leitspruch in einem ersten Schritt die Kunstaktionen in den Weltraum und damit in einen hoch aufgeladenen Heldenraum der sowjetischen Mythologie, entblößt sie dann aber im direkten Wortsinn von jeder auratischen Einmaligkeit, um ihre allgemeine Zugänglichkeit zu behaupten.

14 Die erstaunlich positive Aufnahme des Films und seine breite Rezeption zeigen die zahlreichen, häufig geradezu euphorischen Rezensionen, die unter anderem auf der Plattform *Ènciklopedija otečestvennogo kino* des Projekts *Seance.ru* zu finden sind; siehe http://www.russiancinema.ru/films/film12923/.

Technik und einer damit verbundenen anderen Ästhetik auszuzeichnen versprach.[15]

Der Entstehungskontext des Films: Street parties, Alternativ-TV, Clown Army

Der digitale Experimentalfilm *Pyl'* entstand bereits 2001, wurde allerdings erst vier Jahre später, am 14. Juli 2005, uraufgeführt und lief in der Folge in den russischen Kinos mit unerwartet großem Erfolg.[16] Die No-Budget-Produktion hatten Mitglieder einer radikalen Kunstbewegung gedreht, die in den 1990er Jahren bis etwa 2000 unter dem anspielungsreichen Namen *zAiBI – za Anonimnoe i Besplatnoe Iskusstvo* (Für anonyme und kostenlose Kunst; phonetische Anspielung auf fuck!) firmierte. Später nannte sich die Gruppe nicht weniger mehrdeutig *DvURAK – Dviženie Ultraradikal'nych Anarcho-Kraevedov* (Bewegung ultraradikaler Anarcho-Heimatkundler; grafische Anspielung auf Dummkopf) und war schließlich als *Ėksperimental'noe Tvorčeskoe Ob"edinenie »Svoi 2000«* (Experimentelle Künstlervereinigung »Die Unseren 2000«) aktiv, ein Label, mit dem sie auch für das Filmprojekt verantwortlich zeichnete.

Sergej Loban als Regisseur, Marina Potapova als Drehbuchautorin und Dmitrij Model' für die Kamera hatten bereits vorangegangene kleinere Projekte miteinander realisiert und initiierten nun maßgeblich den Langfilm *Pyl'*. Als Schauspieler wurden die eigenen Freunde gecastet. Mit dem Moskauer Musiker und Performer Psoj Korolenko, den Tanzkünstlern *Slepye*, der Ska-Gruppe *Pakava It'*, dem Rapper Rustaveli-»Mnogotočie«, dem

---

15 Vgl. hierzu zum Beispiel Michail Trofimenko im Kritikergespräch »Filmy. Debjuty-2005. Delo No. Versija kritikov. Zasedanie prodolžaetsja«, *Seans* 25/26 (2005), o. S., *http://seance.ru/n/25-26/debutes/debutes-kritiki/*.

16 Der Film war auf einer Reihe nationaler und internationaler Festivals zu sehen und erhielt mehrere Auszeichnungen: 1. Preis der russischen Filmkritiker – 27. Moskauer Internationalen Filmfestival, 1. Preis für den besten digitalen Langfilm – Kinošok-2005, Spezialpreis – KINOTEATR.DOC 2005 und andere. Mit einem Produktionsbudget von 3.000 Dollar, das in erster Linie für den einzigen Profischauspieler Petr Mamonov als symbolische Aufwandsentschädigung benötigt wurde, spielte der Film in Russland mit nur einer Kopie rund 40.000 Dollar ein, vgl. Pressemitteilung zum zweiten Film der Künstlergruppe *Šapito-šou* auf der Plattform *kinote. art kino v dviženii i detaljach, http://kinote.info/articles/6327-shapito-shou-startuet*.

Aktionskünstler Dmitrij Pimenov (*Ė.T.I*), VJ Larisa Pjatnickaja (Belka) und anderen nahmen an dem Projekt populäre Akteure der russischen Sub- und Klubkultur teil. Einziger professioneller Schauspieler war Pëtr Mamonov, ehemals Sänger der Punkgruppe *Zvuki Mu* und Kultfigur der sowjetischen alternativen Kultur, der heute mit seinen Monospektakeln auf der Bühne, aber auch durch Filmrollen vom sogenannten »Jurodivyj«, dem russischen Narren in Christo, in *Ostrov* (2006, Regie: Pavel Lungin, dt. Verleih: *Die Insel*) bis zu Ivan Groznyj in *Car'* (Zar) (2009, Regie: Pavel Lungin) für Exzentrik und seine mit allegorischer Prophetie aufgeladene Schauspielkunst bekannt ist. Mit dem Rückgriff auf die eigene Clique (*tusovka*)[17], deren Vertreter nicht nur in Nebenrollen auftreten, sondern im Film auch mit ihren künstlerischen Aktivitäten im öffentlichen Raum gezeigt werden, integriert das Projekt Kunstpraktiken in den filmisch vorgeführten *sozialen Körper* Russlands der Jahrtausendwende. Deren Ziel ist die karnevaleske Subversion des Bestehenden und die zumindest zeitweise Realisierung einer anderen Gesellschaft im Spiel.

Die zuletzt in der Gruppe *Svoi 2000* zusammengeschlossenen Künstler hatten sich in der alternativen, systemkritischen Kunstszene Russlands um das Jahr 2000 herum einen Namen mit Aktionen gemacht, die in der Tradition des sowjetischen *Proletkults* und dessen propagandistischem *Novojaz*, der *Internationalen Situationisten* und ihrer Stadtraumintervention oder der politischen Happening-Art im Stile der polnischen *Orange Alternative* zu sehen sind. Mit künstlerisch gestalteten Protestaktionen bespielte die Gruppe den öffentlichen Raum, veranstaltete Performances und realisierte alternative TV-Projekte.[18] Ihre politischen *street parties*, Happenings, Kurz-

---

17 Sandra Frimmel umschreibt den Begriff *tusovka* als »Party«, »Clique«, »Klüngel«, in der sich Künstler, Kunstkritiker und Kuratoren treffen. Als soziokulturelles Phänomen markiert die *tusovka* auch für Ekaterina Dëgot', auf die sich Frimmel bezieht, den Übergang vom sowjetischen zum russischen System, wobei die in der Kunst-Tusovka praktizierte Ausrichtung auf das »kreative Schaffen« eine direkte Hinterlassenschaft des sozialistischen Kunstbetriebs ist – im Gegensatz zum werkzentrierten kapitalistischen Kunstsystem, Frimmel, *Perestroika* [wie Anm. 12], S. 59.

18 Für das bis 2001 populäre, alternative Jugendprogramm *Do 16 i starše* (Bis 16 und älter) gestalteten Sergej Loban und Marina Potapova Mitte der 1990er Jahre avantgardistische Sendungen: »Ничего подобного на телевидении не было ни до, ни после этого (кроме разве что знаменитой передачи Шолохова и Курехина про ›Ленина-гриба‹. Казалось, что каждый вторник на волне ОРТ начинает работать пиратская телестанция, организованная учениками сюрреалиста Андре Бретона.« (Nichts dergleichen hatte es bis dahin und seitdem im Fernsehen gegeben [außer vielleicht die berühmte Sendung von Šolochov und Kurjëchin Lenin – ein Pilz]. Man hätte meinen

filme und Musikclips lassen sich als Beiträge zur einem urbanen »Karneval des Widerstands« verstehen, wie ihn Teile einer globalen sozialen Protestbewegung seit dem ausgehenden 20. Jahrhundert durch Rückgriffe auf Formen des Karnevalesken und theoretisch flankiert durch Michail Bachtins Ausführungen zur subversiven Kraft der mittelalterlichen Lachkultur[19] für sich in Anspruch nehmen:

»Reinventing tactics of resistance has become a central preoccupation for the movement of movements. How do we make rebellion enjoyable, effective and irresistible? Who wants the tedium of traditional demonstrations and protests – the ritual marches from point A to B, the permits and police escorts, the staged acts of civil disobedience, the verbose rallies and dull speeches by leaders? Instead, why not use a form of rebellion that embody the movements' principles of diversity, creativity, decentralization, horizontality, and direct action? These principles can be found at the heart of an ancient form of cultural expression, the carnival.«[20]

Als vielleicht spektakulärste Aktion der Gruppierung gilt eine alternative 1. Mai-Demonstration im Jahre 1999, die in den folgenden Jahren von anderen Künstlergruppen aufgegriffen wurde. Sie lieferte das Vorbild für die sogenannten *Monstrationen*, die unter anderem von der Novosibirsker Gruppe *Contemporary art terrorism* und ihrem heutigen Kopf Artëm Loskutov[21] seit 2004 durchgeführt werden. Diese Form des Massenhappenings verwandelte, so die Presse, »die Demonstration des Klassenhasses in ein Kinderfest des Ungehorsams« mit anhaltendem Erfolg.[22] Inzwischen zieht diese Art alternativer, anarchistischer Maidemonstrationen mancherorts

---

können, dass jeden Dienstag bei ORT ein von Schülern des Surrealisten André Breton betriebener Piratensender seine Arbeit aufnahm.), Koreckij, Vasilij, »Za prigoršnju dollarov«, *Eženedel'nyj žurnal*, H. 43 (6.11.2002), o. S., *http://supernew.ej.ru/043/life/art/04 zaibi/index.html*.

19 Bachtin, Michail, *Rabelais und seine Welt: Volkskultur als Gegenkultur*, Frankfurt/M. 1987.
20 Ainger, Katharine u. a., »Carnival Resistance is the Secret of Joy«, in: Notes From Nowhere [= Katharine Ainger et al.] (Hg.), *We Are Everywhere*, London/New York 2003, S. 173–183. Vgl. zu einer Darstellung der Revolutionen in Ostmitteleuropa um das Jahr 1990 im Paradigma des Karnevals Kenney, Padraic, *A Carnival of Revolution: Central Europe 1989*, Princeton 2002.
21 Wie andere Aktivisten der radikalen Kunstszene in Russland wird auch Loskutov für seine Aktionen seit 2009 strafrechtlich verfolgt und war mehrfach in Haft. Andererseits erhielt er den renommierten Kunstpreis Innovacii für seine Aktion *Monstracija* 2010 vom russischen Kultusministerium verliehen.
22 Koreckij, Za prigoršnju dollarov [wie Anm. 18], o. S., siehe auch: »Einen Erfolg ohne ein Werk zu schaffen ist auch ein kreativer Akt. Artjom Loskutow im Gespräch mit Konstantin Skotnikow«, in: Leonid Bazhanow/Wolf Iro (Hg.), *Zeitgenössische Künstler aus Russland*, Göttingen 2012, S. 23–37.

mehr Teilnehmer an, als die offiziellen Feierlichkeiten von Putins Partei *Edinaja Rossija* oder die Gegenveranstaltungen der kommunistischen und nationalbolsche-wistischen Gruppierungen.[23]

Die Besonderheit der alternativen Happeningmärsche ist ihre Form als *street parties* mit Teilnehmern, die durch Kostümierung und alternative Losungen auffallen und deren Umgang mit den Sicherheitskräften an Taktiken der *Clandestine Insurgent Rebel Clown Army* erinnern.

»SVOI gingen am Ende der Kolonne, direkt hinter den düsteren Nationalbolschewisten und Limonov-Anhängern. Das Blasorchester *Pakava It'* übertönte mit seiner Polka die Reden der Anpilov-Anhänger, und die absurden Losungen [...] zogen die Ernsthaftigkeit der gesamten Demonstration in Zweifel. Die Typen am Ende des Zugs waren ziemlich malerisch: Leute mit idiotischen Kappen auf dem Kopf, eine weibliche Tanztruppe mit bunten Staubwedeln in der Hand, ein Mensch mit einer Holzpuppe auf den Schultern. Als diese durchdringend mit Trillerpfeifen lärmende Gesellschaft sich von der eigentlichen Menge der Demonstranten abzusetzen begann, übermittelten die eskortierenden Milizionäre über Funk: ›Die Clowns scheren aus.‹«[24]

Ihre Banner verkünden kein politisches Programm, sondern kritisieren performativ den Austausch des alten ideologischen Systems durch ein neues. Mit Aufschriften wie »Uroki chimii« (Chemie-Nachhilfestunden), »Stat'i, Recencii« (Aufsätze, Rezensionen)«, »Demontaž. Bystro. Kačestvenno. Dostupno. « (Demontage. Schnell. Gut. Preiswert.), »Seansy psichoanaliza v gruppe i individual'no« (Psychoanalytische Sitzungen in der Gruppe und individuell) kommentieren sie eine zur Werbefläche mutierende Stadt. Dort, wo sie nicht einmal mehr die Reste einer Botschaft transportieren, entlarven sie die politischen Versprechen durch absurde Entleerung.[25]

Die subversiven und damit die Agenda staatlicher Autoritäten provozierenden und zersetzenden Effekte, die von »Clowns« ausgelöst werden können, die von einer vorgegebenen Route abkommen, beschreiben schon die Aktivisten der polnischen Happeningbewegung *Orange Alternative*. Nicht nur ihre Anhänger gehen davon aus, dass die *Zwergenrevolution* ihren Anteil am Ende des kommunistischen Regimes in Polen gehabt habe:

---

23 Dranishnikova, Anna, »On the streets: how a performance art movement is rallying crowds«, http://calvertjournal.com/articles/show/63/artyom-loskutov-makes-art-out-of-protest-with-monstration-russia, The Calvert Journal, 19.01.2013,
24 Koreckij, Za prigoršnju dollarov [wie Anm. 18] (Übersetzung der Autorin).
25 Der Film zur alternativen Maidemonstration von 1999 erschien 2005 als DVD *Pakava It' Film. Iz žizni moskovskich ulic. Sovmestno s ob' ediniem SVOI 2000.*

»Als [...] surrealistische Performances übernahmen [die Happenings] eine wichtige Rolle, indem sie die Dusziplin und die Moral der staatliches Sicherheitskräfte spielerisch herausforderten. Beispielhaft lässt sich dies anhand des Happenings *Rewolucja Krasnoludków* (Die Revolution der Zwerge) aus dem Jahr 1988 zeigen, in dessen Rahmen sich Tausende ›Zwerge‹, also Menschen, die orangefarbige Zwrgenmützen trugen, in der Öffentlichkeit versammelten. Die Bürgermiliz hatte den Befehl, die Versammlung aufzulösen und die Teilnehmer zu verhaften. ›Major‹ Waldemar Fydrych, der Begründer der *Orangen Alternative*, brachte die subversive Sprengkraft der Aktion auf den Punkt: ›Kann man einen Polizisten ernst nehmen, der einen fragt: Warum haben Sie an einem illegalen Zwergentreffen teilgenommen? ‹«[26]

Zur Entstehungszeit des Films *Pyl'* waren nun allerdings in Russland noch keine Tausende auf den Straßen, weder als Clowns noch als Zwerge oder gar als empörtes, um die Stimme gebrachtes Wahlvolk. Auch die im Mittelpunkt des Films stehende Figur ist somit weder ein »Held« im herkömmlichen Sinne noch Teil einer Gruppe von »Singularitäten, die gemeinsam handeln«,[27] und daher bestens geeignet, um an ihr zu testen, ob und wie das Individuum im Kontext der neoliberalen Transformation aktives Teil einer anderen, neuen Gesellschaft werden könnte.

Verhinderte Helden der Generation X

Obwohl oder vielleicht gerade weil die Filmfigur Alëša weder ein Held noch ein Antiheld, sondern eben gar kein Held ist, war der Film *Pyl'* ein Erfolg. Die Figur in der Verkörperung des Laiendarstellers Aleksej Podol'skij erhielt zumindest in alternativen Kreisen Kultstatus. Pëtr Mamonov schloss »Alëša« als Zitat in seine Bühnenstücke in Form einer nahezu unbeweglichen Requisite mit ein und ließ ihn bei Fernsehauftritten apathisch herumstehen.[28] Im ebenfalls viel diskutierten Nachfolgefilm von *Svoi*

---

26 Couderq, Agniezska, »Die Orange Alternative. Von der dialektischen Kunst des Happenings, politische und soziale Veränderungen herbeizuführen«, in: Christine Gölz/ Alfrun Kliems (Hg.), *Spielplätze der Verweigerung. Gegenkulturen im östlichen Europa nach 1956*, Wien/Köln/Weimar (erscheint Frühjahr 2014), S. 129–152, hier S. 131. Vgl. auch Kenney, *A Carnival of Revolution* [wie Anm. 20].
27 Hardt, Michael/Negri, Antonio, *Multitude. Krieg und Demokratie im Empire*, Frankfurt/M. 2004, S. 123.
28 Plachov, Andrej, »Pro pylinku mirozdanija. Fil'm-èksperiment ›Pyl'«, *Kommersant« Weekend* 124 (3208), 08.07.2005, *http://www.kommersant.ru/doc/588767/*.

2000, im Zweiteiler *Šapito šou* (2011),[29] in dem die unterschiedlichsten Helden eines sowjetisch-russischen kollektiven Bewusstseins ihre Auftritte haben, erscheint neben den klassischen »Pionieren«, »Èrzac Viktor Coj« (Sergej Kuz'menko), »Pëtr Mamonov«, gespielt von ihm selbst, und weiteren offiziellen und gegenkulturellen Klassikern auch der zitierte »Alëša«, der hier, eine Art Widergänger, »Cyberfremdling« heißt.[30] Ganz offensichtlich identifiziert sich ein Teil der Zuschauer eben gerade mit diesem verhinderten Helden.

Alëša ist in *Pyl'* explizit ein Vertreter der »Generation next oder X, oder wie immer man die nennt«. So ordnet ihn nämlich im Laufe des Films der ehemalige Dissident und immer noch unermüdliche Menschenrechtler Aleksandr Abramovič ein (1:19:09). Die Vaterfigur Aleksandr Abramovič gehört zu den sogenannten 1960ern (*Šestidesjatniki*). Damit wird der 24-jährige Alëša ganz an das Ende einer Generationskohorte gerückt, die üblicherweise in der russischen Soziologie mit den Jahrgängen 1963 bis 1984 als Kinder der sowjetischen Nachkriegs-Baby-Boomer, der Tauwettergeneration also, verortet wird.[31] Unter der Bezeichnung Generation X sind auch die folgenden Jahrgänge mit gemeint. Ein ganzes Bündel von einschneidenden Veränderungen ist für die Jugendbiografie der nach in der Sowjetunion geborenen Generation X kennzeichnend:

»[...] the collapse of the USSR and the Eastern Bloc, the democratization and liberalization of social relations, the removal of censorship, mass media attacks on the Soviet past, the changing of education, disbandment of pro-Communist youth organizations (Pioneers and Komsomol), and the closure of institutes of middle or higher professional education. The youth from the end of the '80s to the beginning of the '90s was abandoned and left to their own devices.«[32]

Die neuen marktwirtschaftlichen Bedingungen eines »wilden Kapitalismus« brachten für diese Generation aber nicht nur Werteverlust, Vernachlässigung durch die Eltern, Jugendkriminalität, Drogen und Bildungsmisere mit

---

29 *Šapito šou* (intern. Verleihtitel: Shapito Show), Russland 2011, Regie: Sergej Loban, Drehbuch: Marina Potapova, 207 Min.
30 Internetplattform zu *Šapito šou*, *Natural'nye ingredienty: personaži v kino i v real'nosti*, http://www.lookatme.ru/flow/posts/shapito-show/151983-naturalnye-ingredienty-2012-01-12-17-55-38.
31 Omelchenko, Elena, »Russian Youth from the 1990s until 2010. Generational Changes«, in: Christine Henseler (Hg.), *Generation X Goes Global: Mapping a Youth Culture in Motion*, Abingdon/Oxford 2012, S. 248–267, hier S. 248.
32 Omelchenko, Russian Youth [wie Anm. 31], S. 250.

sich, sondern eröffneten nicht gekannte Freiräume, Reisen in das westliche Ausland und neue Möglichkeiten der Selbstentfaltung.

»Theirs was a time of great opportunities, but because it was also a time still centered on the values and moralities of the Soviet period they were not always able to recognize these opportunities and take advantage of them. This was a time during which society rapidly differentiated itself. Different sectors of society reproduced different ideas, including the Soviet collectivistic and paternalist values and expectations and new principles of individualism and freedom of self-expression of wild capitalism.«[33]

Alëša ist ein später Vertreter dieser Generation X, der aus der scheinbar grenzenlosen Freiheit allerdings nicht das Geringste macht, sondern offenbar als Opfer aller negativen Folgen des Systemwechsels figuriert.

Eltern, die in der Generationsfolge des Films frühe Vertreter der »Generation P« (P wie Pepsi oder Perestrojka)[34] wären, fehlen im Leben des Protagonisten völlig. Es ist die Großmutter, die der Gruppe der Tauwettergeneration angehört, in deren Händen der unförmige Alëša zu Beginn des Films wie widerstandslose Knetmasse ist. Sie vertritt die längst in die Jahre gekommene, vordergründig inzwischen abgelöste totalitäre Disziplinargesellschaft und deren übrig gebliebene Institutionen – von Staatssicherheit bis Dissidenz. Allerdings greift ihr überkommenes *Heldenprogramm* unter den neuen Bedingungen nur noch in extremer Reduktion: Die Versuche, den Enkel für den täglichen Lebenskampf mithilfe von Glukose und Frühstückswürstchen zu stählen, zeitigen anstelle von heldischen Effekten Fettsucht und Apathie. Neben Spielzeugpistolen-Arbeit und Modellflugzeug-Freizeit zeichnet eine dritte Konstituente das Leben dieses schlaffen Helden aus: das Fernsehen. Allerdings »schaut er fern«, ohne wirklich »etwas zu sehen« (00:03:31). Der Fernsehapparat, der auch die Zeit und das emotionale Leben der Großmutter bestimmt, zeigt in deren Retrohaushalt nicht etwa die schöne, neue, bunte Welt, sondern den bis heute aktiven (sowjetischen) Kultkomiker Evgenij Petrosjan, wobei unklar bleibt, was es zu lachen gibt und worin der Witz besteht.

Der Film rekurriert hier nicht zufällig auf Petrosjan als Vertreter einer leeren TV-Comedy-Kultur mit langer Geschichte. Petrosjans Humor

---

[33] Omelchenko, Russian Youth [wie Anm. 31], S. 262.
[34] Vgl. den Titel des Romans von Viktor Pelevin, der auf den Werbeslogan »Новое поколение выбирает пепси!« (Die neue Generation wählt Pepsi) in den 1980er Jahren anspielt. In Pelevins Roman werden die Gewinner der Perestrojkageneration der 1980er/1990er Jahre persifliert (Pelevin, Viktor, *Generation »P«,* Moskau 1999).

wurde nach 2000 immer häufiger in der alternativen Szene kritisiert, sein Name galt am Ende einer Epoche der fröhlich-optimistischen Infragestellung durch einen absurden Humor (»stëb«)[35] und parallel zur Renaissance einer »neuen Aufrichtigkeit«[36] als Synonym für »schlechter Scherzbold«.[37] Petrosjan konterkariert mit seinen undefinierbar »schwabbeligen« Bewegungen und den humorlosen, stumpfen Sprüchen die subversiven Möglichkeiten des Grotesken oder der Satire. Seine *screen persona* ist alles andere als der tragikomische und exzentrische Held, den die auf Ironie, Spott und befreiendes Lachen zurückgreifenden Kunstaktionen der Gruppe *Svoi 2000* stark machen. Petrosjan, der die subversive Kraft des Komischen auf dem TV-Bildschirm in stereotypem Blödsinn einfriert, verkörpert somit das Gegenmodell zum karnevalesken Aktivismus.[38]

Die TV-Realität der Generation X mit ihren neuen starken und schönen Helden wird in der Bildersprache des Films direkt mit dem sowjetischen Petrosjan kurzgeschlossen. Alëša, der mit Petrosjan die akzentuiert »schwabbelige« Körperlichkeit teilt, hatte im Verlauf des geheimen Experiments ja eine völlig neue Erfahrung gemacht: Er war dort einem Körper begegnet, in dem er für einen Moment im Spiegel des schwarzen Bildschirms sich selbst zu erkennen glaubte (00:21:18; Abb. 2).

Dieses virtuelle Abbild eines »schönen« und »starken« Körpers und das Verlangen, den vorgegaukelten Körperersatz zu erringen, treiben im weiteren Handlungsverlauf den Vertreter der Generation X immer wieder zurück in das Experimentallabor, in die »Keller der Ljubljanka«, wie es im

---

35 Mit dem Slang-Begriff *stëb* wird ein spezifischer, absurder Humor der 1980/90er Jahre bezeichnet. Dieser ist durch einen extremen Grad an Überidentifikation gekennzeichnet, der es unmöglich macht, zu entscheiden, ob der Gegenstand, auf den sich der *stëb* richtet, ernst genommen oder subtil ins Lächerliche gezogen wird oder beides der Fall ist. Siehe Yurchak, Alexei, *Everything Was Forever, Until It Was No More. The Last Soviet Generation*, Princeton/Oxford 2005, S. 250.
36 Vgl. Rutten, Ellen, »Strategic Sentiments. Pleas of a New Sincerity in Post-Soviet Literature«, in: Sander Brower (Hg.), *Dutch Contributions to the Fourteenth International Congress of Slavists*. Ohrid, September 10–11, 2008, Literature, Amsterdam/New York 2008, S. 201–215.
37 Der Komiker selbst gilt heute in der kulturkritischen russischen Blogger-Gemeinde als Anti-Ikone und Internet-Mem, »petrosjanit'« ist zum Ausdruck für misslungenes und geistloses Scherzen geworden. *http://palm.newsru.com/russia/16oct2005/petr.html*.
38 Die alternativen Formen der fröhlichen Etablierung einer anderen Ordnung dienen im Film als Hintergrund. Die Filmemacher bauen in einer Szene ein mobiles Straßenkonzert der Gruppe *Pakava It'* in die Handlung ein. Die Band lieferte mit ihrer Ska-Blaskapelle auch für die real durchgeführten absurden Straßenaktionen der großstädtischen linken Subkultur zu Beginn der 2000er Jahre den Soundtrack (00:41:14ff.).

Film heißt, und vor die Mattscheibe des staatlichen Experiments. Als Alëša ein weiteres Mal in das Labor eingedrungen ist, nimmt sein tragisches Schicksal dann auch seinen Lauf und er erhält die gewünschte weitere, diesmal tödliche Dosis Bestrahlung. Als Konsequenz aus der falschen Wahl sieht er glücklich grinsend vor dem Bildschirm seiner Verpulverisierung entgegen.

Abb. 2: Alëša und sein martial-glamouröser Körperdoppelgänger.

Die Hoffnung auf Veränderung – Körpersprache des Protests

Der Film ist nun aber mit dieser wohl nur aus Alëšas Perspektive glücklich zu nennenden Vereinigung von Subjekt und virtueller Körperlichkeit noch nicht ganz an sein Ende gekommen. Entsprechend der drei im Film angelegten Handlungsmöglichkeiten – ein »Nichts« bleiben, dem Simulacrum hinterherjagen (und letztlich zu Staub werden) oder eine neue, kollektive Heldenform wählen – folgen zwei weitere, von Schwarzbildern gerahmte Episoden. Sie kommentieren diese filmische Studie zur (Un-) Möglichkeit, unter postsozialistischen/spätkapitalistischen Bedingungen ein heldisches, sprich politisches Subjekt zu sein, auf konträre Weise.

Der erste, pessimistische Kommentar zeigt Alëša nach seinem Verglühen und Verschwinden noch ein weiteres Mal, allerdings mit unklarem Status. Entweder ist das, was wir zu sehen bekommen, noch einmal das Spiegelbild des Helden auf der glänzenden schwarzen Bildschirmfläche oder Alëša ist bereits Teil einer TV-Realität geworden, die der vor einem Fernseher erstarrte, zynische Arzt (Pëtr Mamonov) mit der Fernbedienung reguliert. Denn im Wechsel mit Szenen des blödelnden Petrosjan wird uns die lachende Großmutter und der lachende, vibrierende Alëša in einer anachronistischen Schwarz-Weiß-Ästhetik gezeigt (01:45:14; Abb. 3).

Abb. 3: Alëša als Teil der TV-Realität.

Alle drei ähneln sich in ihrem Verhalten und scheinen mit ihrem blödsinnigen und in Anbetracht des Verpulverisierens unangebrachten Lachen im TV-Bild gefangen.

In letzter Konsequenz wäre dann für den Betrachter vor der Kinoleinwand auch der Experimentalfilm von *Svoi 2000* und Alëšas vergeblicher Aufbruch nur einer der vorgegaukelten illusionären Subjektentwürfe, die nicht viel mehr tun, als zur Stabilisierung der turbokapitalistischen Gesellschaft und zur Stillstellung politischer Subjekte beizutragen. Doch folgt auf diese pessimistische Lachnummer und den Abspann, also in gewisser Weise schon jenseits des Films, ein weiteres Schwarzbild. Auf diesem schwarzen Hintergrund wird nun noch ein zorniger junger Mann sichtbar, der mit seinem Körper den Perestrojka-Kultsong *Choču peremen!* (Ich will Veränderung) zu »singen« beginnt.[39] Während Viktor Cojs Song noch die typische sowjetische Küchensituation heraufbeschwört als Ort oppositionellen Debattierens, sehen die Filmemacher darin auch die Gefahr des geschlossenen Kreises, der im Privaten eingeschlossen bleibenden Aktion. Sie erklären in einem Interview:

»›Veränderung‹ ist das Lied der Perestrojka, als alle sich danach gesehnt haben, dass es vorangeht, irgendwelche Veränderungen, Umgestaltungen von außen. Man dachte, jetzt gleich wird sich das System verändern, die Situation – und wir selber werden andere. Doch Veränderungen funktionieren anders.«[40]

Wie diese Veränderungen herbeizuführen sind, darauf gibt auch der Film noch keine Antwort.

Um noch einmal zusammenzufassen: Dem Protagonisten des Filmexperiments stehen zwar im postsozialistischen Russland eine ganze Reihe von Identitätsmodellen zur Auswahl, doch lassen ihn die Filmemacher erst einmal von sich aus keine Anstalten machen, ein Held, ja nicht einmal ein selbstbestimmtes, handelndes Subjekt zu sein. Mit dieser Ausgangssituation sind im Film mehrere Optionen angelegt: Der Protagonist könnte in seiner Undefiniertheit weiter verharren und dann nicht viel mehr als nur konsumierende, allein darin ökonomischen Mehrwert erzeugende »Biomasse«[41] im gesellschaftlichen Organismus sein. Mit dieser Möglichkeit setzt der Film ein, um sie dann zu verwerfen. Die zweite Option agiert der Film aus: Der Protagonist begibt sich auf den Weg, um sich eine Form zu suchen und eignet sich schließlich einen der zur Disposition stehenden Heldenkörper an. Doch endet diese Aneignung im Desaster, der Protagonist löst sich in der virtuellen Bilderwelt, aus der sein Heldenmuster stammt, gänzlich auf. Auf die dritte Option deutet der Film nur hin, sie liegt jenseits der Handlung und der dort gezeigten Heldenbilder und wird im Abspann als ein radikal anderes Handeln artikuliert, das Veränderung erst nur ver-

---

39 1987 für den Film *Assa* (Sowjetunion, Regie: Sergej Solov'ev, Darsteller: Sergej Bugaev »Afrika«, Viktor Coj u.a.) entstanden, war der Song 1989 Teil des Albums *Poslednij geroj* (Letzter Held) der Rockgruppe *Kino*. Seit den ausgehenden Nuller-Jahren ist *Peremen!* auch das Lied der Protestmärsche in den russischen Metropolen.

40 Parcegova, *Pticy* [wie Anm. 11], o. S.

41 Mit dieser respektlosen Bezeichnung liefert die Filmkritikerin Alla Šarandina eine ziemlich treffende Beschreibung der Figur zu Beginn des Filmes, Šarandina, Alla, »Sila pyli«, Sankt-Peterburgskie Vedomosti 13.10.2005.

spricht. Wie das richtige Handeln ausgesehen hätte, darauf gibt der Film keine direkte Antwort. Allerdings zitiert er eine Reihe künstlerischer Praktiken, die mit den Aktivitäten der Filmemacher im künstlerischen Feld jenseits des Filmexperiments korrespondieren und die in die Richtung einer partizipativen und kollektiven politischen Kunst deuten, aus der die herbeigewünschten Veränderungen kommen könnten.

Wie diese Veränderung herbeigeführt werden könnte, zeigt sich, will man es optimistisch sehen, erst gut zehn Jahre später, wenn die Massenspektakel eines wütenden Wahlvolks sich die bunten Protestformen aneignen, die eine politisch ausgerichtete Kunstszene in Russland verschiedentlich erprobt hat. Auch Salecl beendet ihren Essay mit der Hoffnung auf Veränderung und einer Reminiszenz auf eine Revolution: »The change was a matter of choice, but it was also unpredictable and uncontrollable.«[42] Auch wenn die aktuelle Ideologie der neoliberalen Konsumgesellschaft darauf setzt, uns mit dem Terror eines Übermaßes an Optionen in Schach halten zu können, appelliert Salecl für das kreative Potenzial, das in der Wahlmöglichkeit begründet liegt.

»[...] the reality is that choice takes away precisely our ability to predict the future. It opens the door to regret over what might have been and opens the window of hope for what is to come. [...] we can choose whether to accept or decline the tyranny of choice – and we can begin by understanding what is really on offer.«[43]

Die Filmkünstler von *Svoi 2000* hatten Alëša auf den Weg geschickt, um genau das herauszubekommen – und somit ist er vielleicht kein verhinderter oder gar gescheiterter, sondern der allererste Held einer neuen Zeit. Nicht erst seit den Massenmeetings auf der *Bolotnaja ploščad'* im sogenannten *Russischen Winter* 2011 scheinen im heutigen Russland auch jenseits der Leinwand bislang schlafende Subjekte erwacht und auf der Suche zu sein, was das X ihrer Generation – das kein P wie Putin mehr sein soll – heißen könnte. Sie tun das gemeinsam und mit karnevalesken Formen, auch unter Einsatz ihrer dafür geschundenen Körper, die andere als die martial-glamourösen der virtuellen TV-Welt sind.

---

42 Salecl, *Choice* [wie Anm. 3], S. 150. Salecl spielt hier auf die »Grüne Revolution« im Iran an.
43 Ebd.

Die Helden von »GRAD«: Double zwischen Rolle und Imitat

Lene Markusen

Abb. 1: Setcard Aleksandr Gudkov alias Lenin, 1990er Jahre (Vorder- und Rückseite).

Fotografieren in der Transformationszeit

1993/94 verbrachte ich ein Studienjahr in St. Petersburg und wohnte in der ersten Woche privat bei Nadja. Sie wollte mich mit der Stadt bekannt machen. Auf unseren täglichen Spaziergängen stellte sie mir Sehenswürdigkeiten vor. Ich erinnere, dass wir an dem Denkmal Peter des Großen, bei Puschkins Denkmal und bei den Sphinxen am Ufer der Neva waren. An jedem Ort, den wir besuchten, bat sie mich, mich frontal vor sie hinzustellen, zu lächeln und manchmal eine bestimmte Geste einzunehmen. Dann ging sie einige Schritte zurück, korrigierte mich mit Zurufen oder Handbewegungen und machte schließlich das Foto. Schnell verstand ich das Ritual des Fotografierens und dass ich ihren Anweisungen einfach folgen sollte, doch ich verstand nicht, warum es von solcher Bedeutung war, die Fotos genau in dieser Weise zu machen. In diesen Tagen, während eines dieser Spaziergänge durch die Stadt, habe ich Aleksandr Gudkov alias Lenin kennengelernt. An der Auferstehungskirche am Gribojedov-Kanal, einer der Highlights meiner einwöchigen Stadtführung, sollte ich wieder fotografiert werden. Und in diesem Moment taucht Aleksandr auf: Gegen eine verhandelbare Geldsumme konnte ich mich mit ihm – und Leonid Brežnev – von meiner Stadtführerin Nadja fotografieren lassen. Da stehen wir nun, hinter uns die bunten Türme. Ihre einstudierten Posen weisen gewisse Ähnlichkeiten zu Lenin und Brežnev auf. Alle blicken in die Kamera, das Foto wird gemacht. In den Jahren kurz nach dem Zusammenbruch der Sowjetunion war Aleksandr Gudkov mit seinen Auftritten sehr populär. Er war u.a. zu Gast in der Fernsehsendung *How Much Business Show* des Bayerischen Rundfunks, wohin er 1992 eingeladen war und zusammen mit seinem Zwillingsbruder auftrat. Einen Mitschnitt der Sendung zeigte mir Aleksandr später, in welchem die Brüder vor der Kamera posierten und auch später beim Weißwurstessen in der Stadt gezeigt wurden. Wie bei den großen amerikanischen Doubleevents traten weitere Figuren in Gestalt prominenter Persönlichkeiten aus Showgeschäft und Politik auf.

Die Ähnlichkeit eines Double zeichnet sich nicht unbedingt lediglich durch eine deutliche physiognomische Ähnlichkeit zu einer anderen Person aus. Eine Verwechslung entsteht nicht zwangsläufig oder ungewollt, wie bei einem echten Doppelgänger, sondern ist intendiert. Die Ähnlichkeit des Doubles zu einer anderen Person ist eine einstudierte Rolle, die manchmal mehr gewollt als gekonnt wirkt. Kostümierung und Maske sind dabei sehr entscheidend. Schauspieler eignen sich über viele Wege eine Rolle an, Doubles arbeiten vorwiegend an Mimik und Gesten vor dem Spiegel, seit einiger Zeit auch mit Mitteln der plastischen Chirurgie. Als Ergebnis der Arbeit werden Porträtfotografien gemacht. Die analogen Fotos aus den 1990er Jahren, die Aleksandr mir zeigte, waren voller Effekte: Vor der Entwicklung wurden Kratzer und andere Patina ins Negativ gesetzt, die Ausbelichtung in Sepiaton oder in Schwarz-Weiß zeigte bewusst gesetzte unscharfe Bereiche (Abb. 1):[1] Die entstandene Setcard wurde neben einem Bild aus einer Illustrierten, das die gedoubelte, also die

---

[1] Ob die Fotoqualität für den privaten Gebrauch bereits so hoch war, dass den Abzügen die Patinaeffekte zugefügt werden mussten, um den historischen Look zu erzielen, konnte ich nicht erfragen.

echte Person zeigt, gelegt oder sie wurden nebeneinander in ein Album gesetzt. Mehrmals durfte ich als Gast bei Aleksandr Zeugin einer solchen fotografischen Beweisführung sein: Der Betrachter ist angehalten, die beiden Bilder zu vergleichen, die Wiedererkennung wird überprüft und die verwechselnde Ähnlichkeit bestätigt.

Als ausländische Studierende in der Rolle einer Touristin wurden mir Orte der Macht, der vergangenen und gegenwärtigen, als Sehenswürdigkeit vorgestellt. Als ein weiteres Spektakel wurden mir zusätzlich dazu vergangene und zeitgenössische Machthaber vorgeführt. Durch das entstandene Foto, einen schlichten Souvenirartikel, wurde ich Teil einer Geschichte bzw. des Bedürfnisses der Transformationszeit nach Erinnerung an das 20. Jahrhundert und seine politische und kulturellen Geschichte. Und auch meine eigene Erinnerung sollte fixiert werden.

Aleksandr Gudkov, Eduard Kapraevič und Yuri Merkulin

Im Jahr 2001 habe ich den Film GRAD in St. Petersburg gedreht: Der Film handelt von vier jungen Frauen, die auf einer unbestimmten Suche durch St. Petersburg streifen, und zeigt ihre Begegnungen mit verschiedenen (post)sowjetischen *personae*. Aleksandrs Auftritt stand am Anfang meiner Filmidee fest. Neben der Figur Lenins wollte ich eine Hitlerfigur auftreten lassen. Der Imitator Eduard Kapraevič hatte auch für eine Rolle als Hitler großes Talent. Sein Repertoire besteht neben dem Imitieren von vielen bekannten Personen auch aus der hervorragenden akrobatischen Fähigkeit, mit seinen Stimmenbändern Geräusche aller Art nachzuahmen: Signaltöne, elektrische Kommunikationsstörungen, Autos, Züge und der Jubel einer großen Menschenmenge, die wie ein besonderes Rauschen klingt. Im Verlauf der Drehvorbereitungen schlug mir Aleksandr zudem seinen guten Bekannten Yuri Merkulin alias Chuck Norris vor, der bereit wäre, eine Rolle in meinem Film zu übernehmen. Diese Idee war wie ein aus der Zauberkiste geholter Joker. Damit stand die Besetzungsliste für ›Geister aus der Vergangenheit‹ für die Szene »Valja und Tanja nachts in der Fischerhütte« fest.

Als wir abends in der Fischerhütte drehten, kamen die verschiedenen Ebenen der Rolle der Doubles zum Vorschein. Die erste Frage der drei Darsteller traf den Kern der Sache: Was sollen wir hier eigentlich darstellen? Ich wollte, dass sie alle drei ihre klassische Rolle ablegten, und ließ sie vor laufender Kamera erst einmal den wohlbekannten Lenin, Hitler und Norris geben. Große Unterhaltung für alle. Je länger die Nacht wurde und je müder alle Beteiligten wurden, desto brüchiger wurden die alten Lieblingsrollen, auch wenn sie diese nie ganz aufgaben. Sie waren überzeugend und sind zugleich aus ihrer Rolle gefallen. Ihre Gesichter werden im Film zu unklaren Stellen.

Auszug aus dem Drehbuch, Szene 14:
»Valja und Tanja nachts in der Fischerhütte« (Abb. 2–7)

Valja, auf nächtlichem Spaziergang. Am Fenster hängen neben einem Gardinenrest eine rote und eine weiße Plastiktüte, auf einem Regal steht zwischen verschiedenem Zeug ein alter Fernseher, dessen Bildschirm spiegelnd grau ist. Die Wände sind vergilbt, die elektrischen Leitungen und Heizungsröhre sind von den vielen Farbschichten der Jahre dick geworden. Auf den Türen eines Kleiderschranks hängen dreckige Tücher. Ein fernes Rauschen herrscht hier, wie in einer dicht verriegelten Kabine, die selber diese Geräusche produziert. Ein Kabel geht durch das Filmbild, führt zur Glühbirne, die nackt über einem Tisch hängt und das Ganze in schwaches gelbes Licht taucht. Am Tisch eine Herrenrunde zu dritt. Valjas Erscheinen wirkt nicht überraschend für die drei.

LENIN: »Hallo, Valja.«

Valja nimmt Platz am Tisch, setzt sich, ohne die Begrüßung zu beantworten und fast geräuschlos auf den freien Stuhl, der neben Lenin steht. Mit müden Augen blickt Valja die drei Gestalten an. Hellwach und erwartungsvoll sitzen Chuck Norris und Hitler ihr gegenüber. Norris in Cowboybekleidung, mit Sheriffstern an der Brust und in schwarzer Lederweste. Hitler in dunklem Anzug, weißem Hemd und Krawatte, am linken Arm trägt er ein Band mit Hakenkreuz. In der abwartenden Spannung eröffnet Hitler die Rede:

HITLER: »Valja! Weißt du, wer ich bin?«

CHUCK NORRIS: »Ich bin Chuck Norris.«

Chuck Norris nimmt den Panama-Cowboyhut, der lange am Tisch nachwackelt, ab. Seine Frisur hat die Positivform des Huts übernommen. Valja nimmt diese Begrüßungen cool ab.

VALJA: »Verstehe.«

Valjas Blick wendet sich zu Lenin, der sie schüchtern-bewundernd anschaut. Lenin fasst Mut, setzt seine Brille auf und fängt zu reden an. Weil es gerade nicht geht, den Text auswendig zu sprechen, liest er den vor.

LENIN: »Ich bin ein einfacher Mensch. Ich hatte ein einfaches Leben. Schon in der Kindheit wurde ich mit ihm verglichen. Ich würde sogar sagen, ich bin ein Teil von ihm. Wenn ich kleine Kinder sehe, möchte ich sie auch auf dem Arm tragen, wie ich es so oft bei ihm gesehen habe.«

Mit einem anweisenden Kopfnicken beendet Lenin seinen Text und nimmt die Brille ab. Ehrgeizig greift Hitler nun die letzten Worte Lenins auf.

HITLER: »Ich möchte auch oft Kinder auf dem Arm tragen.«

Unangekündigt, aus einer bisher nicht sichtbaren Ecke des Raums wird nun eine Frage gestellt:

TANJA: »Man sagt, Sie hatten eine Schwester.«

Verwundert schauen die drei Gestalten Richtung Stimme, zu Tanja. Aus der anderen Richtung wird die Frage bestätigt und wiederholt ausgesprochen, frisch und klar:

VALJA (zu Hitler): »Ja. Man sagt, Sie hatten eine Schwester.«

TANJA: »Ist das wahr?«

Hitler fühlt sich wie im Kreuzverhör und ist gleichzeitig von der Situation peinlich berührt. Valja, am anderen Tischende, vergnügt sich sichtlich über die Enge, in die sie ihn getrieben haben. Er nötigt sich, sich Tanja zuzuwenden, und beugt sich zu ihr runter.

HITLER: »Möglicherweise. Früher war ich bei der Eisenbahn als Lokführer tätig. Schon damals nannten mich viele Adolf. Das hat mich sehr geärgert. Erst viel später, als ich in Rente ging, begriff ich, dass man damit viel Geld verdienen kann. Obwohl ich ein einfacher Mensch bin, verstehe ich, dass dich meine Schwester interessiert. Allerdings habe ich selbst nichts von ihr gehört.«

Hitlers aufgeklebter Schnurrbart droht während seiner Rede sich abzulösen. Damit jetzt bloß kein Raum für neue Fragen entsteht, holt Norris schnell Luft und legt los:

CHUCK NORRIS: »Chuck Norris ist ein berühmter Hollywoodschauspieler und Regisseur, mehrfacher Weltmeister im Kickboxen, hat den schwarzen Gürtel und ist Millionär und erfolgreicher Geschäftsmann.«

Von Valja kassiert Chuck Norris einen herablassenden Blick, zu ihrem Ärger nickt Lenin ihm bestätigend zu. Norris hat sie auch nicht überzeugen können, enttäuscht sieht er Valjas desillusionierten Ausdruck. Valja und Tanja verstehen, dass sie hier besser aufgeben. Alles scheint gesagt zu sein. Nichts ist überschaubarer geworden. Unglaubwürdig bleibt das Ganze. Sie werden keine Antworten bekommen. Der Actionheld sitzt noch da, er hat Augenringe bekommen.

Abb. 2–7: Filmstills GRAD, *2004.*

Abbildungsnachweis

Sandra Dahlke – Erschöpfung, Terror und Traumbilder in den Tagebüchern eines Bolschewisten

Abb. 1: Aleksandr Dejneka, *In Sevastopol. Wasserstadion Dinamo*, 1934, Aquarell auf Papier, 44,2 x 59,8 cm, Staatliche Tretjakov-Galerie Moskau. Quelle: Ausst.-Kat. *Aleksandr Deineka (1899–1969). An Avant-Garde for the Proletariat*, Madrid 2011, S. 17.

Abb. 2: Vera Muchina, *Arbeiter und Kolchosbäuerin*, Modell, 1936. Quelle: Ausst.-Kat. *Agitation zum Glück. Sowjetische Kunst der Stalin-Zeit*, hg. von Hubertus Gaßner, Bremen 1994, S. 77.

Abb. 3: Boris Iofan, *Entwurf für den Palast der Sowjets*, Variante von 1934, Ansicht, Papier, Bleistift, Aquarell, Pastell, weiße Farbe, 330 x 395 cm. Quelle: Ausst.-Kat. *Tyrannei des Schönen. Architektur der Stalin-Zeit*, hg. von Peter Noever und Boris Groys, München 1994, S. 158.

Abb. 4: Vasilij P. Efanov, *Die unvergessliche Begegnung*, 1936/37, Öl auf Leinwand, 270 x 391 cm, Staatliche Tretjakov-Galerie Moskau. Quelle: Matthew Cullerne Bown, *Socialist Realist Painting*, New Haven 1998, Abb. 169, S. 163.

Alexandra Köhring – Farbkörper und Arbeiterkörper: Zu Aleksandr Dejnekas Darstellung der Bergleute im Donbass

Abb. 1: Gustav Klucis, *Zum Kampf für Heizmaterial, für Metall*, Plakat, 1932/33. Quelle: Ausst.-Kat. *Gustav Klucis. Retrospektive*, hg. von Hubertus Gaßner und Roland Nachtigäller, Museum Fridericianum Kassel/Centro de Arte Reina Sofia Madrid, Stuttgart 1991, Abb. 240, S. 263.

Abb. 2: Aleksandr Dejneka, Illustration (Ansicht einer Fabrik) in *Der Gottlose an der Werkbank*, H. 12 (1925), Rückseite.

Abb. 3: Aleksandr Dejneka, *Vor der Einfahrt in die Grube*, 1925, Öl auf Leinwand, 248 x 210 cm, Staatliche Tretjakov-Galerie Moskau. Quelle: Ausst.-Kat. *Müde Helden. Ferdinand Hodler, Aleksandr Dejneka, Neo Rauch*, Hamburger Kunsthalle, hg. von Hubertus Gaßner, Daniel Koep und Markus Bertsch, München 2012, S. 164.

Abb. 4: Aleksandr Dejneka, Illustration (Vor dem Hochofen im Werk »Hammer und Sichel«) für *Der Gottlose an der Werkbank*, 1926. Quelle: Dejneka, Aleksandr, *Iz moej rabočej praktiki*, Moskau 1961, S. 85.

Corinna Kuhr-Korolev – Entsexualisierte Körper: Jugendbilder bei Aleksandr Dejneka

Abb. 1: Aleksandr Dejneka, *Goldene Jugend*, 1928, Tusche auf Papier, 34,3 x 40 cm, Staatliche Tretjakov-Galerie Moskau (veröffentlicht in der Zeitschrift *Prožektor* 8 (1929). Quelle: Ausst.-Kat. *Alexander Deineka. Malerei, Graphik, Bildhauerkunst, Monumentalwerke und literarischer Nachlaß*, Leningrad 1982, Abb. 46.

Abb. 2: Aleksandr Dejneka, *Textilarbeiterinnen*, 1927, Öl auf Leinwand, 171 x 195 cm, Staatliches Russisches Museum, St. Petersburg. Quelle: Ausst.-Kat. *Müde Helden. Ferdinand Hodler, Aleksandr Dejneka, Neo Rauch*, Hamburger Kunsthalle, hg. von Hubertus Gaßner, Daniel Koep und Markus Bertsch, München 2012, S. 178/179.

Abb. 3: Aleksandr Dejneka, *Morgengymnastik*, 1932, Öl auf Leinwand, 91 x 116,5 cm, Staatliche Tretjakov-Galerie Moskau. Quelle: Ausst.-Kat. *Müde Helden. Ferdinand Hodler, Aleksandr Dejneka, Neo Rauch*, Hamburger Kunsthalle, hg. von Hubertus Gaßner, Daniel Koep und Markus Bertsch, München 2012, S. 153.

Abb. 4: Aleksandr Dejneka, *Mittag*, 1932, Öl auf Leinwand, 59,5 x 80 cm, Staatliches Russisches Museum, St. Petersburg. Quelle: Ausst.-Kat. *Müde Helden. Ferdinand Hodler, Aleksandr Dejneka, Neo Rauch*, Hamburger Kunsthalle, hg. von Hubertus Gaßner, Daniel Koep und Markus Bertsch, München 2012, S. 245.

Abb. 5: Aleksandr Dejneka, *Weite*, 1944, Öl auf Leinwand, 199,5 x 248,5, Staatliches Russisches Museum St. Petersburg. Quelle: Ausst.-Kat. *Agitation zum Glück. Sowjetische Kunst der Stalin-Zeit*, hg. von Hubertus Gaßner, Bremen 1994, S. 182.

Abb. 6: Künstlergruppe *Kukryniksy*, Karikatur Aleksandr Dejneka als Boxer mit Pinsel, 1961. Quelle: Dejneka, Aleksandr, *Iz moej rabočej praktiki*, Moskau 1961, S. 2.

Daniel Koep – Müde Helden: Darstellungen der Revolution bei Ferdinand Hodler, Aleksandr Dejneka und Neo Rauch

Abb. 1: Ferdinand Hodler, *Einmütigkeit*, 1911/12, Öl auf Leinwand, Hannover, Neues Rathaus. Quelle: Ausst.-Kat. *Ferdinand Hodler*, hg. von Rudolf Koella, Kunsthalle der Hypo-Kulturstiftung u. a., München 1999, S. 257.

Abb. 2: Aleksandr Dejneka, *Wer wen?*, 1932, Öl auf Leinwand, 131 x 200 cm, Staatliche Tretjakov-Galerie Moskau. Quelle: Ausst.-Kat. *Müde Helden. Ferdinand Ho-*

dler, *Aleksandr Dejneka, Neo Rauch,* Hamburger Kunsthalle, hg. von Hubertus Gaßner, Daniel Koep und Markus Bertsch, München 2012, S. 252/253.

Abb. 3: Neo Rauch, *Sucher,* 1997, Öl auf Leinwand, 60 x 45 cm, Privatsammlung. Quelle: Ausst.-Kat. *Müde Helden. Ferdinand Hodler, Aleksandr Dejneka, Neo Rauch,* Hamburger Kunsthalle, hg. von Hubertus Gaßner, Daniel Koep und Markus Bertsch, München 2012, S. 187.

Abb. 4: Jacques-Louis David, *Die Liktoren bringen Brutus die Leichen seiner Söhne,* 1789, Öl auf Leinwand, 323 x 422 cm, Königliche Museen der Schönen Künste, Brüssel.

Abb. 5: Jacques-Louis David, *Der Tod des Marat,* 1793, Öl auf Leinwand, 162 x 128 cm, Louvre Paris.

Abb. 6: Neo Rauch, *Kommen wir zum Nächsten,* 2005, Öl auf Leinwand, 280 x 210 cm, Quelle: Foto: Uwe Walter, Berlin; courtesy Galerie EIGEN + ART Leipzig/Berlin und David Zwirner, New York.

Isabelle de Keghel – Helden im Ausnahmezustand: Die Bildberichterstattung über das Bergwerksunglück von Zwickau 1960 in der DDR-Presse

Abb. 1: Das Foto des Retters Herbert Jurczok. Quelle: *ND,* 26.2.1960, S. 3 und *NBI,* Jg. 16, H. 10 (1960), S. 8.

Abb. 2: Der Bildbericht der *NBI* über die Katastrophe von Zwickau 1960. Quelle: *NBI,* Jg. 16, H. 10 (1960), S. 8f.

Abb. 3: Der Bildbericht der *NBI* über die Katastrophe von Völklingen 1962. Quelle: *NBI,* Jg. 18, H. 10 (1962), S. 10f.

Monika Wucher – Idol oder Torso? Einzelkämpfer aus dem Béla Balázs Studio

Abb. 1: Porträtfotografie Dejneka, o. J.. Quelle: Aradi, *Dejneka,* 1967, Frontispiz.Abb. 2–7: Filmstills aus *Hosszú futásodra mindig számíthatunk* (Auf deinen Langstreckenlauf können wir jederzeit bauen), Ungarn 1968, 13 Min., Béla Balázs Studio (BBS) Budapest. Regie: Gyula Gazdag.

Abb. 8–13: Filmstills aus *Archaikus Torzó* (Archaischer Torso), Ungarn 1970, 30 Min., Béla Balázs Studio (BBS) Budapest. Regie: Péter Dobai.

Aglaia Wespe – Erschöpfung und Widerspenstigkeit im Dokumentarfilm »Unsere Mutter – ein Held«

Abb. 1–3: Filmstills aus *Naša mama – geroj* (Unsere Mutter – ein Held), Sowjetunion 1979, Leningrader Dokumentarfilmstudio. Regie: Nikolaj Obuchovič.

Carmen Scheide – Out of Time: Eine alternde Fliegerheldin zwischen Loyalität und Generationenwandel

Abbildungen: Filmstills aus *Kryl'ja* (Flügel), Sowjetunion 1966. Regie: Larisa Šepitko.

Margareta Tillberg – Die technische Ästhetik und die unerschöpfliche Mensch-Maschine als sowjetisches Designprodukt der 1960er bis 1970er Jahre

Abb. 1: Illustration »Vorversuche für die ergonomische Gestaltung« aus: Zefel'd, V., »Predproektnoe ergonomičeskoe modelirovanie« (Vorversuche für die ergonomische Gestaltung), *Techničeskaja éstetika (TÉ)*, H. 2 (1974), S. 8. Bildunterschrift: »Allgemeine Ansicht der Vorrichtung für die experimentelle Bestimmung der optimalen Maße und geometrischen Formen von Fabrikaten und Arbeitsplätzen«.

Abb. 2: Illustration aus: Zefel'd ,V., »K voprosu o prostranstvennom obespečenii deiatel'nosti cheloveka«, *TÉ*, H. 7 (1969), S. 14. Bildunterschrift: »9–12. Geometrische Form, die die maximale Arbeitsfläche für drei grundlegende Arbeitspositionen zeigt: von Vorne, von der Seite und von Oben. 12. Allgemeine Ansicht der Form für die sitzende Position (leicht stilisierte Form, ausgeführt von einem Künstler). 13. Die Anordnung der Einrichtung außerhalb der maximalen Arbeitsfläche führt zu einer unbequemen Arbeitssituation«.

Abb. 3: Illustration aus: Zavalova, N./Ponomarenko, V., »Vlijanie stressa na charakteristiki dejatel'nosti operatora« (Der Einfluss von Stress auf die Tätigkeiten der Operatoren), *TÉ*, H. 7 (1969), S. 6.

Abb. 4: Illustration »Oleg Antonov« aus: Silverstrova, Svetlana, »Olegy Konstantinoviču Antonovu – 70 let« (Oleg Konstantinovič Antonov zum 70. Geburtstag), *TÉ*, H. 1 (1976), S. 13.

Marina Dmitrieva – Metamorphose eines Helden oder was geschah mit Neznajka in der Sonnenstadt?

Abb. 1: Umschlaggestaltung *Neznajka in der Sonnenstadt*, Moskau 1959.
Abb. 2: Illustration »Architektur von gestern«, *Neznajka in der Sonnenstadt*, Moskau 1959.
Abb. 3: Illustration »Das kakophonische Orchester«, *Neznajka in der Sonnenstadt*, Moskau 1959.
Abb. 4: Illustration »Der Staubsauger *Kybernetik*«, *Neznajka in der Sonnenstadt*, Moskau 1959.

Christine Gölz – Auf der Suche nach einem neuen Helden (-Körper): »Pyl'« (Staub) – ein Experiment

Filmstills aus *Pyl' (Staub)* (intern. Verleihtitel: Dust), Russland 2005, 107 Min., Regie: Sergej Loban, Drehbuch: Marina Potapova, Darsteller: Aleksej Podol'skij, Pëtr Mamonov u.a.

Abb. 1: Alëša im »universellen« Katzen-T-Shirt (00:02:08).
Abb. 2: Filmstill aus *Pyl'*, Alëša und sein martial-glamouröser Körperdoppelgänger (00:21:18).
Abb. 3: Filmstill aus *Pyl'*, Alëša als Teil der TV-Realität (01:45:14).

Lene Markusen – Die Helden von »GRAD«.
Double zwischen Rolle und Imitat

Filmstills aus *GRAD*, Deutschland/Russland 2004, 24 Min., 16 mm, Stereo, Farbe. Buch und Regie: Lene Markusen, Kamera: Bettina Herzner, Abbildungen: Bettina Herzner.

© VG Bild-Kunst, Bonn, für die Werke von Aleksandr Dejneka, Gustav Klucis und Neo Rauch.

© NBI/ADN/Bildarchiv Preußischer Kulturbesitz 2013, für die Fotos aus *ND* und *NDI*.

Autorinnen und Autoren

Sandra Dahlke ist Historikerin mit Schwerpunkt Osteuropa. Sie hat zum Thema »Individuum und Herrschaft im Stalinismus« promoviert. Seit 2013 ist sie stellvertretende Direktorin des Deutschen Historischen Instituts in Moskau.

Marina Dmitrieva ist Kunsthistorikerin und hat am Leipziger GWZO (Geisteswissenschaftliches Zentrum Ostmitteleuropa) mehrere Projekte zu visuellen und historischen Kulturen in Ostmitteleuropa durchgeführt, zurzeit im Forschungsprojekt »Utopische Gemeinschaften. Ideen – Realisierungsversuche – Nachwirkung (19. und 20. Jahrhundert)«.

Hubertus Gaßner ist Direktor der Hamburger Kunsthalle. Zu seinen großen Ausstellungsprojekten zählen die *Agitation zum Glück. Sowjetische Kunst der Stalinzeit* (1993) und *Das schwarze Quadrat: Hommage an Malewitsch* (2007).

Christine Gölz ist Literaturwissenschaftlerin. Sie ist Fachkoordinatorin für Literaturwissenschaft am Leipziger GWZO (Geisteswissenschaftliches Zentrum Ostmitteleuropa) und leitet dort das Projekt »Kulturelle Ikonen Ostmitteleuropas. Das Nachleben der Romantik«. Bis 2013 hat sie als Projektleiterin in der Gruppe »Spielplätze der Verweigerung« zu »etwas anderen Helden« im Film geforscht.

Isabelle de Keghel ist Historikerin mit Schwerpunkt Osteuropa. Sie habilitiert sich an der Universität Konstanz mit einem Projekt zur ostdeutschen und sowjetischen Pressefotografie. Sie ist wissenschaftliche Mitarbeiterin am Institut für osteuropäische Geschichte und Landeskunde an der Universität Tübingen.

Alexandra Köhring ist Kunsthistorikerin und hat zum Thema *Faktura. Die Maltechnik der russischen Avantgarde in der Revolution* promoviert. Sie war wissenschaftliche Mitarbeiterin der Professur für Osteuropäische Geschichte, Prof. Monica Rüthers.

Daniel Koep ist Kunsthistoriker und hat über den Bildhauer Gerhard Marcks promoviert. Er ist Assistent des Direktors der Hamburger Kunsthalle und war Mitkurator der Ausstellung *Müde Helden*.

Corinna Kuhr-Korolev ist Historikerin mit Schwerpunkt Osteuropa. Sie hat zum Thema »Gezähmte Helden. Die Formierung der Sowjetjugend 1917–1932« promoviert und war dann Mitarbeiterin im Deutschen Historischen Institut Moskau. Sie arbeitet gegenwärtig für die Kulturstiftung der Länder im Projekt »Russische Museen im Zweiten Weltkrieg«.

Lene Markusen ist Künstlerin und Filmemacherin. Sie ist Professorin für die Einführung in das künstlerische Arbeiten, Studienschwerpunkt zeit-bezogene Medien, an der HfBK (Hochschule für Bildende Künste) Hamburg.

Monica Rüthers ist Historikerin mit Schwerpunkt Osteuropa. Sie ist Professorin für Osteuropäische Geschichte an der Universität Hamburg.

Carmen Scheide ist Historikerin mit Schwerpunkt Osteuropa. Sie habilitierte 2011 an der Universität Basel zum Thema »Erinnerungsprozesse und Erinnerungskulturen an den Zweiten Weltkrieg in der Sowjetunion, 1941–1991«. Seit 2012 ist sie Geschäftsleiterin am Center für Governance und Kultur in Europa an der Universität St. Gallen, zudem unterrichtet sie regelmässig an der Universität Konstanz.

Margareta Tillberg ist Kunst- und Designhistorikerin. Ihre Doktorarbeit *Coloured Universe and the Russian Avant-Garde. Matiushin on Colour Vision in Stalin's Russia 1932* (Stockholm 2003) wurde 2008 ins Russische übersetzt. Sie arbeitete von 2005 bis Ende 2011 am Max-Planck-Institut für Wissenschaftsgeschichte, Berlin, an ihrem Habilitationsprojekt zum sowjetischen Design, das sie seit 2012 an der Universität Stockholm fortsetzt.

Aglaia Wespe ist Historikerin mit Schwerpunkt Osteuropa. Sie verfasste ihre Dissertation zum Thema *Alltagsbeobachtung als Subversion. Leningrader Doku-*

mentarfilm im Spätsozialismus am Departement Geschichte Basel im Rahmen eines Projekts des Schweizerischen Nationalfonds. Derzeit arbeitet sie bei der Menschenrechtsorganisation Terre des Femmes und als Lehrbeauftragte an der Universität Basel.

Monika Wucher ist freie Kunsthistorikerin in Hamburg und Herausgeberin der Kunstzeitschrift *Journal for Northeast Issues*. Sie hat breit zur Kunst der Moderne, insbesondere des Konstruktivismus, und der Gegenwart publiziert.

Dank

Nathalie Keigel hat als wissenschaftliche Mitarbeiterin an der Professur für Osteuropäische Geschichte den Workshop mit vorbereitet und die Redaktion des vorliegenden Bandes mit übernommen. *Lena Unbehauen* hatte ebenfalls maßgeblichen Anteil an der Vorbereitung und an der Koordination des Workshops. *Saskia Heller* hat das Erstellen der Druckvorlage tatkräftig unterstützt. Ihnen sei an dieser Stelle herzlich gedankt.

Kulturwissenschaften

Rosi Braidotti
Posthumanismus
Leben jenseits des Menschen
2014. Ca. 220 Seiten. ISBN 978-3-593-50031-7

Meike S. Baader, Florian Eßer,
Wolfgang Schröer (Hg.)
Kindheiten in der Moderne
Eine Geschichte der Sorge
2014. Ca. 450 Seiten. ISBN 978-3-593-50079-9

Volkmar Sigusch
Sexualitäten
Eine kritische Theorie in 99 Fragmenten
2013. 626 Seiten. Gebunden. ISBN 978-3-593-39975-1

Thomas Rentsch, Harm-Peer Zimmermann,
Andreas Kruse (Hg.)
Altern in unserer Zeit
Späte Lebensphasen zwischen Vitalität und Endlichkeit
2013. 231 Seiten. ISBN 978-3-593-39908-9

Henning Lobin, Regine Leitenstern,
Katrin Lehnen, Jana Klawitter (Hg.)
Lesen, Schreiben, Erzählen
Kommunikative Kulturtechniken im digitalen Zeitalter
2013. 324 Seiten. ISBN 978-3-593-39951-5

campus

Frankfurt. New York